ソクラテスの哲学

ソクラテスの哲学

プラトン『ソクラテスの弁明』の研究

甲斐博見著

知泉書館

まえがき

最初、筆者は本書を書くにあたってソクラテス独自の哲学をプラトンの『ソクラテスの弁明』（以下『弁明』と略記）だけから描きだせるという見通しをもって、その課題を『弁明』全体のテキスト解釈によって行なうことを構想していた。それはソクラテスの哲学を当たり前のようにいわれるソクラテス－プラトン－アリストテレスという哲学史的展開のなかに位置づけないで、彼の哲学的生、すなわち「私は哲学しながら生きていかなければならない」という彼の生き方と一体に理解しなければならないと考えたからである。筆者は長いあいだ『弁明』を読んできて、この著作がプラトンの創作ではなくてソクラテス自身の話したものであり、プラトンはそのソクラテスの言葉をできるかぎり忠実に『弁明』に書き記したのだという確信をもつようになっていった。というのは、『弁明』で露わにされるソクラテスの哲学－哲学的生はそれをデルポイの神託を受けて以来生きて来た当事者が語るのにふさわしいものであり、創作に馴染まない内容であると思われたからである。

しかし、この確信はソクラテスとプラトンの間柄について曖昧な理解しかもたなかったので未熟なものであった。両者の哲学の違いはどこに、どのようにあるのか。プラトンの初期対話篇群は『弁明』の「ソクラテスの哲学」と同じなのか。違うならどのように違うのか。『弁明』をソクラテスのものとみなすならば、プラトンはどこから、どのように彼の哲学に着手したのか。そして翻って考えれば、『弁明』のどこに、どのように「ソクラテスの哲学」が書かれているのか。これらのことがよく分かっていなかったからである。

しかし、『弁明』の28a2以下のいわゆる魂の気遣いの勧告が行なわれる箇所の解釈をしていたとき、「ソクラテスの哲学」というのはそのまま自他の吟味であり、生の吟味である、ということがすこし分かってくるようになった。ソクラテスはプラトンの初期対話篇のように哲学的諸問題の事象的探究をする哲学ではなくて、生の吟味のための哲学を人々のあいだを歩き回ってしているのであり、それを無視してその哲学（学説）だけを抽出しようとするのは意味がないと思われるようになったのである。生の吟味という点ではメレトスとの問答がその好例であろう。その問答をとおしてメレトスの魂のたたずまいが露わになってくるからである。ここにおいて、筆者は『弁明』にはただ生の吟味という哲学をしてきたソクラテスの哲学的生が示されており、そのようにして生きた者として自分のことばかりでなくおよそ人間の生きる現実と真実について七十歳のソクラテスがおのれの思慮・知（プロネーシス）を尽くして真実のすべてを語っていると思うようになったのである。

とはいえ、筆者にはこのような理解によってもまだソクラテスのことが分かったという感じになったわけではなかった。それは彼の哲学的生というのが結局のところ主知主義的な生き方ではないのかという思いを拭い去ることができなかったからである。たとえそのソクラテスの哲学的生が人間の生の知性的な純化でありうるとしても、それは精神の覚醒だけで存在できる人間並み以上の人間の生き方ではなかろうか。そしてプラトンが『弁明』でそのような精神的な覚醒者を書いたとするなら、それこそ『弁明』は才能に溢れた若いプラトンがつくりあげた哲人ソクラテスの創作であると理解しても構わないのではないかとさえ思われたのである。

そのころ、『弁明』を統一的に解釈することを試みた本書の最初のヴァージョンはできあがりつつあったが、いま述べたような隔靴搔痒の感は残ったままであった。ちょうどそのようなとき、天啓のように、「ソクラテスという人間はみずから本当に魂を気遣って生きていたのだ」、『弁明』のソクラテスがごく自然に「魂の気遣い」

という言葉を使っているのは彼にとって説明するまでもないことだったのだ、ということに気づいたのである。そこで筆者はつぎのように思った。ソクラテスにとって、魂の気遣いは哲学的生以前に人の生きることを根本のところで意味づけているものであり、魂が存在することは哲学に先立つことであり、哲学の前提であったのではないか。誰しもが各々そのような魂として存在し、魂を気遣いながら生きているのであり、それを見失えば、人としての生を生きることから逸れてしまい、『弁明』のなかの魂の気遣いの勧告で言われるように、評判や金銭や名誉・地位のことばかり気遣う歪んだ魂（生）になるのではないか。そうであれば、各々のものとしてある魂は、ソクラテスにかぎった特別なことではなく、われわれの各々がそれを自分自身として生きていかなければならず、まさにそのようなものとして気遣われなければならないのではないか。そしてこう考えると、ソクラテスという人間はその魂の気遣いを当然のこととしてその気遣いの最善の仕方が生の吟味としての哲学であると自覚したのであり、魂の気遣いのための最善の在り方として哲学的生を生きたことになるということができるのではないか、と。

さて、ソクラテスは魂の気遣いのために彼の哲学的生を生きたのだというところから見ると、なぜプラトンは『弁明』の延長線上に位置するように『クリトン』や『パイドン』を書いたのかということが分かってくるようになる。死刑票決後、人の世のなかから排除されたソクラテスは、そこで生きるわずらいから解放されてはっきりと魂そのものの存在になっていく。現実となったおのれの死への存在がそれを際立たせる。プラトンはこれらの対話篇でそのようなソクラテスを描いたのだ。とくに、『パイドン』では親しい仲間に囲まれて最後まで問答しながら哲学できる喜びのなかで、あの世の生への希望をもって死に臨みつつ幸福な一時《ひととき》を生きるソクラテスが描かれている。その『パイドン』の死にゆくソクラテスにおいてはたしかに魂の不死であることが信じられている。ここでプラトンは『弁明』のソクラテスが不死なる魂の人であり、神の配慮を受けているがゆえに、至福の死を迎えていることを見届けたのだと思う（驚くべき大往生の在り方!）。そのうえで、プラトンはこのソクラテスの死をもって遺した魂の不死という問題をみずからの思索のなかで真剣に考えたのだと思う。それは彼の哲学全体を限定する問題になるであろう。

今日、魂の存在とか魂の気遣いといったことはほとんど実体をなくしてしまっているように見える。いまでは魂の不死性の問題などは絵空事であろう（ちなみに、ブレンターノはこの問題を哲学の真剣な問題にしようとした最後の哲学者といえるかもしれない）。それは西欧の近代化において「神は死んだ」からであり、もっと前（ローマ共和制の時代）から人間が「動物的人間（homo animalis）の圏域」のうちにある「理性的動物（animal rationale）」という意味での「人間らしい人間（homo humanus）」という存在了解によって生きるようになったからである（ハイデガー）。この人間たちと動物だけになって「ノアの箱舟」ならぬ「ノイラートの船」に乗って、自分たちで操船しながら、そのつど生じてくる難題に悪戦苦闘するうちにいつのまにか「何のために航海するのか」を忘れて、生きのびるために漂流するだけになりつつある近代社会の現実は、西欧にとどまらず世界の「歴運（Geschick）」（ハイデガー）となってしまっているようにみえる。（「ノイラートの船」のなかにはイスラムの人たちのような神を信じて変わらぬ生き方をしている者たちも乗り込んでいるが、彼らにこの船の歴運を変える力と自覚があるであろうか。）しかしそうであるからこそ、あらためてソクラテスの魂を気遣う哲学的生のことを思い出すことは大事なことになるであろう。ソクラテスは二千数百年ものあいだ人々に語り継がれてきた存在であり、人間の生き方のいわば羅針盤のような存在であり続けた。このソクラテスをいま甦らせわれわれの現前へもたらす試みは意味ある哲学的企てではなかろうか。

さて、本書の題名は『ソクラテスの哲学――プラトン『ソクラテスの弁明』の研究』としたが、内容はいま述べたとおりである。いわゆる「ソクラテスの哲学」なるものを『弁明』から抽出することを目論んでいるわけではない。

本書の諸章はソクラテスの哲学的生と魂の気遣いという観点から『弁明』の解釈を行なったものである。これらの諸章はそれぞれに対応する旧稿を素地にして書かれたが、上で述べたような事情から根本的に見直され大幅に書き改められている。また、これらの諸章はテキストの順番どおりに並べられてはいない。それは『弁明』の中心的問題からその広がりへと解釈が進んだからである。旧稿はそれぞれ独立した論文として書かれたので、本書にはそうした論文を集めた論文集のような名残が残っていて、ところどころ考察が重なるところがあるが、それを直す作業はあまりせずにそのままにしておいた。本書の諸章とその旧稿は以下のようになっている。

序章　ソクラテスの哲学

「序論　ソクラテスの哲学」東京都立大学人文学報第三九九号、二〇〇八年
「ソクラテスと哲学・序論」西日本哲学会年報第九号、二〇〇一年
「プラトンのソクラテス像・序章（一）――『ソクラテスの弁明』に即して」福岡大学総合研究所報第九一号、一九八七年

第一章　不知の知

「ソクラテスの不知の知について」東京都立大学人文学報、第三五六号、二〇〇五年、
「ソクラテスにおける哲学の誕生」森俊洋・中畑正志編『プラトン的探究』所収、九州大学出版会、一九九三年
「「真実を語る」ということ――『弁明』、「不知の知」の問題性」九州大学哲学会編『哲学論文集』第十六輯、一九八〇年

第二章　魂の気遣い
「ソクラテスの魂の気遣いの勧告について――プラトン『ソクラテスの弁明』(28b3-30c1) の研究」東京都立大学人文学報、第三六七号、二〇〇六年

第三章　言葉の真実を知り、生を吟味する哲学者、およびメレトス論駁
「ソクラテス　言葉の真実を知り、生を吟味する哲学者――『弁明』17a1-18a6と37e3-38a8を中心にして」東京都立大学人文学報　第三八四号、二〇〇七年、
「言葉の力或いは言葉の真実について――プラトン『ソクラテスの弁明』篇の冒頭部の言葉 (17a1-18a6)」東京都立大学人文学報第二〇七号、一九八九年

第四章　ソクラテスとプラトンの間柄――姉妹篇としての『弁明』と『クリトン』、とくに『クリトン』第二部の問題との関係
「ソクラテスとプラトンの間柄について――姉妹篇としての『ソクラテスの弁明』と『クリトン』」九州大学哲学会編

『哲学論文集』第四十四輯、二〇〇八年

最後に、本書の註と各章の後につけられた付記、付論、補説について一言お断りしておきたい。本文は主としてテキストの解釈に充てられたので、それから外れるものは註としたが、本文の流れに沿うものが多いので註は本文中に入れた。付記、付論、補説は本文を書いた後で、単調になりがちなテキスト解釈を外から眺め、筆者自身の見方を外の空気にさらすために書き入れた。これらの工夫が本書の意図を少しでも浮かび上がらせることができれば幸いである。

目　次

使用テキスト

プラトンの『ソクラテスの弁明』,『クリトン』,『パイドン』のギリシャ語テキストとして John Burnet, *Platonis Opera* I を用いた。Duke, Hicken, Nicoll, Robinson et Strachan, *Platonis Opera* I, Oxford, 1995. も参照した。『ソクラテスの弁明』については岩波ギリシア・ラテン原典叢書の Michitaro TANAKA, *Plato Apologia Socratis*, Tokyo, Iwanami, 1950. も参照した。同書の文法的な「註解」や「語彙」も参照した。

翻　訳

プラトンの著作の翻訳については以下のものを参照した（出版年は初版を示す）。
田中美知太郎・池田美恵『ソクラテスの弁明』『クリトン』『パイドン』新潮文庫，1968年
山本光雄『ソクラテスの弁明』『クリトン』角川文庫，1954年
久保勉『ソクラテスの弁明』『クリトン』岩波文庫，1927年
三嶋輝夫・田中享英『ソクラテスの弁明』『クリトン』講談社学術文庫，1998年
Thomas. G. West and Grace Starry West, *Plato and Aristophanes Four Texts on Socrates Plato's Euthyphro, Apology, Crito and Aristophanes's Clouds*, Cornell University Press, 1984.
John Ferguson,'Apology and Crito', in Socrates *A Sourse Book*, London and The Open University, 1970.
R. Hackforth, *Plato's Phaedo*, Cambridge University Press, 1955.
松永雄二『パイドン』,『プラトン全集』Ⅰ，岩波書店，1975年
岩田靖夫『パイドン』岩波文庫，1998年
David Gallop, *Plato Phaedo*, Translated with Notes, Oxford University Press, 1975.
C. J. Rowe, *Plato Phaedo*, Edited with Commentary, Cambridge University Press, 1993.

本書は田中訳『ソクラテスの弁明』と『クリトン』に負うところが大きい。本書の訳文の参考にしただけでなく，大学の教養の「倫理学」の講義でソクラテスの話をするときにつねに教科書として使用したからである。

ソクラテスの哲学

——プラトン『ソクラテスの弁明』の研究——

序章　ソクラテスの哲学

問題提起

一　プラトンの『ソクラテスの弁明』の成立事情

プラトンの『ソクラテスの弁明』（以下『弁明』と略記）は考えれば考えるほど不思議な著作である。それは以下に述べるような事情があるからである。

『弁明』は紀元前三九九年にアテナイの法廷で行なわれたソクラテス裁判においてアニュトス、メレトス、リュコンによって告発され被告となったソクラテスの弁明したことをプラトンが叙述したものである。しかしその叙述が本当にソクラテスの弁明したとおりであるのか、それともプラトンの脚色も加わるのか、それも全面的にそうなのか、ごく一部においてそうなのか、あるいは内容的に見て、『弁明』の冒頭部に記されているように「弁論の雄者」を自称するソクラテスの自由自在でダイナミックな弁明の言葉をそのまま記述したものなのか、それともプラトンの言葉の力による内容の高度化やソクラテスの理想化といった重大な変更があるのか、これらの『弁明』の史実性と虚構性をめぐる問題については定かなことは分からない。というのは、そうした問題は今となってはいずれが正しいのか、そもそもそうしたことを確かめる術など見当たるはずもないからである。だがしかし、この点にこそ着目し、そこから絶対に眼を離すべきではないと思われることが一つある。それは、それらの史実性や虚構性の問題がまったく気にならなくなるほどに、『弁明』には圧倒的な存在感をもってソクラテスという人物が現存しているということである。このことは何を意味するのか。それは『弁明』がソクラテスという人物に対するプラトンのこれまた驚くほど深い感銘のなかで書かれているということであり、そしてそのようにして書かれた『弁明』のソクラテスがわれわれにもありありと現前しているということである。つまり、プラトンの『弁明』という著作（言語空間）は、一方が感銘を与える者として、他方が感銘する者として、両者が分かちがたく結びついているところで、しかも後世の読者にも「人間の生とは真実にはこのようにあるのだ」という驚嘆の念を覚えさせるところで、成立しているということである。

　それでは、両者をそのような仕方で結び付けているのは何であろうか。それはソクラテスその人の哲学的生以外ではない。その感銘の核心には知を愛し求めて生きてきたソクラテスが存在する。そう見るのがいちばん素直な見方であろう。そう読んでいかなる不都合もないと思う。そうであれば、『弁明』とはそのようなソクラテスの哲学的生の全貌（*）が露わにされる、アテナイの法廷での弁明という限られた時間と場所における、歴史のなかで出来《しゅったい》したただ一回かぎりの「ソクラテスのあからさまな現存」というまさに奇蹟としか言いようがない出来事が書き記されたものであるということができるであろう。

（*）　ここで書いた「ソクラテスの哲学的生」というのは、さしあたりは「私は知を愛し求めながら生きていかなければならない」という言葉を中心とする『弁明』28d6-29a4の箇所の全体で示されるところのソクラテスの生のことを略記したものである。しかしソクラテスの哲学的生という場合、それはそのことにとどまらない。というのは、この箇所と切れ目なくひとつながりに死に対する彼のかかわり方が語られ、彼の哲学的生が死の混入しない生であることが明らかにされ（29a4-b9）、さらには、その生が真実・思慮知の気遣い（哲学すること）であるばかりでなく、そもそも魂を気遣う生であることが明らかにされるからである（28b9-30c1）。本書で、筆者がソクラテスの哲学的生という言い方をするとき、広義には魂の気遣いまで含むこの箇所の文章全体が念頭におかれている。

この奇蹟的な出来事に対して、プラトンは『弁明』を書くことにおいてソクラテスのことはすべてソクラテスに委ねることが最善であると考えたのではないか。すなわち、ソクラテスただ一人がそこに現存し、そのソクラテスが一人称単数でおのれの哲学的生を、裁判の被告としての弁明という事実的な制約があるとはいえ、すべて語り明かすことができるようにしたのではないか。そしてプラトンはといえば、その裁判の法廷におけるソクラテスの話を聞いている者であることを『弁明』のなかに書き記し、全身これを耳にして聞き、おのれの記憶のなかにしっかりと刻み付け、やがてその話の証言者としてアナムネーシス（想起）のなかで『弁明』を書いているのだということを告げているのではないだろうか。筆者には、以上のようなことが、ソクラテスの存在に感銘したプラトンが『弁明』を書いたのだという観点から想定しうるように思われるのである。(*)

（*） J・バーネットが『弁明』の史実性を認める注釈書を書いて以来、バーネット説をめぐる賛否両論がなされてきた。R・ハクフォースはバーネット説を批判し、『弁明』は「原弁明」だけでなく、プラトンの手が加えられていると考え、『弁明』の史実性に疑問符をつけたが、多くの研究者は依然として『弁明』が史実的な記録であることを疑っていないようである。そうした大勢にしたがう解釈の立場に立って哲学史家W・K・C・ガスリーも彼の『ギリシャ哲学史』においてその史実性を認めている。「プラトンの諸対話篇は明らかに創作的である、あるいはすくなくとも想像上のものなので、『弁明』もまたそうであるにちがいない、という議論に無駄な時間を使う必要はない。……『弁明』はまったく別のカテゴリーに入る」（W. K. C. Guthrie, *A History of Greek Philosophy*, IV, London: Cambridge University Press, 1975, 73.）。G・ヴラストスもまた、きわめて慎重な言い廻しでプラトンの「古い材料からつくられた新しい言葉」といいながら、ガスリーと同様に『弁明』が基本的にはソクラテス的なものであることを認めて、「われわれは、プラトンの自余の初期対話篇で描かれているソクラテスの思想と性格の（『弁明』の場合と）似たような正確度の試金石として『弁明』を用いてよい」と言う。Gregory Vlastos, 'The Paradox of Socrates', in *The Philosophy of Socrates*, edited by G. Vlastos, Anchor Books, Garden City, New York, 1971, 4. ただし、ヴラストスは「プラトンのソクラテス」と「クセノポンのソクラテス」の本質的相違に気がつかず、両者を曖昧に混合してソクラテスを描くガスリーに対して厳しく批判する。T・C・ブリックハウスとN・D・スミスの共著『裁かれたソクラテス』はまさに筆者と同じ『弁明』の研究書であるが、彼らも『弁明』がソクラテスの実際の弁明をプラトンが書いたと見る側につく。T. C. Brickhouse & N. D. Smith, *Socrates on Trial*, Oxford: Clarendon Press 1989, 1-10. 米澤茂・三嶋輝夫訳『裁かれたソクラテス』東海大学出版会、一九九四年、四―一五頁。筆者の立場も結果的にはこれらのものに近いかもしれない。

ただし、すでに述べたように、筆者はソクラテスに対するプラトンの深い感銘から生まれた彼のアナムネーシスなしには、ソクラテスが現存する『弁明』はありえないという理解をしているので、バーネット以来のかの史実性をそのまま容認しているわけではない。ただそのプラトンのアナムネーシスは創作や想像とは別のものであり、ソクラテスにその始動因（アルケー）があるとみなすのである。これに対して、『弁明』のなかにプラトン的加工を認めるハックフォースの立場を徹底すれば、『弁明』は他の対話篇と同じようにプラトンの作品の一つということになるであろう。後で検討することになるが、加藤信朗はハックフォースを高く評価し、『弁明』をプラトンが構成、ないし再構成したものと捉えている。

E・ド・ストリュッカーとS・R・スリングスはさらに徹底してつぎのような見方をとる。すなわち、『弁明』は「レトリックに富んだテキスト」であり、テキストに表われている哲学的見方や宗教的見方は普通考えられているよりもプラトンの主要な作品群にはるかに近い。E. de Strycker & S. R. Slings, *Plato's Apology of Socrates. A Literary and Philosophical Study with a Running Commentary*, Leiden, New York and Köln: E. J. Brill, 1994, Introduction, 1-25. 主たる仕事をしたのはストリュッカーであるが、一九七八年彼の死後スリングスがそれを完成させた。そしてそのプラトンの作品としてみるという立場に立って『弁明』の解釈を詳しく展開している。納富信留もまた彼の著『哲学者の誕生』で「ソクラテスとは何者であったのか。逆説に聞こえるかもしれないが、ソクラテスが哲学者であったのではない。ソクラテスの死後、その生を「哲学者」として誕生させたのは、ソクラテスをめぐる人々であった。そして、不在のソクラテスをめぐる言論が、プラトンらそれぞれを哲学の始まりへと誘ったのである。」（納富、九―一〇頁）と言い、『弁明』はプラトンの創作、ただしソクラテスの裁判における弁明の「真実」である「創作」であるという見解を示している（納富信留『哲学者の誕生――ソクラテスをめぐる人々』ちくま新書、二〇〇五年、一七八―一八七頁）。両者とも『弁明』はプラトンが十分成熟したあとで書かれたものであり、執筆年代はソクラテスの死後一〇年ぐらいあとと考えている点で共同歩調をとる。これに対して史実派は記憶も新しい彼の死後二、三年で書かれたと考えている。筆者はプラトンの成熟を想定するストリュッカーや納富説に同調するわけにはいかないが、プラトンの記憶と想起の成熟にはかなりの時間を要したのではないかと思う。

これら二人の哲学研究者の見方に対する筆者の感想を言えば、この哲学・西洋古典学の素養の深い、言語的洞察力と該博な知識を有する人たちが言葉の天才プラトン（や同時代の言論に携わる人たち）に惹かれるのも無理はない。しかしだからといって、ソクラテスの存在がプラトン等の言葉の影に隠れてしまっていいのか。『弁明』に現存しているソクラテスは本物のソクラテスではなくて、プラトン等が言葉の力で創り上げ、浮かび上がらせたその「哲学者」像であるのか。裏を返して言えば、『弁明』のソクラテスの比類のないアスペクトは彼自身がいわば哲学者の原初の姿となって現われる発光体でなければ理解できないのではないか、ということである。それは、プラトンといえども一つのまとまりのある像として描き出そうとすれば、そのような像からはみでてしまう一人の人間のダイナミックな発言となって浮かび上がる魂のアスペクトであるということである。また、そのようなソクラテスとはアテナイの街を歩き回って一人一人の人と個別に談論しながら全生涯をとおして（原初の）哲学的生を生きてきた人間であり、その彼の話し言葉の言語活動こそ言葉の本来の力がもっとも発揮されるところであり、裁判における彼の弁明はその活動の全体が何であったかが偶然にも露呈した奇跡的な出来事ではないのか。そもそも弁論の勇者というのはそういうその場その場の話のなかで「言葉の魂の力」（池田晶子）が宿り、その言葉の魂の力を発揮させることのできる魂の人ソクラテスではないのか、ということも付け加えておきたい。ソクラテスの存在への接近の仕方についての筆者自身の見方は、第一章の付記に書き記した。また、魂という相貌（アスペクト）において生を見ることがどのようなことかについては第二章の付記「魂についての雑感」で感想を述べた。さらに、『パイドン』のソクラテスにおける魂の問題については第四章の註（二八三―二八四頁）ですこし触れている。

そうすると以上の話の帰結として、『弁明』はソクラテスとプラトンのいわば合作であるとみなすべきことになるのか。それもさらに、「ソクラテスの哲学」とプラトンの哲学は区別できないという意味でそう見るべきことになるのか。それはそうしてはならないように思われる。なぜなら、両者のあいだには、「ソクラテスの哲学」がそれ自体として存立している(＊)と仮定して、それが原因（原動力）としてプラトンの哲学のなかで働いているという意味で、あえていえば「因果的同一性」とでも呼ぶことができるような関係があると思われるからである。この点をすこし一般的なところから説明していきたい。『弁明』にかぎらずプラトンの初期対話篇について「ソクラテス－プラトンの哲学」とハイフンでつなぎ、両者の哲学があたかも一体であるかのように言い表わされることがある。(＊＊)というのは、ソクラテスを主人公にした、とりわけプラトンの初期対話篇に関していえば、それらのどこまでが「ソクラテスの哲学」であり、どこからがプラトンの哲学であるのか、そのあいだに区切りをいれることが困難であるとみなされるからである。

（＊）この存立内容を示唆するものとしては『クリトン』のなかでソクラテスがクリトンを相手にこれまで何度も議論され、同意されたこととして確認する「原則（logos）」（*Crito*, 48b3）のことを思い浮かべることができる。そうであれば、ソクラテスの哲学的生はこのロゴスを体現しているということができるだろう。

（＊＊）これをさきの「因果的同一性」という呼び方と区別するために便宜上「志向的同一性」と呼ぶことにしたい。というのは、プラトンが哲学という観点からソクラテスの生を志向するかぎりで、「ソクラテスの哲学（哲学的生）」というものはどのようなものとして存立するのか」ということがいえるようになるからである。この点で、たとえば、クセノポンの道徳議論や「魂の気遣い」を含めて忠告好きの道徳家ソクラテスやアリストパネスの雲という奇怪な神格に仕える神官でありかつソフィスト的知者であるソクラテスと比較してみれば分かりやすくなるであろう。第一章の付記一〇一頁を参照。

これに加えて、イデア論をプラトンに固有のものとするアリストテレスによる哲学史的評価を顧慮すれば、イデア論以前の初期対話篇は色濃くソクラテス的であり、ソクラテス的対話篇であるとみなされてもよいことになる。そしてそれは、内容の点からいえば、プラトンの初期対話篇は概ね勇気とか節制とか敬虔といった事柄について「何々とは何か」の問いが問答のなかで議論され、最終的にはアポリアに陥るとともに、対話者のあいだで不知の知が自覚されるようになる点が指摘できるというようなことになるだろう。もちろん、そうはいってもそれらの対話篇は、『弁明』の場合のような鮮明なアナムネーシスのないところで、あくまでプラトン自身の理解と責任で書いたものなので、無難に「ソクラテス－プラトンの哲学」とみなすことが支持されてもよいのではないかというわけである。またこうした哲学史的評価とは別の角度からいえば、ソクラテス裁判からソクラテスの死までを扱った『弁明』と『クリトン』と『パイドン』の各対話篇はプラトンがソクラテスの生と死の真実を明らかにし、その哲学的生を正面から弁証しようとして書いたものであるから、そこで明らかにされるソクラテスの真実はソクラテス的でもあり、プラトン的でもあることになり、そもそも両者を分かとうとすることには意味がないと見ることもできるからである。しかし、この程度の理由でソクラテスの「哲学」（哲学的生）(＊) とプラトンの哲学を一体視する捉え方は本当に意味があるのだろうか。それとも、もっと根本的なところで両者の哲学が一体であるという議論が可能であるのか。いずれにしても、筆者にとっては『弁明』を含めたところで「ソクラテス－プラトンの哲学」という言い方には承服しがたいのである。というのは、これまでの話で示唆したように、『弁明』の評価がまったく不十分であるとしか思われないからである。

（＊） 以下でこのように合成した表記の仕方をするが、それで意味したいことはソクラテスにとって哲学の活動とそれを体現した生き方とは表裏一体である、その哲学だけを生き方から切り離して抽出できないということである。また括弧をつけて「哲学」と表記したのは、ソクラテスの哲学を素朴にプラトンやアリストテレスの哲学と同じラインに置かないためである。ただ、文脈によっては煩瑣になるのを避けて一方だけを使うこともした。

二　『ソクラテスの弁明』の特異性

『弁明』はプラトンの初期対話篇のなかで他の対話篇と並ぶひとつの著作ではなくて、まったく特別な存在であると見るべきではないのか。というのは、そこにはソクラテス自身の話をとおしてソクラテスの知を愛し求める活動の様子（哲学的生の実態）が見えるからである。それはソクラテスという比類のない人物によってしかなしえなかったものであり、余人が継承することはほとんど不可能な「哲学」であったといっていいであろう。なぜなら、『弁明』のソクラテスの「哲学」というのは「神によって配置された――と私は思い、また解しているのであるが――私は、私自身や他の人々をよく調べながら、知を愛し求めて（哲学しながら）生きていかねばならないのだ」（*Apol.* 28e4-6）という文の全体でしか言い表わせないような生き方としてあったからである。すなわち、神の命令によって知を愛し求めることへ配置されたというソクラテスの思い（信）とか、自他の吟味（その実体は「生の吟味」（39c7-8）ともいわれるものである）といったこともまた彼の生き方に含まれており、それらが彼の「哲学」と不可分のこととして語られているからである。ソクラテスの「哲学」がこのように明示的に語られることは『弁明』以外にはどこにもないのである。そして、このような「哲学」が魂の気遣いの勧告の文脈に置かれるとき、それはいまや魂を気遣う哲学的生ということになろうが、その「哲学」がどのような驚くべき実体と世の人々と交わる際の尋常でない在り方をもつことになるのか、それは『弁明』でソクラテスが一人称単数で語ることによってしか明らかにされないからである。

さて、もし『弁明』から窺われるソクラテスの「哲学」がそうした事柄であるとするなら、これに対するプラトンの態度はどのようなものになるであろうか。プラトンにはそうした「哲学」をする、そしてそのような哲学的生を生きるソクラテスが謎ではなかったのか。それはYesでもありNoでもある。これに対して、ソクラテスを身近で知る人たちにとってはNoであったのではないか。たとえば、ソクラテスのことを心から心配してソクラテス裁判に参加している少数の人々にとってソクラテスは嘘偽りのない真実味のある友であり正義を貫き通す人であったはずである。また、『パイドン』に描かれているようにソクラテスの最後の日に牢獄にいた人々にとってソクラテスはかぎりなく知に満ちたいかなる難問も切り抜けることができる思慮ぶかい師であったはずである。しかし、おそらく彼らにとってソクラテスが謎の存在であったとはいえないであろう。『パイドン』の掉尾を飾る語り手パイドンのソクラテスを追悼する賛辞、「ソクラテスはもっとも思慮・知を備えた人であり、もっとも正しい人（phronimōtatos kai dikaiotatos）である」（*Phaedo*, 118a15-7）という言葉は、パイドンだけでなく、文字通りソクラテス的に生きたアンティステネスのような彼を身近でよく知る者なら誰しもが心から同意する言葉であったといってもいいだろう。

しかし、当のプラトンはどうであっただろうか。プラトンはその賛辞に彼らと同じく当然のように同意するであろうか。パイドンやアンティステネスと同じ目線でソクラテスを見ていたであろうか。筆者にはそうではないように思われる。むしろプラトンにとってそのようなソクラテスは結論としては、つまり『パイドン』を書いた段階では同じようなものになったとしても、肝心のところでは謎の存在ではなかったのか。というのは、ソクラテスがphronimōtatos kai dikaiotatosであるのは、天性の資質（知性と徳性）にもとづいて、親しい人々との友好的な交わりのなかで、禁欲的な日々の行いによって人格形成された、人々が思慮ある有徳者――それはカイレポンがデルポイの神託所まで出かけて確かめようとしたほどに、人々に尊敬される「知者（sophos）」のイメージでもかまわない――と呼ぶような尋常な存在としてあるわけではけっしてないからである。そうではなくて、なにゆえにソクラテスは phronimōtatos kai dikaiotatos であるのかというその在り方の根拠に謎が残るからである。ここでいう根拠の謎とはつぎのようなことである。

ソクラテスにとっておのれの phronimōtatos kai dikaiotatos であることが、日常のなかで生きているときばかりでなく、死の危険に直面したときにも、さらに死にゆくときにも、どのような場合でも変わることなく同じように「哲学しながら生きている」という、そのことにおいて形づくられているということ、そしてそれに切り離しがたくともなっていることとして、人をしばしば怒らせ、敵意さえ抱かれるような自他の吟味（生の吟味）を含んでいるということ、そしてなによりも決定的に重要なこととしてこれらのソクラテスの「哲学」の根底にはかのデルポイの神託の話のなかで語られる善美の事柄の不知という人間の生の根源層の自覚、つまり不知の知があり、まさにこの不知の知の上に築かれる哲学的生というものがソクラテスの魂を気遣う存在であるという、これらが一つに結びついた人間がいることに謎が残るからである。そして、プラトンが『弁明』で書き記そうとしたことはまさにこのような謎をはらんだままにそこに現存しているソクラテスその人の弁明の言葉であったのではなかろうか。

ところで、ソクラテスには神託とかダイモンの合図とか夢知らせといった「神からの与り」があることや、「どこへでも立ち止まって何かの思いに我を忘れる」ことがあり、それも長時間にわたることがあることなど、常人の目には理解しがたいところがあるのは事実であろう。しかも、これらのことがソクラテスの生活を制約するだけでなく、神託やダイモンの合図が彼の在り方を深く制限していることも認められるであろう。しかし、プラトンはソクラテスのこれらの宗教的、神がかり的（ダイモン的）な要素について何ら説明も加えずに、『弁明』を含めていろいろな対話篇のなかのあちこちで、あるがままに記述するだけで、それらのことがとくにソクラテスの存在を謎めいたものにするとは考えていないようにみえる。プラトンにとって大事なことは、それらの人間の生の不思議な開放性や奥深さ（神秘性や宗教性）が備わったソクラテスが、より正確を期して言えば、ソクラテスの魂というものが、それにもかかわらず、この天性の宗教性をおのれの生の根幹にするようなことをせずに、「哲学」（哲学的生）をおのれの生の本体として自覚したという点ではなかろうか(*)。

（*）　田中美知太郎の岩波新書『ソクラテス』ではこのダイモンの問題とデルポイの神託の話が二つの章において詳しく説明されている。ソクラテスのことをただ哲学的観点からのみとらえる見方が一面的であると考えられているからであろう。ソクラテスの魂と生の全体を視野に入れ、そのなかに哲学の問題も入れようとしている点で、バランス感覚があると思う。

C・J・ド・フォーゲルの『ギリシア哲学と宗教』（藤沢令夫・稲垣良典・加藤信朗・松永雄二他訳、筑摩叢書一三二、一九六九年）も理性主義者というソクラテス像を是正するためにクセノポンやプラトンの著作を通して彼の宗教性をいくつかの局面において明らかにしている。結論としては、ソクラテスは「非常に大きな信頼を理性に置きつつ」も「人間の知性の限界に非常によく気づいて」（同書、三六頁）いた。他方、宗教上の伝統主義者でありつつも「非常に深い宗教的確信」（二一頁）をもち、その宗教的伝統の形式に精神的な深さを与えたとしている。これらがどのような焦点を結ぶかは直接には分からないが、つぎの指摘はまったくただしいと思われる。「「何びとであれ、正しいことを実際に知っているならば、それに反して行動することはできない。人々が誤った行為をするときはいつでも、彼等は自分のしていることを実際は知ってはいないのである。」こうソクラテスは言う。それは主知主義ではない。それは、「「正しいこと」はその根源において、人間的な事柄の範囲を超えるということ、言いかえれば、「正」と「善」は神の秩序の中に根ざしているということ、を知っている人間の言葉である。」（同書三四―三五頁)。ド・フォーゲルは普通主知主義とみなされるソクラテスの主張をまったく違ったふうに、「正」と「善」がそれに根ざす「神の秩序」から人間が見られるというそのアスペクトにおいて見ている。こういう物事を正しく見ることのできる人の言葉はけっして古びることがない。W・K・C・ガスリーもまたこれらの問題をその『ギリシャ哲学史』第三巻のソクラテスを論じた「生活と性格」の章で説明している。ガスリーの説明について目に付くことは、デルポイの神託事件をソクラテスが自然学への関心を放棄し、すでに若い友人たちに勧めていたであろう「魂の気遣い」の勧告を本格的に行なうようになったきっかけにすぎないと軽く見ていることである。ガスリーはつぎのような言い方をする。「ソクラテスが本当に一つの特別なミッションのために天によって召命されたと信じたかどうか、あるいは、そのことが神託に依存しているというのはたんに冗談半分の思いつき(a playful conceit)にすぎないかどうか(もちろん、それは十分に重要であるようにも聞こえることだが)は、もしそう言いたければ、議論の余地を残しているかもしれない。」W. K. C. Guthrie, *A History of Greek Philosophy*, III, London: Cambridge University Press, 1969, 408. ガスリーにとってソクラテスの宗教性は彼の生活と性格の問題であり、彼の哲学の問題とは切り離して考えられるもののようである。そしてこれはガスリーにかぎらず、後で見るように、アリストテレスの権威にしたがってソクラテスの哲学を見る人たちの一般的な見解であろう。J・ベックマンは、これに対して、ソクラテスの哲学と宗教性を結び付けようとして、つぎのようにいう。「『弁明』はソクラテスの哲学の仕方が宗教的基礎をもつものとして表わしている」。James Beckman, *The Religious Dimension of Socrates' Thought*, SR Supplements/7, Waterloo, 1979, 68. しかし残念ながら、ベックマンもアリストテレスの影響下にあるためか、両者の有機的なつながり、つまりソクラテスの哲学的生の実態を捉えるまでにはなっていない。大事なことはソクラテスという人物の魂と生の全体を視野に入れることであり、そうしてこそ『パイドン』のソクラテスもソクラテスならではの問題として理解されるであろう。そこでは死にゆくソクラテスが魂の不死性の問題を哲学的議論の場で真摯かつ真剣にロゴス化しようとしているのである。

この点で岩田靖夫の『ソクラテス』はこれらの人たちに比べてよりはっきりと自分の見解を明らかにしてソクラテスの哲学と宗教性の結びつきに迫っているように思われる。岩田の着目するのは『弁明』でソクラテスが口にする「ダイモニオン(ダイモン的なもの)」(31c7-d4)である。その第八章「ダイモニオン」において岩田はつぎのように言う。「ダイモニオンの禁止がソクラテスに啓示するもの、それはソクラテスの哲学がどこまで歩み続けても、あるいは、歩み続ければつづけるほど、ドクサの流砂から脱出できないということである。かれはそのことを知り抜いていた。だから、かれは死ぬまで無知を語り続けたのであり、人間にとっての知とはこのことを自覚すること、すなわち、「人間の知は無(ouden)に等しい」ということを自覚することだ、と言い続けて死んだのである。」岩田靖夫『ソクラテス』勁草書房、一九九五年、一七三―一七四頁。（本書、第一章、五「弁明の核心部分」参照）。哲学が、何もしなければ「ドクサの流砂」に埋もれてしまうようなその生の吟味であるとしても、それはあくまで吟味、すなわち「ドクサの流砂」との絶えざる戦い（岩田の言う「エレンコス」）であり、哲学によって生がはじめて限定されるわけではない。生をどれほどみずからの知によって知ろうと努力しても、人間の生に付きまとう「無知」（不知・分からなさ）は免れないのである。しかし他方、岩田は、「人間にとってダイモンとは性格（エートス）である。」（ヘラクレイトス、Fr. 119や「デルフォイの神託の主は、語らず、隠さず、ただ示す（sēmainein）のみ。」Fr. 93（DK））といったヘラクレイトスの言葉を引用し、このアスペクトでソクラテスの活動を見ることを試みる。ダイモニオンはソクラテスに真実の生き方を明示してくれるわけではないが、「しるし」を通して生の在り処を示してくるというわけである。岩田は言う。「ダイモニオンを手がかりとして、ソクラテスの思索がたえず超越的なものと接触していたこと、この超越的なものの「しるし」の解読がかれの哲学の営みであった」（一八二頁）。そして、このアスペクトのもとで第九章「死と希望」にまで続く考察を展開している（同書、一七七―一九〇頁）。この「しるし」という言葉は『弁明』のなかの死刑判決後の「裁判官諸君、私には驚くべきことが起こったのです。……その私に対して、「例の神のしるし（to tou theou sēmeion）」は、私が朝家を出るときにも反対しなかったし、ここへ来て裁判所に入るときも、弁論のなかで私がなにか言おうとしたときにも、一度も反対しなかった。……」（40a2-c3）と言われるときの「しるし」を念頭において使われている（同書、一八七―一八八頁）。

さて、この岩田のダイモニオンに着目したソクラテス理解のアスペクトは筆者にとってほとんど注意されていなかった（わずかに本書五七頁で触れられるだけである）ものであり、その点で「なるほど哲学と宗教性をつなぐものはそのような「しるし」としての言葉の位相でも説明できるのか」と教えられることがあった。『弁明』でも岩田が言及する箇所でダイモニオンがソクラテスの言動に対して重要な役割をしていることはたしかである。ただしかし、「しるし」という言葉にあまり荷重はかけられないのではないか。岩田のようにソクラテスの存在全体を『パイドロス』を引き合いに出して「しるしの解釈者」（同書、一八〇頁）と呼ぶのは言い過ぎであるように思われる。というのは、それはソクラテスの特殊性を強調してしまう恐れがあるからである。また、「しるし」の解読とエレンコスをどこまで不可分のこととして有機的に説明できるのであろうか。それらが結ぶ焦点にはどのような一つのソクラテス像が浮かび上がるのか。筆者には、ソクラテスにおいて哲学と宗教性の内的な関わりはもっと根源的なところ、すなわち「生と知がともにそこにある」人間の生と知の根源層にして神の言葉が受容される根源的な次元で考えるべきことであり、ダイモニオンの問題はそれを証拠立てる一つの現象面であるとみなした方がよいように思われる。

話を元に戻そう。プラトンにとってソクラテスの存在が謎ではなかったのかという問いに対して、筆者はYesと答えてもよい理由を考えてみた。それでは、どうしてNoとも答えられるのか。それはソクラテスの存在は本質的に不可知ではなくて、ある範囲で、そしてその範囲の全領域で可知的であるからである。その範囲とは彼の哲学的生が真実と普遍に開かれてあるところ、そしてそれゆえに、おのずから自他の吟味（生の吟味）として行なわれるところである。すなわち、知る・知らない、同意・不同意を軸にした共同の知性的探究の場であり、誰の参加も、したがってプラトンの参加も許されるところである。そのように哲学するソクラテスならプラトンにとっても理解可能であるだろう。しかしそれはプラトンがみずからそうした哲学探究を行なうのでなければできないことであろう。それゆえこの真実と普遍に開かれた哲学探究をソクラテス‐プラトン的と呼んでもいいかもしれない。これがプラトンの初期対話篇の描き出す哲学的問答の世界であるのではないか。

さてしかし、ここまで考えてきて或る重大な問題に突き当たるように思われる。それはやはり『弁明』の問題である。いまソクラテスの哲学的生において彼の存在に謎はないといったが、しかし『弁明』の「哲学」（哲学的生）の話は、それがその誕生に関わるところでは、けっして可知的であるとは言えないからである。むしろ、それはまったく謎めいた、半ば「神からの与かり」に属すような不思議な話であるということができよう。その話とはデルポイの神託を受けることから始まるかの不知の知の自覚が語られる箇所の話である。すなわち、あるとき「（ソクラテス）より知恵のある者は誰もいない」という神託を受け、その意味を探る前人未到の探究のなかで、ソクラテスは不知の知を自覚するに至り、やがてその不知の知を核にした哲学的な生き方が始められたという話である。なお、それと不可分に神託がソクラテスに神の言葉として受容された、つまり信じられたということも見逃してはならない。ここでとりあえず言えることは、ソクラテスの「哲学」（哲学的生）は神への信と表裏一体になったということである。

それでは、プラトンにとってこのソクラテスの「哲学」（哲学的生）の誕生の話はどのような意味をもつのであろうか。いうまでもなく、それは「ソクラテスの不知の知を自覚した哲学的な生き方はそのようにして神への信と不可分に始まったのだ」ということをそのまま書き記すしかないということである。この点で、半ばソクラテスの宗教性の話をする態度に似ているように思われる。しかし、それと決定的に違うことは、ここでは神の言葉が完全に内的にソクラテスの存在（生き方）を制約し、彼をして神の命として「私は哲学しながら生きていかねばならない」（哲学的生）ということを言わしめていることである（cf. *Apol.* 28e4-6）。この神の関与という事態は哲学的解明の対象にはならないであろうが、それを外すとソクラテスの「哲学」（哲学的生）が分からなくなるのである。

このような事情は『弁明』のその後の内容からも支持されるように思われる。ソクラテスは不知の知の話のあと魂の気遣いの話をするが、この話は「私は哲学しながら生きていかねばならない」ということがそのためになされる彼の生き方の中身の話になる。ソクラテスの「哲学」（哲学的生）の誕生の話は、普通の市民を相手にした裁判の場である以上当然とはいえ、その哲学的な内容ではなくて、彼の「日常の行ない（エピテーデウマ）」、すなわち、彼がそれによってどのように日々生きてきたのかという彼の日常の話につながっていく。そして、この話は、あなたがたにも勧告していることだが、自分が日常行なっていることは「自己自身ができるかぎりよいものになり、思慮・知あるものになるように、自己自身（魂）を気遣っていることなのだ」（cf. 36c5-d1）という、これまたそうした生き方の当事者であるソクラテス自身にしか語れないような話へとつながっていくのである。しかもこの話の展開のなかでいちばん肝心なことは、じつはソクラテスがやっていることは根本的には魂の気遣いの方であるということである。というのは、ソクラテスが日常の行ないとして自己自身をできるだけよいものにするように生きていること（魂の気遣い）は、デルポイの神の介入の有無にかかわらず、あるいはそれ以後彼の「仕事（プラーグマ）」となった「哲学」の場合とは違って、そういう生き方をこれまで当然のようにしてきた、つまり、彼にとって人として生きるということははじめから魂を気遣うこと以外ではなかったとしか考えられないからである（さきのガスリーの説明に同意）。なぜなら、ソクラテスは魂の気遣いについてはその始まりがどのようであったかなどまったく語っていないし、それがどういうことかの説明もしていないからである。比較のために分かりやすくいえば、評判を求め、金銭や名誉を気遣うことなど思いもしていないからである。むしろ問題は逆方向から見るべきであろう。それはなぜソクラテスにとって生そのものの営みである魂の気遣いが「哲学すること」になるのかということである。この問題は若いプラトンにとって聞いてすぐに分かるようなことではないはずである。それなのに、プラトンはそれらを「哲学」から魂の気遣いへと切れ目なく話すソクラテスの話として書き記しているのである。

さらにまた、以上のソクラテスの活動の有様を世のなかでの現れ方ということから見るとどうなるかという点も付け加えていいかもしれない。それはソクラテスの「哲学」が自他の吟味を含むように、この魂の気遣いもおのれのことだけでなく他の人々に対する魂の気遣いの勧告を含むのであり、これら両者があたかも車の両輪のようになって、プラトンだけでなく他の人たちも認めるように、外に出て、人々と交わり、談論しながら、一人一人の人を捉まえて、その人々を目覚めさせるために、自他の吟味（生の吟味）をし、魂の気遣いの勧告をするという、ソクラテスにしか考えられない、各個人同士の一回限りの語り合いという話し言葉による言論活動をしているという特異な遂行様式を示しているということである。そして繰り返し強調していえば、これらの目に見える有様もまた、それが何を意味するのかは基本的にはソクラテス自身が一人称単数でおのれのことを語る『弁明』にしか書き記されていないことなのである。

以上のことから、プラトンにとってソクラテスが謎であったかどうかという問題は「『弁明』のソクラテスはいったいどのような存在であるのか」という問題に依存していることが浮かび上がってくるであろう。そうであれば、『弁明』の内在的解明が必要であり、それなしにはソクラテスの「哲学」（哲学的生）とプラトンの哲学の関係も定められないことになるのではなかろうか。

三　『弁明』のソクラテスの「哲学」の哲学史的な意味づけの試み

これまでの考察で、ソクラテスを理解するうえでプラトンの初期対話篇のなかでも『弁明』だけを別格に見て、その特異性に着目することの重要性を指摘してきた。ここでは、そのような『弁明』のソクラテスが一人称単数で語る話から見えてくるソクラテスの「哲学」というものを哲学史的な意味づけのなかで描き出してみることにしたい。もちろん、ここでいう『弁明』に依拠した「ソクラテスの哲学」（実体は哲学的生）は何か新しい資料的証拠によって裏付けられるものではないが、しかしそのように考えることは筆者にはおおいにありそうなことのように思われるのである。ともあれ、筆者の見解を以下で開陳したい。

(1) これまで述べたソクラテスの「哲学」をソクラテス──プラトン──アリストテレスというギリシャ哲学史のラインから切り離し、その稀有な独自性において捉えることが大事である。その意図は、後続する哲学者の立場から「ソクラテスの哲学」なるものを再構成したり、意義づけたりしないようにすることである。

(a) その場合、なによりもまず、アリストテレスのソクラテスにたいする学問的評価には依拠しないようにすることが肝要である。というのは、アリストテレスはソクラテスの哲学なるものを彼の生から切り離して、その切り離したソクラテスの哲学の学問的意義(と彼が考えるもの)だけを評価し、また批判しているからである。(*)

(*) アリストテレスのソクラテスに対する哲学的評価でいちばん基本的のものは『形而上学』987b1ff. に記されている「ソクラテスは倫理的な事柄について普遍を求め、定義を下そうとした」という趣旨のものであると思われる。この評価の意義は、これに加えてソクラテスの功績に帰せられる同じ『形而上学』1078b27の「帰納的議論と一般的定義」や『トピカ』105a13の「個別的なものから普遍的なものへの進行」という指摘を重ね合わせればよりはっきりする。アリストテレスは「普遍を求め定義を下す」という彼自身の立場に則った哲学の観点からプラトンの初期対話篇に出てくるような「何々とは何か」の問いを発するソクラテスを哲学史的に評価しているのである。しかも、それを「倫理的な事柄」に適用することについては、つぎに指摘するような別の文脈では批判的に扱い、哲学史的評価としては無視するのである。

その別の文脈とは、アリストテレスの構想した理論学と実践学という学問区分のなかで理論学(哲学)の領域と明確に区別される実践学(倫理学)の領域のことである。この倫理学でアリストテレスはソクラテスについて「徳は知である」という倫理的主知主義を主張した者として論じている。というのは、アリストテレスの『ニコマコス倫理学』第六巻の文脈では「徳(aretē)」にたいする「思慮・知(phronēsis)」の役割が問題になっているが、そこで彼はソクラテスをこの徳にかかわるプロネーシスを問題にした人として取り上げ、ソクラテスは「徳は知である」という主張をしたといっているからである。その論じ方はソクラテスに対して一定の評価をしつつも、根本のところでは批判的である。というのは、アリストテレスは「すべての徳はプロネーシスなしにはありえないが」、しかし「徳は知である」のではなくて、「徳とはプロネーシスの働きを伴う性向（hexis）である」と考えたからである（cf. *EN* 1144b28, 1144b19, 1116b4, cf. *EE* 1216b2ff., cf. *Magna Moralia* 1182a20）。アリストテレスのこの批判が目に見える形となって展開されるのは第七巻の無抑制（akurasia）の問題である。というのは、主知主義的なソクラテス倫理学では「意志の弱さとか、自制とか無抑制とか、欲求や情念の影響」（Guthrie, III, 453）といったわれわれ人間にとってきわめて切実な倫理的問題が正しく論じられないとアリストテレスは考えたからである。（アリストテレスの権威に従うソクラテスの哲学・倫理学の標準的な理解としてつぎのものを参照した。W. K. C. Guthrie, *A History of Greek Philosophy*, III, London: Cambridge University Press, 1969, 417-459.）

さて、議論の詳細はさておき、これら二つの局面でのアリストテレスのソクラテス評価が意味するところはつぎのようなことになるであろう。それはソクラテスが倫理的な事柄に関して固有の働きをする知として扱うべきプロネーシスに本来哲学的方法とみなすべき知を用いている、とアリストテレスが考えていたということである。このことは何を意味するであろうか。それはアリストテレスがプラトンの初期対話篇に描かれているようなソクラテスに対して「ソクラテスは倫理的な事柄について普遍を求め、定義を下そうとした」という彼なりにプラトン的「ソクラテスの哲学」をよく理解した評価をしながら、事象（倫理的な事柄）と探究方法（哲学的方法）を分断する仕方でしか評価できなかったということであり、それらを不可分のこととして統一的視点から理解しているわけではなかったということである。それではなぜこのようなことが起こったのか。それはアリストテレスが初期対話篇の「ソクラテスの哲学」をその底に垣間見られるソクラテスの哲学的生から切り離し、純粋に彼が考える学問区分の枠のなかでしか見なかったからである。したがって、初期対話篇のさらに向こうにある『弁明』のソクラテスが言うような「哲学しながら生きていかなければならない」という主張、あるいはそのような主張が記されている『弁明』はアリストテレスの考慮外であったということになるであろう。

(b)　つぎに、すでに第一節で考察したように、プラトンについては無批判にソクラテス‐プラトンの哲学というふうに両者を一体不可分のようにみなさないで、しかしこの点でもアリストテレスによる両者の区別に依拠することなく、両者のあいだに或る根本的な区切りを入れるようにすることが必要である。このように考えるのは、プラトンのソクラテス理解におかしいところがあるということではなくて――そもそも謎の深いソクラテスに真正面から向き合ってきたプラトンを抜きにしてソクラテスの「哲学」を理解することは不可能であろう――、両者のあいだで哲学の見過ごすことのできない質の変化が起こっていると考えられるからである。(＊)

（＊）　加藤信朗はその著『初期プラトン哲学』において、プラトンの初期対話篇についてそれらを「初期プラトン哲学」であるとみなす解釈を行なった。その意義は、初期対話篇についてなされたそれらはおおむね「ソクラテスの哲学」であるというアリストテレスの評価と権威に依拠しない、したがって「現今、学会の主流をなし、一般にも広く受け入れられているプラトンの読解、また、そこから生じてくるソクラテス像」（加藤信朗『初期プラトン哲学』、東京大学出版会、一九八八年、四頁）を退けるという、独創的で挑戦的な初期対話篇の解釈を行なったことであり、「ソクラテス－プラトンの哲学」という志向的同一性に立つ「初期プラトン哲学」の構築を試みたところにある。ここで、加藤によれば、「初期プラトン哲学」というタイトルは「初期対話篇のうちに他ならぬプラトン自身の哲学が現成しており、この初期対話篇のプラトン哲学の「何であるか」の究明こそ全生涯にわたるプラトンの哲学探究の歩みの向かっていた同一なるものを明るみにもたらすものであり、プラトン哲学の一性を摑ませるに足るということをわれわれはこの論究を通じて証示する」（同書、四－五頁）ことを意図して選ばれたものであるといわれる。（同書の序章を参照）。『弁明』もこの枠のなかに位置づけられることになる。そして、そのような『弁明』解釈に加藤は一章を当てている。（同書、第一章「端緒――真相の究明『ソクラテスの弁明』篇」参照。）この考え方は加藤の『ギリシャ哲学史』のなかでも貫かれている。そこには「ソクラテス」という項目があるが、「ソクラテスの哲学」は何も書かれていない。ソクラテスを哲学史から外しているのである。そのことがいかに異様に見えようとも、これはこれで立派な見識であろう。

これに対して、筆者は、一方で、アリストテレスの評価と権威に依拠してソクラテスの「哲学」とプラトンの哲学を区別することをしないという点で加藤と同じ立場に立つが、他方で、『弁明』を「初期プラトン哲学」のなかに数え入れるかどうかについては別の立場に立つ。『弁明』はあくまでソクラテスのものであると思うからである。この立場の違いが『弁明』とそのソクラテスの理解にどれほどの違いをもたらすようになるか、その分岐の帰趨をここで明示的に説明することはできない。ただいまいえることは、『弁明』の内在的解釈をとおしてだけ浮かび上がってくるソクラテスの存在（哲学的生）の比類のない在り方が、すなわち、後に第一章「不知の知」で見るように、人間にとっての生と知がともにそこにある根源層に身を置いて生きる彼の生き方が、われわれに深い感銘を与えてくれるだけでよいと筆者は考える。

ところで、加藤は同書の序章第二節でプラトンの対話篇の執筆年代の問題に触れている。加藤の関心は執筆時期による初期・中期・後期の三つの区分の問題に向けられており、そこからプラトン哲学の全体を見据える視点をめぐるその序章の中心をなす議論が展開されることになる。その際、加藤はまずはその標準的な区分としてW・K・C・ガスリーの『ギリシア哲学史』第四巻に載せられたF・M・コーンフォードによる区分（Guthrie, IV, 50.）を記載し、それと並べるようにヴラストスの区分、すなわち、ガスリーのソクラテスの哲学の捉え方をプラトンとクセノポンのソクラテス理解の妥協の産物であるとして、徹底的に批判するが、プラトンの初期対話篇にソクラテスの哲学を見る点では、大枠ではガスリーと同じ立場に立つG・ヴラストスによる区分Gregory Vlastos, ***Socratic Studies***, Cambridge : Cambridge University Press, 1994, 135. にも言及し、『国家』第一巻の扱いを除いてヴラストスの区分に全面的に賛同している（同書、二六―二七頁）。ちなみに、筆者にも関心のある初期の区分についてだけ両者の配列を見れば、それぞれつぎのようになる。

コーンフォードの区分　初期―『ソクラテスの弁明』、『クリトン』、『ラケス』、『リュシス』、『カルミデス』、『エウチュプロン』、『ヒピアス（小）』、『ヒピアス（大）』、『プロタゴラス』、『ゴルギアス』、『イオン』

ヴラストスの区分　初期―『ソクラテスの弁明』、『カルミデス』、『クリトン』、『エウチュプロン』、『ヒピアス（小）』、『イオン』、『ラケス』、『プロタゴラス』、『国家（Ⅰ）』、『ゴルギアス』、移行期―『リュシス』、『エウチュデモス』、『ヒピアス（大）』

両者の区分を比較してみたとき、おそらくプラトンの対話篇の全部をプラトンの哲学と見る加藤がその点で批判の対象となるヴラストスの区分に賛成する有力な理由の一つはヴラストスの場合『弁明』と『クリトン』のあいだに『カルミデス』が挿入されていることであろう。というのは、これによって『弁明』と『カルミデス』が直接つながり、そのラインにおいてプラトン哲学の出発点として知と不知の問題が論じられるようになるからである。加藤は「初期プラトン哲学」の構想のもっとも重要な一局面がヴラストスの配列で示されているとみなしているのである。かくして、加藤はヴラストスの区分を、『弁明』を「初期プラトン哲学」の「端緒」とし、その『弁明』から知と不知の問題を論じる『カルミデス』と徳の問題を論じる『ラケス』をその「布石」（両対話篇は「双子の対話篇」と呼ばれてきたゆえに）とする構想を固める一つの支えとしたのであろう。

しかし、『クリトン』については加藤は「『ソクラテスの弁明』篇と共に、初期対話篇における原ソクラテス像を定める上で基底的であると考えられる端《はし》がある」というだけで、それ以上の説明をしないので、『弁明』と『クリトン』の関係がどのように捉えられているのかは不明のままである。そして、その第二部の「国法への随従という論点」が初期対話篇では論じられておらず、それは後期の対話篇『ポリティコス』を俟たねばならないという理由で、『クリトン』はこの構想から外されることになる（同書、五〇―五二頁参照）。しかし、これだけの説明で『クリトン』を「初期プラトン哲学」の構想から外すというのは強引過ぎるのではなかろうか。それとも、プラトンははじめから整合的、さらには体系的に哲学を始めているので、『クリトン』のような作品はプラトンの対話篇の習作、あるいは失敗作の一つであると見ているのであろうか。とすると、加藤はなぜヴラストスの『弁明』、『カルミデス』、『クリトン』の配列に賛同したのか。この点では、C・H・カーンの初期対話篇の区分の仕方には見るべき点があるように思われる。

さて、『ゴルギアス』をいちばん初期の対話篇の一つに入れ、その結果『プロタゴラス』よりも前に配列するC・H・カーンの特異な区分について、加藤は「主観性、ないし、個人性の色濃い仮説的な主張として」（同書、序章註二三、二二三頁）ちょっと触れるだけで、内容については顧みていない。しかし、筆者には『ゴルギアス』をいちばん初期に入れ、生の吟味という点で『弁明』との近さを強調するカーンの区分は一理があると思われたし、なかでも『弁明』と『クリトン』についての取り扱い方には考える方向がかなり似ていたので、この機会にそれに触れておきたい。カーンはつぎのようにいう。「私は『弁明』の身分について論争するつもりはない。『弁明』は結局のところ対話ではないし、［プラトンの］対話形式の（哲学の）創作に先行しているかもしれない。ソクラテスの哲学的活動と信念についての［『弁明』の］説明は非常に不完全ではあっても、おそらく歴史的には正確なものであるだろう。それは、たとえ『弁明』それ自身が明らかにプラトンの芸術作品の一つであったとしても、である。しかし、われわれが『クリトン』――それは［プラトンの］もっとも初期の対話篇であるといってもよい或る資格をもっている――に至るやいなや、状況は一変する。ここには、プラトンが居合わせているはずがない、それゆえにプラトンが自由に創作できる内密の会話になるように意図されたテキストがあるのである。」Charles H. Kahn, 'Did Plato write Socratic Dialogues?', in *Essays on the Philosophy of Socrates*, ed. Hugh H. Benson, New York, Oxford: Oxford University Press, 1922, 37. なお引用文中の括弧は筆者の補足である。カーンの基本的な主張は「要するに、私は諸対話篇のなかにソクラテスの顕著な道徳理論が存在することを否定する」（Kahn, 40.）ところにある――この点で加藤といくぶん似た立場にあるといえる――が、それにもかかわらず『弁明』と『クリトン』に対しては注14で「私は、いくつかのより一般的な主張（誰も自ら望んで悪いことをするものはいないとか、知識における徳の統一という主張）とともに、一つの認めてもよいソクラテスの標準的な倫理学（とりわけ『弁明』と『クリトン』における）を否定しない。しかしどの程度まで、またどのような方向でソクラテス自身がこれらの主張を理論的に展開させたのかは、誰が行なおうともその者の推測（anyone's guess）である。」（Kahn, 49.）という。カーンは『弁明』と『クリトン』にかぎれば、それらを区分上はプラトンの「初期対話篇、あるいは前体系的対話篇」（『弁明』、『クリトン』、『イオン』、『小ヒッピアス』、『ゴルギアス』、『メネクシメノス』）に入れるが、それらがソクラテス的であることを拭い去ることをしないで、とりわけ『弁明』が色濃くソクラテス的であることを認めているのである（なお、『クリトン』にたいするカーンの立場については注８（Kahn, 48.）も参照）。しかしanyone's guessという言い方に示されているように、ソクラテスとプラトンを区別するアリストテレスの権威に頼らなければ、カーンのようにソクラテスの倫理学（哲学）をひとまとまりの内容のある学説として取り扱えない、という結論になるのは当然といえば当然であろう。そして、ここにもソクラテスの哲学をその哲学的生において見るという眼がなければ、ソクラテスの現存する『弁明』は読めないという一例を認めることができるのではないか。もっとも、筆者のようにその哲学的生に着目してソクラテスの「哲学」を『弁明』だけから描き出そうとする試みは、カーンのような学者からみれば、さしずめ一つのanyone's guessになるであろうが。（Kahn, 35-52.）カーンは後になって『プラトンとソクラテス的対話篇』という本を出版している。この本の第三章でソクラテスのことを扱っている。このなかでいま紹介した論文より一歩踏み込んだ立場で『弁明』がソクラテスに固有のものを表していると解釈する。ただはっきりと違う点は、anyone's guessといったことをキャンセルしたかのように、『弁明』と若干『クリトン』を使ってプラトン的とはいえない、「ソクラテスの哲学」の概要を描き出してみせていることである。それは「ソクラテスの哲学説」があるとしてそのようなものに注目すればそのように理解されるかもしれない内容であるが、筆者にはここでも相変わらずその核心にあるソクラテスの哲学的生を自覚的に眼差す態度が不十分であると思われるのでカーンの評価はそれほど変わらない。Charles H. Kahn, *Plato and the Socratic Dialogue, The philosophical use of literary form*, Cambridge: Cambridge University Press, 1996, 88-97.

話を本文に戻したい。問題としたソクラテスの「哲学」とプラトンの哲学の質の違いはとりあえず言ってみれば、プラトンの哲学が書き言葉による思索によって真理の知性的―哲学的探究の道を拓いたものであるとしたら

――その場合、プラトンにとって哲学とは、『弁明』で語り明かされているように、その全生涯を生き抜いたソクラテスの哲学的な生き方の真実、さらにはその哲学的生の普遍的意義を知性的‐哲学的に徹底的に究明していくことと不可分であったということができよう――、これに対するソクラテスの「哲学」は、そうしたプラトン的な知性的思索の哲学の理解の仕方で捉えられるよりももっと手前の、人間の生そのものが真実において成り立つところに即したものであるといえよう。すなわち、それはソクラテスにとって自分自身としてまさに生きられるもの――彼が「魂（psūchē）」と呼んだもの――であるが、現実の行動面からみれば、一人一人の人が顔と顔を合わせて問答するという話し言葉によって議論する仕方で、自他を吟味し（生の吟味）、各人の魂（自己自身）ができるかぎりよいものになり、思慮・知あるものになることに気遣い、またそのように勧告することによって成り立っていたといわねばならないであろう。

(2)　(1)の点を理解するためにはプラトンやアリストテレスの哲学と違って、ソクラテスの哲学をもっと原初的な仕方で理解する必要があると筆者は考える。ソクラテスの生と「哲学」の関係を「生と知がともにそこにある」ものとして捉えることが肝要である（本書、第一章、不知の知、五　弁明の核心部分、七二頁以下参照）。これはソクラテスの言う「私は知を求めながら生きていかなければならない」という彼の哲学的生の内容をソクラテスの「哲学」についてよく言われる「主知主義」という評価（アリストテレスに帰せられるであろう評価）から切り離し、その本来の姿に戻すことを意味する。そのソクラテスの「哲学」の本来の姿とは、まずソクラテスの哲学的生に着目し、乱暴に聞こえるかもしれないが、その哲学的生をフレイザーの『金枝篇』に出てくる呪術と原始宗教を生きる未開人についてヴィトゲンシュタインが評したところの、彼らの生は「慣習（Gebrauch）と見方（Anschauung）がともにそこにある」（言い直せば、「見方（知）は慣習（生）から切り離せない」、すなわち「見方（知）とは彼らの生き方のことである」）という認識が当てはまるような生として理解することである。というのは、この「生と知がともにそこにある」生というのは完全に形式化していえば、「人間の生とはおのれの生きているということを知りつつ生きている生である」ということになり——生から遊離し極端に知に偏重した在り方が主知主義ということになるかもしれない——、およそ人間的生におけるいちばん原型となる事柄を言い表わすものになるからである。(*)

（＊）少し付言しておきたい。ここであえて未開人の生まで持ちだして説明したのはそれなりのわけがある。それはソクラテスの哲学的生を主知主義の方にではなくて、「はじめに行為（生）ありき」ということの方に重心のある知行合一した行動する生のパースペクティブで理解することが重要である、そして、このソクラテスの行動する生のうちには神への信として結晶するようなソクラテスにおける信があり、魂ができるだけよくなるように気遣うということがあるという、これらの生の根本動向を視野に入れる必要があるように思われたからである。ちなみに、アリストテレスが理想の生活として思い描いた観想の生活（知ることに軸足をおいた生活）からソクラテスの哲学的生がそのためにある魂の気遣いと神への信を見ることはほとんど困難であろう。ソクラテスの「哲学」（哲学的生）が完全なリアリズムに貫かれているとすれば、彼以外のどのような哲学者の哲学もアイデアリズムになるだろう。形而上学はアイデアリズムの哲学から生まれた人間の知性の驚くべき結晶体であろうが、知性の夢見る夢ではないのかと思う。こうした局面で考慮すべき人間の生の在り方は他にもいくつか考えられる（筆者の念頭にあるのは聖書に登場する人物たちの生の在り方である）であろうが、それを問題にすることはここではできない。

(3)—(a)　「ソクラテスの哲学」とは彼の哲学的生に他ならないという理解にもとづいてプラトンの『弁明』をソクラテス自身の弁明とみなし、『弁明』はプラトンがそのソクラテスの弁明に深甚なる感銘を受け、その意義をおのれのなかで反芻し、やがてそれを想起（アナムネーシス）するという仕方で忠実に書き記したのだと考える。それとともに、それ以外のプラトンの対話編はすべてプラトンのものと考える。(*) 哲学や数学や文芸（ムーシケー）の才能も含めて言葉に対して天才的なプラトンでなければ、あれほど多面的で豊かな内容をもつ一つ一つ独立した諸対話篇など書けないであろう。

（*）　繰り返し強調すれば、ここで『弁明』が一字一句実際のソクラテスの言葉どおりかどうかについて疑うことは意味がない。そのような正確さは問題にしなくてよいと思う。われわれとしてはプラトンがソクラテス裁判を傍聴した、正確にいえば、『弁明』のソクラテスが裁判を傍聴しているプラトンを名指した、とプラトンが『弁明』に書き記している（34a1, 38b5）ことを銘記するだけでよいと思う。というのは、このことはプラトンがソクラテスから『弁明』の言葉を託されたことをみずから証しするものだと思われるからである。自余の対話編には、ほとんどソクラテス的といっていい『クリトン』も含めて、そうしたプラトンの参加については何も書き記されていない。そして、本来ならプラトンもいるべきはずのソクラテスの最後の日を描いた『パイドン』では、プラトンはわざわざ病気によるおのれの不在を書き記し、パイドンにその最後の日の語り手の役を託しているのである。

このように考えるいちばん大きな理由は、ソクラテスが全生涯をとおしてただ一回だけ行なった、あるいは行なわざるをえなかった、おのれの人生を弁明する話にプラトンが意図的に創作の手を入れることは、ぎゃくにプラトン哲学の出発点をおかしなものにしてしまうように思われるからである。これまでの考察で見たように、プラトンはソクラテスの「哲学」（哲学的生）の普遍的意義をおのれの哲学的思索において探究した。この単純明快な構図はソクラテスの「哲学」（哲学的生）が示される『弁明』をソクラテスのものと考え、自余の対話篇をプラトンのそうした哲学的探究の書とみなすときにいちばん分かりやすいものになるであろう。実際、『弁明』はプラトンの著作のなかでただ一つ哲学的探究の書であるとはいえないのである。これに対して、自余の対話編は、『メネクセノス』を除けば、すべて何らかの哲学的観点から何らかの哲学的問題を解明するために書かれているということができる。いわばそれらはソクラテス－プラトン的、あるいはたんにプラトン的なのである。その眼に見える証拠として副題の存在に注目してもよいであろう。というのは、副題は誰がつけたにせよ各対話編の哲学的探究のテーマを表わしているからである。

これに加えて、『弁明』でソクラテスが語ったことはプラトンの哲学の課題になりこそすれ、プラトンの哲学的理解が十分に行き届いたうえで書き記されたものではないということを指摘してもよいかもしれない。というのは、『弁明』にはまだプラトンなりの統一的なソクラテス像が窺われないからである。もちろん、『弁明』でソクラテスは思いつくままに自由自在に、説明なしに彼独自の言葉を使い、いろいろなことを語っているのだとしても、話が拡散して、まとまりがないわけではない。そのソクラテスの話がおのずからひとつのまとまりをもつ、つまり話の中心にソクラテスという同じ一人の人間がいるということはできる。しかし、それはそこで当のソクラテスが語っているから感じられることであって、そもそもそこでそのような弁明をしているソクラテスが何者であるのか、その話にはどのような意志や思考の論理やモラルがあるのか、普段と変わらぬ同じソクラテスがそこにいるとすれば、その「同じ」はどのような意味での「同じ」であるのか、すなわち、どのような仕方でソクラテスの生の同一性（一つの魂）が形づくられているのか、こうしたことをはっきりと理解するためには哲学的探究を必要とするであろう。そのことをプラトンは自余の対話篇でしたのではないだろうか。

(3)—(b)　以上の『弁明』理解に応じて、『弁明』と同じようにソクラテスその人を主題とし、彼の哲学的生と死の問題に直接かかわる二つの対話編『クリトン』と『パイドン』について私の理解を簡単に示しておきたい。

『クリトン』はソクラテスの考え方が色濃く表われている感じがするが、ソクラテス自身が語ったものではなく、プラトンがソクラテス的な行動の「原則（logos）」の確認を行ない、したがって、ソクラテスの「哲学」（哲学的生）の根幹をなすものを示し（第一部）、つぎに一人の人間（市民）としてあることと行動すること、そのことと正義・国法（ノモイ）との内在的な関わりの問題で『弁明』でソクラテスが十分に語りつくせなかったこと（「私人としてある（idiōteuein）」ということの問題（*Apol*., 31e2-32a3））を深く掘り下げて説明したものである（第二部）と思われる。とくに、第二部ではソクラテスがクリトンではなく、架空のアテナイの国家・国法が人格をもった他者のように登場してソクラテスを相手に想定される問答をしているのであるが、それはソクラテスがクリトンを前に実際にそのようなことをしたことの想像上の描写である、などとは到底思われない。むしろ、この第二部は『弁明』の一人称の語り方に近いように思われる。『クリトン』の全体はソクラテスが死刑の直前における脱獄の勧めを受けるかどうかという極限状況に置かれているところで、一人の人間の生を限定する人間（市民）として生きることと行動の原則、さらにはアテナイの現実の政治の根幹にあるその正義・国法にもかかわる彼の常日頃の考え方がどのようなかたちをとるか、ということをプラトンが洞察し、思い描いたものであると考えることができる。『クリトン』は色濃くソクラテス的ではあるが、プラトンの哲学のパースペクティブを決めるソクラテス－プラトンの哲学という合作であるとみていいかもしれない（第四章）。（『クリトン』にも「行動はいかにあるべきか」という副題が付けられているが、この副題は『クリトン』ではなんらかの哲学的探究が行なわれているわけではないのであまり意味がないように思われる。）

『パイドン』についていえば、つぎの二つのことが注目されるべきである。第一に、『パイドン』でははっきりとしたプラトンのソクラテス像が確立されていることである。そのソクラテス像とは『パイドン』の掉尾を飾るソクラテスを追悼する言葉、「ソクラテスはもっとも思慮・知を備えた人であり、もっとも正しい人（phronimōtatos kai dikaiotatos）である」というものである。プラトンがパイドンにこの賛辞を語らせているのは、結果的にパイドンその他の人々のソクラテス賛美を追認しつつ、『弁明』に示されたソクラテスの生と死の全体をとおして「この同じものとしてある」ソクラテスの自己自身（魂といわれるもの）のその自己同一性がどのような意味であるのか、そのことの彼自身の哲学的探究の道を拓きつつあったからであろう。そしてこの点が非常に重要であると思われるが、この『パイドン』のソクラテス像から『弁明』を見るとき、ひとははじめて『弁明』のソクラテスがどのような意味で常に変わらぬ「同じ」人間であり、その哲学的生が何であったのかをはっきりと理解することができるようになるであろう。

第二に、『パイドン』のソクラテスが哲学するとは死の修練、あるいは心身分離であると語っていることである。これがいったい何を意味するのか、筆者には長い間分からなかったが、いまはこういうことではないかと考えている。それはソクラテスの遺言であり、哲学の勧めなのである。それはおのれの生を所与としてあるように見える現実、広い意味で政治的現実と呼んでいいような世のなかの現実のなかで身を処すこと（処世）から切り離し、しかもそうした現実が人間だけがいる世のなかの人々の思い（ドクサ）から生まれていることが明らかになるところまで切り離し、ドクサにまみれていない魂の本来の純粋な存在へ純化すること、そして肉体から解放されて自由になった魂の広々とした明るい世界（かの世といわれる）へ赴くことを勧めている。そして、『弁明』で示された哲学することをとおして魂を気遣うこととは、魂の純化（浄化）のために魂が存在の真実を知るプロネーシスに満たされるようになることであると説いている、と。『パイドン』のソクラテス自身はみずからの死に臨んでそうしたことを希望する生を生きている、あるいは至福のうちに死（いまやかの世）に赴こうとしている。これは驚くべきことではなかろうか。

しかし、それは「言うは易く行なうは難し」である。というのは、世のなかの現実と処世は人々の生に深く染み付いており、人々が生きることの、あるいは生き延びるための自明な前提とさえなっているので、そこからおのれの生を切り離すことなど至難の業であるばかりか、非現実的でさえあるように思われるからである。このことと表裏一体のこととして死が忘却されてしまう。というよりも、死もまたドクサのなかで最悪のものとして恐れられ、生から遠ざけられてしまうのである。しかし、それは生死混合の生であり、死が生にいわば病膏肓にいるように入り込むということである。ソクラテスでさえ神から下されたデルポイの神託の労苦に満ちた困難な謎解きを経てはじめて世のなかの現実と人々の処世と死に対する態度の実体がドクサであることを思い知るに至るのである。ソクラテスを師とするアンティステネスのようなキュニコス派の人たちは禁欲・修練（アスケーシス）という実践の形で心身分離を目指し、魂の気遣いに専心したが、プラトンがソクラテスの魂の気遣いを哲学的生として理解し、その哲学こそが魂を純化するための死の修練として捉えたということは、死を本当に自覚することとはどういうことなのかを顧みたもっと奥行きのある次元を開いたということであろう。つまり、不死なる魂とか永遠の生といった魂がそれ自体としてあることの不思議さがリアルな問題になるということであろう。

ところで、こうしたドクサからの脱却を意味する心身分離を『方法序説』のデカルトの思想革命に準える人がいるかもしれないが、その場合でも魂の浄化や死の修練という言い方の謎までも解けないであろう。ともあれ、『パイドン』の魂の浄化や死の修練という言葉は『弁明』のソクラテスの真実と思慮・知、そして魂だけを気遣って生きてきた、しかしいまや死にゆく者としてのソクラテスの哲学的生を、自由になろうとする魂の究極相から見た場合、どのような在り方となるのかを指し示すためのものではなかろうか。

以下では、これら三つの観点から『弁明』のなかに示現しているソクラテスの哲学、すなわち彼の哲学的生の独自の特徴を明らかにすることを試みたい。この試みはプラトンの対話篇よりも手前にあるソクラテスの現存を捉える試みであるが、それでも『パイドン』のソクラテス像をいつも念頭において『弁明』を見ることがいちばんいいように思われる。プラトンのソクラテスを見る眼はかぎりなく確かなものであると思われるからである。また、そのような視野のもとで『弁明』から『クリトン』へいたる思想内容的問題を実際に辿ってみたい。その試みは魂の気遣いが行動の正しさと表裏一体であるばかりでなく、正義と国家・国法の分かち難さ、それにソクラテスの国家・国法に対する絶対的受容という驚くべき立場を明らかにすることになるであろう。このような局面の考察を通して、ソクラテスの「哲学」（哲学的生）とプラトンの哲学の質の違いもおのずから浮かび上がるであろう。残念ながら、『パイドン』についてはここでは扱うことはできない。第四章の補説「ソクラテスと政治の問題」でもう少し触れる予定である。

第一章　不知の知（18a7-24b2）

はじめに

第一章の目的はプラトンの『ソクラテスの弁明』のなかでかのソクラテスの不知の知が語られる箇所（20c4-24b2）をできるかぎり正確に読み解くことである。この箇所は哲学的な観点から見れば、ソクラテスの不知の知とはいったいどのような知であるのか、ということが大問題になるところであるが、そうした狭義の哲学的関心からだけではこの箇所の全体がもつ意義ばかりでなく、ひいては当該の不知の知の意味もまた読み解けないだろう。というのは、その不知の知は、ソクラテスの弁明の主たる内容となる「古くからの告訴者」に対する弁明のなかで、ソクラテスに対する現在の告訴の原因となった彼の仕事が何であるのか、そもそもソクラテスは何をしていたから瀆神罪で告訴されるほどに非難中傷されるようになったのか、ということが語られる文脈のなかで理解されるべきことだからである。

より詳しくいえば、その文脈とは、まずはソクラテスの知恵に関わる、聞き手の意表をつくような、かの不可思議なデルポイの神託が或る時彼にくだされたという話から始まる。そして、この話はその神託の謎解きのために彼が世のなかで知恵あると思われている人々を、彼らと問答をしながら、吟味したという話に続き、そしてさらに「ヘラクレスの難業」になぞらえられる彼の困難を極めたその吟味活動の続行のなかで、ソクラテスと世の人々のあいだにどのような対立が生じることになったのか、またそうした事態において何が真実として明らかになっていったのか、という話へと続く、そうしたことが語られる文脈をかたちづくる。その意味するところは、デルポイの全体への広がりをもつその話の核心として意義づけられなければならない。不知の知はそうした文脈の神託を受け入れたソクラテスの存在が彼自身にとって謎と化し、彼が苦境に陥ること、ソクラテスの知恵をめぐる神託の謎解きというかたちでソクラテスが彼の方からも神に関わっていくこと、その謎を解くための打開策としてソクラテスが行なう他者を巻き込んだ自他の吟味、そしてそのためにソクラテスが世のなかで、私交というかたちではあれ、すべての人間の生き方に関わるという意味で公的ともいうべき行動を開始し、その「公生活」を彼の全生涯を通して持続的に貫徹するという、そうしたソクラテスその人自身の在り方と行為の仕方の変容ということから切り離されたところで、ソクラテスの不知の知をただ哲学的関心の対象として問うということは意味がないということである。

以上のことは、一般的にいえば、ソクラテスの哲学を彼の在り方と行為、そしてそれを取り囲む、神の眼差しのもとで表象される、存在の真実と人の世の行為的現実から切り離してなにか純粋に知識論的な哲学的意義といったものだけを評価することは彼の哲学の一番大事なところを見逃すことになるということである。実際、アリストテレスのソクラテス評価はそうした哲学的意義だけに限定されたものであったが、それがいかに要点をついた重要な意義をもつものであれ、結果的に、ソクラテスの生と哲学は分断され、両者の内的結びつきは暗闇のなかに取り残されることになったといわねばならない。しかし、『弁明』のなかでプラトンの描くソクラテスは「わたしは自他の吟味を行ない、知を愛し求めながら生きていかなければならない」と明言しているのである。

この発言を最大限に尊重するならば、問題にすべきことはいまや、ソクラテスのそうした哲学的生とは何であったのか、人間にとって生きることが哲学と不可分に結びつかねばならないとはいかなることなのか、さらにいえば、哲学することなしの「吟味されない生は生きるに値しない」という言葉は何を意味するのか、という問いになろう。(＊) 筆者の見るところでは、不知の知がソクラテスその人の在り方と行動とともに語られる20c4-24b2の箇所は、そうしたソクラテスの哲学的生の問題を解き明かすためにもっとも重要な意義をもつ。以下の論考では、こうした観点からこの箇所の読解を試みる。この箇所は「ソクラテスにおける哲学の誕生」が語られる箇所であるということもできるが、その哲学の意義もまたこの箇所の文脈全体に即して考えられるべきであろう。そのために、筆者の問題意識に適合する仕方で、もうすこし緩やかに少し手前の箇所から論考を始めたい。

(＊) このようなソクラテスの哲学と哲学的生というパースペクティブだけでは『弁明』のソクラテスの全体を理解するのに十分ではないが、このことは20c4-24b2という限定された範囲内ではそれほど問題にはならないであろう。もっと大きな文脈では、この箇所をも包み込む魂の気遣いの勧告の箇所を見なければならないであろう。

一　古くからの告訴者に対する弁明

(1)　ソクラテスの弁明が或る一貫した方針で行なわれていることは確かなことである。それは弁明がさしあたり今回のソクラテス裁判の真相に関わるであろう「真実のすべて」を語るつもりだという極度に強いテンションをもつ冒頭部の意志表明からはじまり、以後それを基調として、その真実が露わになる次元を時間の許すかぎりロゴス化するために、弁明の全体が統一構造的に語られているとみなされるからである。すべての真実を語るための統一構造、全体の文脈がどのようにつくられ、展開されているか、そこに『ソクラテスの弁明』を読み解く基本的な手がかりがあるが、この章ではそうした統一構造の芯柱ともいうべき20c4-24b2の箇所の問題に限定して論考を行ないたい。

さて、ソクラテスのいう「真実のすべて」が今回の裁判事件にのみ関わる真相にとどまらないことは、ただちに冒頭部の「前置き」に続く弁明の手続きの説明（18a7-19a7）から明らかになる。ソクラテスは弁明の戦線を拡大し、裁判の構造を変容させる。まず、現在の告訴者の告訴に対してただちに反論したりせずに、その背後にソクラテスを非難中傷してきた者たちのいることを指摘し、その者たちを不特定多数の古くからの告訴者と見立てて、彼らの想定される告訴状（架空の「宣誓口述書」）に対して弁明するという想像上の裁判の場をつくり、そのなかで弁明を行なうというやり方をとる。しかも、そのなかに現在の裁判の市民裁判員であるアテナイ市民のすべての人をそうした告訴に無関係ではありえない当事者として引き入れる。或る者は古くからの告訴者かもしれないし、また或る者は年少のときにそのような告訴者に説得された者かもしれない。

つぎに、ソクラテスはおのれの弁明の成り行きを神に委ねることによって、神の面前に自他のすべてがさらされるようにはからう。ソクラテスは裁判の枠組みを神前裁判に変える。この裁判の構造の変容と弁明の戦線拡大の手続きはなにか当然のごとく行なわれている。それは一見すると取り立てて問題がないように見えるが、厳しい見方をすれば、自分に都合のよい土俵を勝手に作り、しかもそのなかに強引に人々を引き入れるようなやり方である。しかし、それは現実の裁判のなかで駆使されるレトリックやかけひきという点からも、無罪を勝ち取ることを目指すという点からも、得策とは言い難いやり方である。というのは、市民裁判に慣れたアテナイ市民の反応を考慮すれば、裁くものではあって裁かれるものではない裁判員としての彼らの特権と優越感と好奇心を斟酌せず、時には彼らの情念を逆なでにすることになるであろう、その彼らを当事者として自分の弁明の土俵に引き入れ、ひいては神の前で裁かれるものにするやり方は反感を買いやすく、危険すぎるからである。それでは、ソクラテスはなぜ死の危険にもさらされる黒白を争う裁判という人間同士の生存をかけた闘争の場でそうした無謀にも見える態度をとるのか。この段階でいえることは、それはソクラテスが現下の裁判的現実を一切考慮せずに、ただおのれの哲学的生において露わになった「真実のすべて」を明らかにするという一点にだけおのれの関心を集中させているからである。裁判の性格の変更と戦線の拡大は真の審判をゆだねるべき神の前で真実のすべてを明らかにするための手続きだということである。そうでなければ、なにか当事者以外のすべての人たちにとどまらず、神までも虚構的な裁判の場に巻き込むような戦略は理解しがたいであろう。

ちなみに、こうした自分の意図に沿う虚構的な次元をつくり、そのなかで弁明するという方策はソクラテスの弁明の全体を通して貫かれる。不知の知が話される箇所でも、魂の気遣いが話される箇所でも、そうした弁明の肝心かなめの箇所では、ソクラテスの「仕事（prāgma）」、魂の気遣いあるいは「日常の行ない（epitēdeuma）」を問い質す者が想定され、その架空の質問者の問いに答えるという方法がとられる。それは実態に即していえば、大事な急所ではソクラテスが自分の生き方を自問自答しているということであり、彼の弁明はモノローグである、とさえみなされるということである。そこから翻っていえば、現在の告訴者の告訴ばかりでなく、その通常の水準での裁判的現実までもまったく彼の弁明の視野の外に置かれているといってよい。それに応じて、現在の告訴者の告訴に対して直接応答する箇所（24b3-28b2）も、実質的にはソクラテス的ロゴス化のなかでなされる「真実のすべて」を露わにするための構造的弁明の一環である。その場面は彼らの名目的代表者であるメレトスの虚偽に満ちた人間性、すなわち青少年のことも神のことも何ら本当に気遣っていないのにそうした重大事を無思慮に軽々に扱う厚顔無恥な態度に対する逆告発、いわばメレトスの断罪と呼ぶことができよう。

ともあれ、現実の裁判の仕組みから見れば虚構的ともいえるこうした弁明の枠組みは、ソクラテスにとって「真実のすべて」を統一構造的に語るために必要な設定であって、それがモノローグの趣を呈するのは、自分の全生涯の意味をロゴス化することに集中する、その自己集中の姿なのである。しかしさらに予見的にいえば、そこにはその自らの生を真実にさらすという意味での神前での弁明、神への暗黙の語りかけが、一般的にいえば、人間のなかにあって神とソクラテスのあいだに生まれた真の近さにおける神のリアリティーが、あるいは、哲学的生を生きるソクラテスの生き方のなかに保たれているソクラテスと神との関わり方が真にリアルなものであるという、神に対するソクラテスの信が含まれている。付言すれば、プラトンの『ソクラテスの弁明』はそのような目に見えにくいことまでも描き出しえているのである。

(2) それではつぎに、この箇所では何が問題になっているのか、そのことを明らかにするためにこの箇所の話の中身にもう少し詳しく立ち入って見ておこう。

ソクラテスは現在の告訴の背景に昔から彼を非難中傷してきた者たちがいることを指摘して、つぎのようにいう。彼らは自分(ソクラテス)の評判を「噂」(18c1)というかたちで人々に広めてきた。この噂(評判)は人間がお互いに評価しあうこの世に住む人々にとって恐るべき客観性を帯びた評価になる。その結果、ソクラテスの人となりはこの世のなかでそうした評判のなかで決められるようになった。現在の告訴者たちはそれを利用し、そこから告訴の説得力をえている。その噂の内容は、ソクラテスを「天上のことを思案し、地下にあるすべてを探究し、また弱い議論を強くする、妙な知恵のある奴（sophos anēr だ」（18b6-c1）というものである。このような噂を撒き散らした者たちこそ本当はやっかいな、恐るべき者たちである。なぜなら、評判は世のなかにおけるソクラテスの存在を決める力をもちながら、どこのだれがそうした評判をたてているか、名前も分からないからである。それゆえ、ソクラテスはこの評判が真実ではないことを明らかにしようとしても、それは「自分の影と戦う」（18d6-7）ようなものだという。それは自分の本当の存在ではなく、悪質にゆがめられて、世のなかに投影された影の存在であるにもかかわらず、誰を相手に弁明し、どこで誤解を取り除いたらいいのか、なす術がないからである。それゆえいま、彼らをはっきりと告訴者に見立てて弁明しなければならないというのである。

ソクラテスが直前に行なわれた現在の告訴者の告訴弁論を完全に棚上げにして、こうしたところから実際の弁明を始めたのは、彼らの説得的な弁論の影響の余韻を消し、人々の気持ちを自分の弁明に向けさせるための法廷弁論の戦術などではありえない。ソクラテスの弁明のやり方がすでに手続きにおいて異例であることは上述したが、いまやさらに、彼の話の内容はその手続きが不可避であることを明らかにする。というのは、一見すると、それは噂の話でしかなく、なにか告訴内容の事実性の真偽をめぐって争う法廷に正面から持ち出すことは差し控えるべきものであり、それどころか、噂の話ゆえに、問題の所在がかえってぼやけたものになり、切実な現在の現実から逸れてしまうように見えるかもしれないが、本当のところはそうした見え方とは正反対の、ソクラテス裁判の本質に触れる問題の核心が指摘されているからである。それは一言でいえば、ただ人間だけがいるという人間社会の事実というものは、それがいかに人々を支配する力をもとうとも、突き詰めていえば、「評判（ドクサ）」、人々に思いなされたことにすぎないということである。そうした事実は、感覚的確信や個人的信念、また社会的通念や価値評価、さらには伝統的価値基準など、いかにさまざまな要素を含み、何重にも層をなそうとも、元を質せば誰かの思いなし（ドクサ）からつくられるものであるといわねばならない。それが年月を経て沈殿し人々のあいだに広がり定着すると、事実という相貌を帯びるのである。それゆえ、その事実となったドクサを取り除くことはそれに反する別の事実を提出しても無理である。それを取り除くためには、そのドクサとしての事実が生じた原因をはっきりと示し、それが思いなされただけにすぎないことを明らかにすることができなければならない。このことはロゴス（言葉）によってそうした事実化した評判の成り立ちを解き分け、その本当の姿を明らかにすることによってのみ可能である。そしていま、ソクラテスがまっさきに噂の話を問題にしているのはこうした事実化した評判の成り立ちを明らかにするロゴス化のためなのである。かくして、ソクラテスはその噂を正式の宣誓口述書にまで仕立て上げ、白昼のもとに引き出し、それに対して弁明を始める。その宣誓口述書はつぎのようにいわれる。「ソクラテスは不正をしている、すなわち、地下や天上のことを探求し、弱い議論を強い議論にし、そしてそれと同じことを他人にも教えるという、余計なことをしている」（19b4-c1）。

さて、ソクラテスがいま申し立てている、彼の身に降りかかった噂、ソクラテスは「妙な知恵を持った奴」だという陰湿な噂が意味するところは深刻であり、その根は深い。問題を先取りしていえば、それは人間にとって「知恵（sophia）」とは何か、人間のなかで「知者（sophos）」とは誰か、ということに関わる問題である。しかしさらには、人間の生にとって何が真実であり、何が虚偽であるか、その真実と虚偽はどこで、どのように分別されるか、またそれらが世の中に投影されるとどうなるのか、世の人々のあいだに生まれる評判（ドクサ）とは何か、評判において個人と社会、自他の関係はどのようにあるのか、そうした一連の問題が根本から解き明かされることによって、はじめてその噂の本当の意味が明らかになるであろう、そうした問題なのである。そして、このことが肝要なのであるが、これらの問題の解明のすべてはこれから行なわれるソクラテスのロゴス化としての弁明に懸かっている。そして、そこで明らかにされることはすべての人間に関わる問題である。このことが、弁明の最初の手続きでソクラテスが弁明の場を変容させ、戦線の拡大をし、噂を正式の宣誓口述書にまで仕立てた所以である。

ところで、「知者」という噂を流してソクラテスを非難中傷している者たちは、当該の事柄の真の問題の所在について何も知らない、あるいは知ろうともしないまま、それゆえソクラテスが行なうその問題を露わにするためのロゴス化という大変な仕事のことなど思いも及ばないまま、砂上の事実化したドクサの世界を頼りにソクラテスを告訴している。ソクラテス裁判、すなわちソクラテスと新旧の告訴者との戦いは同じ平面上での戦いではまったくない。比喩的にいえば、両者の位置する位相は二次元と三次元、いやそれどころか二次元と四次元（神の眼差し）ほどもずれているのである。いずれにしても、『弁明』の根本問題の所在はソクラテスの弁明のはじめから明らかにされているといえよう。以下の弁明はここから展開され、統一構造的にロゴス化されるのであり、とくに『弁明』の二つの重要箇所でその問題が真正面から取り上げられることになる。それらの箇所とは不知の知の話と魂の気遣い（世話）の話の箇所である。

二　自然哲学と人間教育

(1)　ソクラテスが「妙な知恵を持った奴（sophos anēr）」だ、という陰湿な噂のなかには悪意と中傷や嘲笑ばかりではなく、いくばくかの敬意や羨望や嫉妬などが含まれているであろう。というのは、ソクラテスが伝統的な知者の概念からはみ出した得体の知れない知者とみなされるのは、その知恵が幾分かは新しい思想と結び付けられるからである。アリストパネスの喜劇『雲』の主人公のソクラテスはそのように描かれている。しかし、それらはいずれも知者ソクラテスの影への反応であり、本体がどうなっているのか、その肝心のことが理解されているわけではない。なぜなら、彼らの知についての理解力ではソクラテスの知恵は計り知れないからである。ソクラテスは自分が知者と呼ばれる所以を人々に理解可能なところから、しかしこれまた人々の予想を否定する仕方で話を始める。そのために、かの宣誓口述書のなかに記されていた二つの事柄、天上や地下のことを探求する「知識（epistēmē）」（19c6）すなわち自然哲学の知と、弱論を強弁する弁論術を駆使できるものたちが携わるとみなされる「人間教育（paideuein anthrōpous）」（19d9）に関わる知が取り上げられる。もっともソクラテスにとって与り知らぬこれらの知については弁明するまでもないことであり、身に覚えのない事実としてあっさりと否定される。ただしかし、それらの知に対するソクラテスの批評の方は彼自身の知の所在を知るうえで注目に値する。この批評はつぎに彼の弁明が彼自身の知恵として語る不知の知の話に集中していくための前置きになるであろう。

(2)　自然哲学については一見するとそれ自体は無害に見えるが、ソクラテスも噂の話のなかで触れている（18c2-3）ように、それは人々の眼には神を信じない無神論と結び付けられて危険視される類のものである。しかし、人々は自然哲学を知として評価する以前のところで、世間の目に触れるかぎりでのそれを胡散くさい目で見ているにすぎない。これに対して、ソクラテスは天上地下の事柄について知があり、知者がいるならば、それを高く評価する態度を示す。しかしその上で、自分はそれらのことには関与していないといい、それは事実によって明らかであるから、それが事実であることを証言する証人を要請する。この点についてソクラテスは弁明の必要を認めていない。それは自分の与り知らぬ事実問題としてあっさりと片付けられる。

さてしかし、ソクラテスの自然哲学、およびそれに従事する者に対する評価の仕方については注目すべきことがある。ソクラテスはアリストパネスの喜劇『雲』のなかで戯画化された自分の奇矯な姿を描きながら、しかしつぎのような言い方をする。「私はそうした知識（epistēmē）を貶めるかのように話しているのではない、もし誰かそうした事柄について知者がいるならばの話ですが、私はメレトスによってそれほどの罪で訴えられたくはない」（19c5-7）。まずこの言い方はかならずしも自然哲学的知識とその知者の存在を前提にした言い方ではない。いわばそれは仮定の話であり、ソクラテス的な知の問題の視野に入ってこない事柄として言及されている。つぎに、それにもかかわらず、それが知であれば、自分は与り知らぬがその知を尊重する態度を示す。しかもその知を貶めることは大きな罪になるとまで考えている。第三に、自然哲学と無神論、あるいは瀆神罪のつながりという人々が関心を抱くであろう問題に対してはまったく無視されている。それはメレトスが自然哲学をソクラテスにたいする涜神罪という攻撃の材料にしている（26c7-d5）にもかかわらずに、である。

これら一連のことが仄示していることは、(a)ソクラテスにとって自然哲学の知であれ知（あるいは知者）であるかぎりは、その知は特殊なものとしてではなく、なにか普遍的に意義深いものとして想定され、そうした知である以上人間にとってなにか善なるものとして尊重されていること、(b)しかしそうした評価の背景には、ある意味で知者として弁明しているソクラテスには彼自身にとって何らかの意味で関わりうる知の固有の場所があること、ただしそれが人間にとって唯一可能な知を問題にしうる場所であるのかどうか、またその場合、自然哲学やその他の知もソクラテスが考えている知の場所に許容されるのかどうかといった、そうした問題はソクラテスの発言からはほとんど見通すことはできないということ、しかし他方、ぎゃくに、(c)自然哲学において想定されるなにか普遍的な知がソクラテスにおける知の所在にどのように関わっているのか、すなわち、彼の現在の弁明を支えている実際にソクラテスのなかで働いている知に対してそのような普遍知から理解される道があるのかどうかといった、そうしたソクラテスの弁明全体の意味合いに関わる知の問題も視野に入れなければならないこと、さらにまた、(d) 知とともに知者の存在が重要な問題となっていること、そして、(e) 世の人々の思いとは無関係に知と知者の存在が分かちがたく問題になるところでなければ、神の問題も考えられないらしいことなどである。これらのことがいかに知と知者の問題のなかで理解されうるか、ここには不知の知の問題へ話が展開していく最初の伏線があるといえよう。

(3) つぎに、弁論術が関わる人間教育についてはソフィストの存在が語られる。弱論を強弁するという例の宣誓口述書の告発内容からは弁論術とその教育ということしか考えられないように見えるが、その担い手は弁論家ともソフィストとも呼ばれる人々であり、彼らは青少年の人間教育を主たる職業にしているからである。

ソクラテスの結論はここでも自然哲学の場合と同様に、自分はそうした人間教育に携わったこともないし、その種の知識ももっていない、つまり自分はソフィストと同じではないというものである。今度の場合は証人の要請はなされない。その代わりに、自分がソフィストと同じでない証拠として金銭的報酬は受け取っていない点が挙げられる。この点は、後にソクラテスが彼自身の活動の具体的内容が述べられる箇所ではさらに十分な証拠として「貧乏」が持ち出されることになる (31c2-3)。金銭的報酬の有無が、ソクラテスがソフィストの行なう人間教育に手を出していないことの証拠になりうるかどうかを疑問に思われるかもしれないが、しかし世の人々はむしろそうした事実によってその人の行ないを醒めた眼で判断するのではないか。ソクラテスが金銭的報酬のために何か仕事をしているのなら、それが何であれ、その仕事はたかが知れている、それは人々の理解の枠内に納まるものであろう。たとえば、その当人はその仕事をそれ自体が目的でやっているわけではないとか、お金によってはかられる仕事をしているにすぎないとか、その仕事は彼の「日常の行ない（epitēdeuma）」（28b4）とは異なったものであり、彼自身の本当の存在を表わすとはいえない、などとみなされよう。それゆえ、ソクラテスの仕事が金銭的報酬なしに、それを目的にせずに彼の日常の行ないとしてなされているとすれば、それだけでもそれはただの人間的行為とは違うとみなされてもよいであろう。まして死の危険をも顧みずに何かを成し遂げたのであれば、なおさらである。世の人々は、ある意味で健全にも、実際になされたことという意味での「事実（erga）」（32a5）を尊重するので、それを越え出るものには驚きを覚え、尊敬の念さえ抱くのである。

さて、もう少しこの問題の行く末を見ておきたい。それでは、ソクラテスは事実を尊重する世の人々を説得するために金銭的報酬の話を持ち出しているのか。たしかに、この点は否定できないかもしれない。後で見るように、ソクラテスの仕事も、それどころか彼の仕事こそ人間教育と呼ぶのにふさわしい面があり（31b1-5, 36c3-d1）、自然哲学の場合とは違い、ソフィストのように有徳の「立派な（善美なる）人（kalos kagathos）」（cf. 20b1）を育てる教育に関わっているように見え、両者の外観は似ているように見えるからである。この点では、冒頭部のソクラテスの言論活動にかかわる問題と事情は似ていると思われる。というのは、そこでは、語ることにおいて恐るべき「弁論の雄者」（17b1-6）というレッテルがソクラテスに対してまったく正反対の意味で、一方は、虚偽を語り、人を騙す説得の才に長けた弁論家であるソクラテス（彼に対するメレトスの攻撃的言辞）という意味で、他方は、真実のすべてを語る言論の力をもつソクラテス（ソクラテスの自己表明）という意味で、使われていたからである。その際ソクラテスがいうように、両者の違いはさしあたり実際の言葉の使用から明らかになるように、この場合も、活動の意味内容ばかりではなく実際の行動の仕方においてもソクラテスはソフィストと違うことが明らかになるであろう。金銭的報酬の有無はソクラテスの容易に測りがたい行動の目に見える典型的な特徴の一つであり、事実として明言するに値することである。それは人々の健全な判断が働くことが期待される場面である。

だがしかし、こうした事実問題が言及されるのは基本的には裁判の戦術の問題などではない。それは一言でいえば、この弁明において神とアテナイ市民の前で大小いずれのこともおのれのすべてを隠すことなく露わにするというソクラテスの一貫した態度（24a5）によるものである。今の場合はソクラテスが現実に無報酬で仕事をすることを日常の行ないとして生きてきたことを、つまり一つの事実をありのままに語っているのである。ちなみに、こうしたソクラテスの日常はアテナイ市民の下した死刑票決に従って最後まで牢獄にとどまって死を待つ時でも変わることがない。彼が生きる現実は抽象的な知性による言葉の世界ではなくて、生と行動に直結した具体的な歴史的現実である。彼はつねにこの生の現実のなかにあって厳密な意味での知行合一の生きかたを実行している。この場合の知行合一の意味はまったく単純至極である。それはたとえば、ソクラテスが牢獄に座わり、死後のよき生への希望をもちつつ、若い友たちとともに魂の不死を証明する言論活動を行ないつつ、定められた死ぬ時までの、一つの生を生きているということである。しかもそこには、いつもと変わらないソクラテスがいる、「全生涯を同じこのものとして」（33a1-3）生きてきたソクラテスがいる、そしてその生は厳粛であり、隠されたもののない晴朗な生である、そういう彼のつねに変わらぬ生のたたずまいを見ることができるであろう。

このことは不知の知の問題において最重要な観点として適用されねばならない。なぜなら、とりあえず予示的にいえば、不知の知とはソクラテスの生のあるべき「部処（taxis）」（29a1, *Crito*, 51b8）である哲学的生の自覚であり、その部処に自覚しつつ踏みとどまり、自他の「生の吟味」（39c7）をすること以外ではなく、ソクラテスはそのように生きることに関心を集中することによって、「魂の気遣い（epimeleisthai tēs psuchēs）」（29d7-30a2）をしているので、他のことを気遣う暇がないからである。いま問題になっている無報酬の仕事という問題も、その理由を生活上の必要と仕事の目的と金銭の授受の関係について考えられうる動機づけの連関からあれこれ推測するよりも、その前にソクラテスはこのようにして全生涯を貫いて、一つのことだけを気遣い、この同じこのものとして生きている、という観点からみるべきことであろう。その場合、ソクラテスが彼固有の人間教育によって金銭を得るというような振る舞いはそうした彼の生のたたずまいにそぐわないと思われるのである。

(4)　さて、この箇所でソクラテスが主として話題にするのはソフィストの人間教育についてであり、そしてそれが世の中で行なわれている実態である。順次考察していきたい。

（α）　ソフィストの人間教育に対するソクラテスの批評は自然哲学、およびそれに従事する者に対する場合と或る類似した構造をもつ。まず、ソクラテスは人間教育という当該の事柄自体に対してはおおいに賞賛する。「もし誰かが人間を教育することができるなら、そうしたことは立派なこと（kalon）であると私には思われる」（19e1-2）。しかしそれに従事するソフィストに対しては皮肉な調子で現実に行なわれている事実の有様を指摘する。ソフィストは「若者を説得して同国人との交際を棄てさせ、金銭を払いながら彼らと一緒になるようにすすめ、おまけに感謝の念さえ起こさせるのだ」（19e6-20a2）。この対比は人間教育それ自体の立派さと現実にそれに従事している者の美しい（kalon）とはいえない振る舞いのあいだに驚くほどおおきなずれがあることを描き出している。このずれはソクラテスの場合には考えられないものである。それではなぜソフィストの場合にはこうしたずれが生じるのか。そのずれの意味は何であり、原因はどこにあるのか。しかしその根は想像以上に深く、ソフィストが自明のごとくそのなかで生きている世間の「評判（ドクサ）」の成り立ちの問題にまで踏み込まなければならない。

（β）かくして、ソクラテスの話は世間で行なわれている人間教育の実態に及ぶ。その具体的事例としてソクラテスとアテナイの富豪カリアスのあいだで彼の二人の息子の教育について最近行なわれた問答が話題にされ、ソクラテスの質問とそれに対するカリアスの答えが紹介される。ソクラテスの質問は人間教育において何が問題であり、誰がそれを成し遂げることができるのか、という原則的なものであるが、それとともに、あたかも当然のごとくそれに必要な教育費についての質問が付け加えられる。人間教育の根本にかかわる問いと金銭的報酬額の問題が両方並べられるとき、両者が結び付けられることの不自然さに対する違和感が生じるべきところであるが、当のカリアスは両方の質問の落差に気づかないまま答える。二人のやり取りから浮かび上がるものを見ておきたい。ソクラテスがまず技術知の類比を使って原則的な質問をする。

「もし君の息子たちが子馬や子牛であれば、君は彼らのために監督者を見つけ出して雇うだろう。この監督者は彼らをしかるべき徳（aretē）を備えた立派なもの（善美なるもの）（kalō te kagathō）にすることができるだろう。またこうした監督者は馬事や農事の心得のある者のなかにいるだろう。しかるに現実には、君の息子たちは人間なのだから、誰を君は彼らの監督者として取るつもりでいるのかね。誰かそうした人間として、また市民としてもつべき徳を知っているものがいるだろうか」(20a7-b5)。

長い引用をしたのは、これがソクラテスの一つの典型的な技術知の類比(アナロギア)の論法となっていて、この論法をとおして人間教育というものがどこに重大な難問(アポリア)を抱えているか、そのアポリアの所在が指し示されるからである。問題の焦点は明らかである。人間(市民)としてもつべき徳を知っていて、それを教えられる者は誰か、誰かそうした者がいるのか、ということである。それにしても、この論法はなんという恐るべき論法であろうか。さまざまな領域で技術知が存在し、その所有者がいることは広く認められるところであり、またその際「善美なる人(kalos kagathos)」とか、「徳(aretē)」という言葉も問題なく使われうるのであれば、人間の徳にかんしても同様にしかるべき知があり、その知を所有する知者にして教育者がいると想定するのはごく自然なことであろう。世の人のなかで誰が両者、子馬や子牛の訓練と人間の子どもの教育のあいだにある懸隔や質的な相違に気づき、その上後者の問題を探求することには既成の知識や思考の方法では歯が立たないことに思い至るであろうか。案の定カリアスは我が子の人間教育というよくよく思慮を要する大問題に直面しながら、驚くほどやすやすとソクラテスの問いに答える。「あるとも、大ありだ」。ソクラテスのさらなる問い。「それは誰だ。そしてどこのものだ。またいくらで教えてくれるのか」。カリアスの答え。「エウエノスという者だ。パロスの者で、五ムナだ」(20b7-9)。

ソクラテスはなにも巧妙な罠を仕掛けているわけではない。むしろ、大富豪であり、それゆえ尊大かつ鷹揚に構えているカリアスがじつは世のなかを無思慮で、安逸に生きている自らの生のたたずまいをはからずも暴露しているだけである。人間教育のできる知者が簡単に見つかり、しかもお金さえ払えばその知者の知をすぐに手に入れられると思い込んでいるカリアスの姿は、まさに豊かな所有物に囲まれた現実のなかで貧寒とした心しかもたずに生きている者の典型であろう（カリアスは晩年になって貧窮に陥り、貧窮のなかで死んだといわれている）。これはしかし、カリアスに限られた特異な在り方ではない。彼は世の大勢の人々がすごす現実に埋没しているにすぎず、世の人々もまた彼の応答をとりたてて疑問に思わないであろう。というのは、世の人々の多くは、本当のところ何に関心があるのか、という点でカリアスと変わるところがないからである。なぜかといえば、のちにソクラテスの言うように、カリアスを含めて世の多数の人々は「金銭・もの（khrēma）をできるだけ多く自分のものにしたいということを気遣っている（epimeleisthai）」（29d8-9）のであり、そうであれば、人々はそこに身を置いて、そこから物事の価値をはかり値踏みすることが習い性になっているからである。

つぎのこともこの両者の問答から明らかになる。それは人間教育の知者と名指されたソフィストもこの世のなかの仕組みに属して生きていることである。ソクラテスが示唆するように（19e5-6）、親兄弟や同じ国の市民ならただでする若者の人間教育に対して彼らが金銭的報酬を受け取ることは、けっして付随的なことではない。それは生活の必要を満たすための世の中の職業（技術者や労働者の仕事）に組み込まれているとはいえない彼らの仕事に対しても、金銭を尺度にして値踏みする世間の評価の結果なのである。しかも見逃してはならないのは、人間教育の報酬が、人生の大事が生活の必要と同列におかれるほどに安易に考えられ、大事と小事の倒錯が生じるところで発生したものであることである。かくして、ソクラテスはアイロニカルにつぎのように言う。「そのエウエノスというのは幸福な人だよ。もし彼が本当にそうした技術知をもち、そうした手頃な値段で教えているのならば」（20b9-c1）。そして、ここでも自然哲学の場合と同様に、ソクラテスは自分自身はそういう「知識（epistēmē）」はもっていないことを明言する（20c1-3）。

この項の最後に、この箇所でソクラテスが使う技術知の類比（テクネー・アナロジー）の論法について一つのことを指摘しておきたい。それはこの論法がここではプラトンの初期対話篇の哲学的問答のように探求的にも論争的にも使われていないことである。その代わりに、この論法は相手の人となりがおのずから露わになるように働いている。これに関して、『弁明』のなかでは現在の告訴者にたいする弁明の箇所（24b3-28a1）でも、そこでは問答のなかで別種の論法が使われるが、もっとあからさまに、ここと同様に告訴者メレトスの人格のゆがみが情容赦なくあばかれる。ソクラテスが弁論の勇者といわれ、しかし普段の言葉づかいで話をすることの内実の恐るべき一端が示されているといえよう。この力はソクラテスの真実を語る力に源泉があるのだが、その源泉に光を当てるには不知の知の問題の論考をまたねばならない。

三　ソクラテスの仕事と知恵

自然哲学とソフィスト的な人間教育への関与を事実でないとして否定したソクラテスはいよいよ自分の「仕事（prāgma）」が何であるかという、その核心部を語り始める。その仕事は、これからしだいに明らかになるように、おのおの一人一人がそのことになによりもまずこころを尽くして気遣わねばならない、人間にとって「最大の事柄（ta megista）」（22d7）に関わるものであるが、人々の眼にはその真実の有様が見えないのである。それどころか、それはそこからソクラテスに対する中傷や敵意が生まれてきた原因になったものでもある。それゆえ、ソクラテスの仕事にたいする事実化してしまった評判が悪評によって歪められた自分の影（仮象）でしかないことを明らかにするためには、それには本体となるものがあり、その本体部分において本当は何が行われていたのか、またなぜそれが仮象を生むようになったのか、というその真実と仮象の両方をソクラテスは明示しなければならない。とはいえいまや、それは事実問題で争うことはできない。なぜなら、世のなかの仕組みに組み込まれず、したがって金銭によって値踏みもできない、ソクラテスが無報酬で行なう仕事の真の内実は、人々の目では見極めがたい未知のことに属すからである。ソクラテスは自分の弁論の力だけを頼りに自分の仕事の何であるかを人々にも十分に分かるように語らねばならない。それはただ人々の存在と関心の本当の姿も含めて、世のなかで行なわれていることのすべての事情が明らかになる「真実のすべてを語ること」によってのみ達成されるであろう。

さて、そのためにソクラテスは架空の質問者を立てて、彼に自分の仕事を問わせ、それに答えるという弁論の仕方をとる。しかし、これは問答という日ごろから慣れた方法をたんに自問自答形式にして問いに答える仕方で弁論するためでもなければ、またこれから自分の特異な仕事のことを一方的に説明せざるをえないというやむをえない事情を人々に受け入れられやすいようにするための工夫でもない。それは正邪・真偽だけに心を向けて判断する（「知性（ヌース）を保つ」）裁判員のためであり、そしてあるべき正しい裁判の当事者同士のあいだにふさわしい、事象をできるかぎり客観化しようとする、弁論の仕方なのである（cf. 18a3-6）。というのは、そのような本当の裁判員であってもソクラテスがこれから語ることのその驚くべき内容をただちに理解し、同じ地平に立って分からないことを質問することなどできないであろうが、たとえそうであっても、公平な眼で見ればソクラテスの方がありのままを語っていることが分かるような正しい裁判に必要な工夫だからである。この弁明はつぎのようにはじまる。

「しかし、ソクラテスよ、君がやっている仕事とは何なのだ。どこから君に対するそうした中傷が生まれてきたのか。というのは、君が他の人と違ったことは何一つ仕事にしていないのに、それなのにそうした噂や言説が生じたなどということは、無論ないだろうからだ。もし君が多くの人とは違ったことをしていないのならばだね。それでどうか君の仕事が何であるのか、我々に言ってくれたまえ。我々が君のことを皮相的に判断しないですむように。」（20c4-d1）

このみずから立てた質問に対するソクラテスの答えは、正確な仕方で問題の焦点を彼の「仕事（prāgma）」から彼が「ある一つの知恵（sophiā tis）」をもった「知者（sophos）」という名前をもつ者であることへ移すところから始まる（20d2-7）。なぜなら、彼の従事する人のしない余計な仕事の内容はその知恵なしには説明できないからである。とはいえ、その知恵を語りだすのにソクラテスは極めて注意深く慎重な言い回しをする。

「それはたぶん人間なみの知恵であろう。なぜなら、本当のところ、私はそうした知恵による知者なのかもしれない。だが、たった今私が話した人たちというのは、なにか人間なみ以上の大きな知恵をもつ知者なのかもしれない。それとも何と言ったらよいのか、私には分からない。なぜなら、私としてはそうした知恵には通じていないからである。」（20d8-e2）。

不知の知は、ソクラテスがみずからこの「人間なみの知恵（anthrōpinē sophiā）」と名づけるものを語る文脈のなかでまさにこの人間なみの知恵として語られることになるものであるが、われわれがはじめに注意しなければばならないことは、ソクラテスがその知恵を「人間なみの」といいながら、何か既成の知や能力によって測られるもののようにはけっして話していないことである。そしてむしろ、これまでの話の流れに沿って、そうした既成の知や能力への人々の思い描く予想を断ち切るところから話を始めていることである。「人間なみの知恵」という言い方は「人間に許された知恵」とも「人間にふさわしい知恵」とも解されるが、この話し始めの場面では人間教育に携わるソフィストの知恵と思われているものと一線を画すためのやや漠然とした言い方であると思われる。とはいえ、一見誰にでも身近に思えるようなその命名によってソクラテスの知恵が人々にとってより理解しやすくなるわけでない。むしろぎゃくにソフィストの知恵からも接近できないいわば未知の次元のものになることが念頭に置かれているというべきであろう。というのは、ソクラテスはおのれの知恵についてデルポイの神の証言を提出するからである。そして、この神の眼から見れば、それが知恵と呼べるかどうかさえ言えないという事態が開かれてくるからである。

四　デルポイの神の証言

「私の知恵について、もしそれが本当に何らかの知恵であるならばですが、その知恵について、またそれがどのような種類の知恵であるかということについて、私はデルポイの神の証言を提出するでしょう。」(20e6-8)。

(1)　神の証言の提出によってソクラテスの「人間なみの知恵」といわれた知恵の問題は、一挙に「人間の知恵とは何か」、「そもそも人間に知恵などあるのか」、「一体何が人間にとって知恵と呼べるようなものなのか」という問題にまで高められる。かくして、ソクラテスにおける知恵の問題はもはや人間的視圏のなかで扱うことのできない、それゆえ人間の手に余るような容易ならざる問題に変貌する。そしてこれ以後、ソクラテスの知恵の問題は、ソクラテスという一人の人間に起こった「人間にとって知恵とは何であるのか」という問題の、神の証言に導かれた、ソクラテス自身による前人未到の探究といった趣を呈することになる。

もちろん、このようにまともに神の証言を引き合いに出すといったソクラテスの弁明の仕方は異例であり、多くの人々にとっては人間同士が闘争する現実の裁判の場で行なうには常軌を逸した弁明の仕方だと思われるであろう。「冗談を言っている」（20d4-5）とか、「何か大きなことを言っている」（20e4-5）としか見えないだろう。それゆえ、ソクラテスはそれを見越してこれから話すことに対して前もって「どうか騒がないようにしていただきたい」（20e4）というのである。しかし、「真実のすべてを語る」という冒頭の言明（17b7-8）に沿って行なわれてきた、ここに至るまでのソクラテスの、すべての人を当事者に巻き込む弁明の戦線拡大という手続きの仕方や、自然哲学や人間教育に対する弁明のいちいちの内容が、どうして普通の人の尋常な理解力では捉えがたいものであったのかという点については、ここに至って腑に落ちるところがあるように思われる。それはソクラテスにとって神の存在が彼の現在の弁明とその弁明のもとにある彼自身の存在と知恵の存立にとってなによりもリアルな意味をもっていたということである。ちなみに、この点は裁判終了後における「ダイモンの合図」へのソクラテス自身の言及（40a2-c3）によって確認することができるだろう。

それにしても、神の存在がリアルになるということはどういうことなのか。それは、この後のカイレポンの話（20e8-21a8）のなかで言われるように、ソクラテスの与り知らぬところで、神の方からソクラテスに有無を言わさずに介入してくる、その神の一方的な介入に直面して、ソクラテスは彼自身の全存在と思考力をかけて立ち向かうことを強いられるということである。その有様は、ソクラテスが神の言葉（証言）にさらされるという受動性のなかで、その神の言葉の真意を探るという仕方で、おのれの存在の真実の意味を理解していくという事態であり、それと表裏一体のことということができるが、神の言葉の開いた次元のなかでおのれの存在の真実が明らかになっていくという事態である。そして、それはここにおいてはじめて、ソクラテスに彼の自己自身の存在の深い謎に気づき、その自分に課せられた比類のない自立の道、つまりソクラテスの「私の生」のあることにおいて哲学的生が開かれることになるという事態である。

しかしそればかりではない。そもそも、神の言葉が開く次元は、つぎに見るように、その託宣の内容が表わしているようにソクラテス個人にだけ下されたものではない。というより、より正確にいえば、その託宣のなかにはソクラテス個人を名指す言葉などじつはどこにも見当たらない。そしてむしろ、よく見れば、それは人間の全体に向けられているのである。その結果、ソクラテスの知恵の有無と種類の問題は彼個人にとっても切実ではあるが、それと同時に不可避的に、すべての人を巻き込まざるをえない公共的なものになる。それゆえに、彼の知恵がこの公共的な意味を含んだ全体の連関のなかで意味づけられなければ、それは理解されたことにはならないのである。

(2)　ソクラテスはデルポイの神の証言がつぎのような出来事のなかで自分に与えられたという。あるとき、「ソクラテスの若いときからの友人」（20e8-21a1）で、「何事にも熱中してしまう」（21a2）カイレポンが、ソクラテスのことで神託を受けるために、わざわざデルポイの神託所に出かけていき、「私［ソクラテス］より知恵のあるものがいるかどうか（ei tis emou eiē sophōteros）」（21a6）と訊ねた。そうすると、そこの巫女が「より知恵のあるものは誰もいない（mēdena sophōteron einai）」（21a6-7）と答えた。その神託を聞いたソクラテスは、どのようにも解釈できると思われるこのやりとりとそのときの巫女の答えを神の言葉としてそのまま受け取り、その言葉を自分についての神の証言としたのである。たしかにそれは何かまったく偶発的に生じた、奇妙で不思議な出来事であるようにも見えるが、しかしソクラテスはこの出来事にはいまの自分には思いもよらない重大な何かがあると気がついたのであろう、そうした月並みな理解を一切顧みることなく、まっすぐに神と直接的な関係のうちに入っていく（21b1ff.）。つまり、ソクラテスにとって神との関係がまさに彼の現実そのものになっていくのである。

さて、ソクラテスにくだされた神託の言葉は注目に値する。というのは、この神託のなかには「より知恵のある（sophōteros）」という比較級形容詞が含まれているが、ソクラテスの名前があるわけではなく、むしろ目立つのは（人間のなかには）「知恵のあるものはだれもいない」という言葉である。この「より知恵のある」という語を除いた言葉はそのままの形では賢者であれば誰でも口にしそうな言葉であり、取り立てて重大な意味を含んでいるようには見えないが、いざ「より知恵のある」という語を含んだ神の言葉としてソクラテスに受け入れられたとき、それはこれからのソクラテスの行動を限定するばかりか、行動の仕方のヒントにもなり、さらにはその言葉どおり人間全体の現実の姿を照らしだす驚嘆すべき働きを果たすことになる。ソクラテスはこの神託の言葉の真意を探るべくこの言葉に促されて一連の苦難に満ちた行動（難業）をした後でつぎのように言う。「さあそれでは、私の遍歴というものを、ちょうどかのヘラクレスの難業をなしたかのように、諸君に見せなければならない。その遍歴の結果、私には神託が反駁できないものになったのだ」（22a6-8）。ソクラテスが遍歴の末に行き着いた先は、最初から神託があったところである。「より知恵のあるものは誰もいない」という神託が本当に神の言葉であり、ソクラテスの遍歴のテロス（終極・目的）であった。とはいえしかし、神託の真意はソクラテスの行動なしにはけっして明らかにはならず、まさに神の言葉として明らかになることはなかったであろう。神託が最初にあったところ、つまり神の言葉が発せられたところはちょうどソクラテスが神託を神の言葉として理解したところであったのである。

五　弁明の核心部分　ソクラテスの不知の知

⑴　21b 以下で、いよいよソクラテスが話し始める「不知の知」といわれているものについて論究するまえに、はじめに一言断っておかなければならない。それは不知の知がこの箇所で話されているとおりに理解されるべきだということである。この指針は当たり前のように思われるが、それをそのとおりに守るのは容易なことではない。というのは、実際のところ、この箇所のどこかで「不知の知とはこういうものだ」という不知の知の何らかの定義が語られているとは到底思われないからである。そこでひとは、結局この箇所から目を離して手持ちの知の了解に無批判に頼って、苦し紛れにそこからソクラテスの不知の知を憶測してしまう。そしてその結果、ひとは既成の知が存立する地平の外に出るチャンスを逸することになる。じつをいえば、そのような既成の知が存立する地平こそ――それは知が生と深く交わることのないわれわれ人間の活動の場であるが――、そこで生きているわれわれ人間がまさにソクラテスの不知の知の立場から徹底的に批判され、吟味される対象になる地平にほかならないのである。

とまれ、とりあえず不知の知の話について前途瞥見していえば、――すでになかば示唆されたことでもあるが――、ソクラテスの不知の知の話の全体が「不知の知とは何か」ということを明らかにしている。すなわち、その話の全体がソクラテスによる前人未踏の人間の生と知の真実の在り方が探究された道筋を示しており、その探究の道筋において、不知の知の意義が、デルポイの神託による神の言葉の啓示という人間の側からは開くことのできなかった次元のなかで、「かのヘラクレスの難業」にも比せられるようなソクラテスの遍歴をとおして、明らかになったこととして物語っている。なお不知の知を何らかの知であるとみなす人のためにいえば、それはわれわれが知と呼ぶものの根源、ソクラテスが「人間なみの知恵」と呼ぶものへの帰りゆきであるともいえよう。ひとは不知の知において人間における知の生成の現場に立ち会う。とはいえ、つぎのことが決定的に大事なことであるが、その知の根源はわれわれの生と知がともに一つになってある、そういうところであり、ここに何かわれわれが想像するような知、知者の知とか技術者の知などではなくて、不知にさらされてあることの自覚（不知の知）が核となっているのである。

⑵　ソクラテスの陥ったアポリア

テキストの解釈を再び始めよう。ソクラテスにとってデルポイの神託は衝撃的であった。なぜなら、彼自身は自分のことを「私は自分が少しも知恵のあるものではないことを自分自身とともに知っている（sunoida emautō）」（21b4-5）と思っていたからである。その結果、「（ソクラテス）より知恵のあるものはだれもいない」という神託の証言とこのおのれの不知の自覚の思いのあいだに両立しがたい矛盾が生じ、そのことのゆえに、自分自身の存在についてソクラテスの心のなかに「大疑団が沸き起こった（enethumoumēn）」（21b3）のである。この大疑団はつぎのような問いと化す。

「いったい神は何を言おうとしているのであろうか。そしていったい何の謎をかけているのであろうか。というのは、私は自分が少しも知恵のあるものではないことを自分自身とともに知っているからだ。そうすると、その私をいちばん知恵がある（sophōtatos einai）と言うことによって、いったい神は何を言おうとしているのであろうか。というのは、まさか神が嘘を言うはずはないからだ。というのは、神にとって、それはあってはならないことだからだ。」（21b3-7）。

この問いと化したソクラテスの大疑団は思いがけない大問題にまさに当事者として直面させられた彼の驚愕と動揺の大きさを示しているが、むしろその目立つ特徴は、ソクラテスが神託の証言からだいぶ逸れたところで、いちじるしくおのれの思いのなかに自閉していることである。神託の言葉はソクラテスにとってまだまったくの謎にしか見えていないかのようである。しかしそれよりもまえに、ソクラテスの神託の受けとめ方に問題がある。神託はソクラテスの理解とは異なり「ソクラテスがいちばん知恵のある者である」などといっているわけではない。それどころか、神託は「より知恵のあるものは誰もいない」という言い方で、比較級形容詞「より知恵のある（sophōteros）」を使った否定文で、ソクラテスではなく「誰も……でない」という不特定の人間の誰かを主語として想定しており、ソクラテスについてはその誰であれその誰かの比較の対象としてかろうじて触れているに過ぎず、そもそも彼の名を明示さえしていない。それなのに、ソクラテスの方は自分のことを最上級形容詞「いちばん知恵のある（sophōtatos）」を使った肯定形で言い表わしている。この両者の表現のずれは両者の隔たりの大きさを意味するものであろう。さらにまた、ソクラテスは自分にとっていちばん不可疑のこととしておのれの不知の自覚の思いを拠り所にしているが、その思いのなかであれそこに不知の自覚の存立していることが何を意味するのか、その肝心のことがまだ彼には分かっていない。神託の意味が明らかになるまでは彼の不知の自覚でさえ彼の思いに覆われているといってもよい。ソクラテスはそれほど暗く閉ざされたおのれの思いのなかで、おのれの存在ではなくて、神託の方に疑いの目を向ける。

　とはいえしかし、この神託の謎への問いが沸き起こる自閉した大疑団のなかでソクラテス自身もまた彼にとって何らか謎と化していることは間違いない。神託に向けて発せられる問いはおのれの存在の分からなくなったことから生じたのであり、それゆえその問いはおのれの存在にもはね返ってくる。そこには神が嘘を言うはずはないというソクラテスの神への信頼もまたある。かくして、ソクラテスは言う。「いったい、神は何を言おうとしているのであろうかと、私は永い間思い迷っていた（ēporoun）」（21b7）。ソクラテスはおのれの自閉した思いのなかで出口が見つからずアポリアに陥ったのである。しかしここで、絶対に忘れてはならないことがある。それはソクラテスが何か別のアスペクトに気がつく、あるいは眼が覚めることがなければ、神託の受容や、その言葉の受容が惹き起こすこうした謎やアポリアの一切はソクラテスには生じなかったであろうということである。神の言葉の啓示とは一人の人の気づきや目覚めなしにはただの言葉でしかないし、そのように一人の人に気づかせる、目覚めさせることであるともいえよう。ソクラテスは暗い闇のなかに沈み込んでしまっているわけではない。

(3)　打開策

　ソクラテスの陥ったアポリアは整理すればつぎのようになる。

神託（神の証言）「（ソクラテス）よりも知恵のあるものは誰もいない」――［Θ］
ソクラテスの不知の自覚の思い「私は自分が少しも知恵のあるものではないことを自分自身とともに知っている」――［Σ］

神託［Θ］がソクラテスに受容された段階で、すでに指摘したように、それは「ソクラテスはいちばん知恵がある者である」――［Θς］に変容されている。それゆえ、ソクラテスのアポリアは神託［Θ］と不知の自覚の思い［Σ］のあいだというよりも、「いちばん知者である」という変容された神託［Θς］と「少しも知者ではない」という不知の自覚の思い［Σ］のあいだの矛盾がソクラテスの心のなかに葛藤をひき起こしているところに生じている。しかも、両者はソクラテスにとって同等ではない。ソクラテスはどこまでも自分の［Σ］に捕われており、その位置から見ると、［Θς］の方は神が自分に謎をかけているとしか感じられない了解不可能な自分の姿なのである。そしてこうしたことが起こるのは、神託の言葉が存立するいわば開かれた次元からかなり隔たった、ソクラテス自身の［Σ］という自閉した心の内部でアポリアが生じているからである。

なお、ここで一言付け加えておくが、この神託を聞いた場面で語られるソクラテスの不知の自覚の思い［Σ］――「私は少しも知恵のあるものではないことを自分自身とともに知っている」ことがソクラテスの不知の知であるわけではない。この［Σ］は、むしろ、後でソクラテスが経験したこととして語られることだが、彼がごく普通の名もない人たちに見出した彼らのすぐれている点、すなわち「思慮深く・賢明であること（to phronimōs ekhein）」（22a6）、つまり広い意味で「思慮・知（プロネーシス）」と呼べるような自覚の思いに属すように思われる。その意味としては、「おのれを弁えている」とか「おのれの身のほどを知っている」とか「評判によって思い上がることがない」ということが考えられよう。もちろん、ソクラテスの場合、それは狭義の知的探究にかかわる、個人的な哲学的問いのなかでそのつどの議論が突き当たる「分からなくなる」という経験に裏打ちされたものであり、ごく普通の人の日々の経験のなかで培われてきた健全な思慮を備えた自制心とは違う明らかさ、いわば自証知の意味合いをもっていたであろうことも考慮しなければならないであろう。

さて、神託［Θ］の謎が解かれ、それ［Σ］がそのもとに包み込まれるとき、あるいは自閉した心の内部から解放され神の言葉が存立するいわば開かれた次元に達するとき、はじめて［Σ］は不知の知、より正確にいえば不知の知の自覚になる。しかしそれには、これから語りだされていくように、世の知者たちのあいだを遍歴するというかのヘラクレスの難業にも比せられるソクラテスの困難を極めた遍歴が必要になるのである。

こうしたアポリアに対するソクラテスの打開策は、「神が何を言おうとしているのか」その神託の謎を解くというかたちで、自分よりも知恵のある者がいることを神に知らせるという行動に出ることであった。この場面も正確に理解する必要があるので、テキストの当該箇所を引用しておく。

> 「私は誰かある知恵があると思われている者の一人を（tina tōn dokountōn sophōn einai）訪ねた。それは、ほかはともかく、そこで神託を反駁する（elegxon）ためであり、その託宣に向かって「この者は私より知恵がある（sophōteros einai）、だがあなたは私がいちばん知恵のある知者だと言われた」とはっきりと示すためである。」（21b9-c2）。

ソクラテスは一つの行動に出た。それは古い思いをひきずりながら、しかし何か開かれた次元に出ることであった。前者の古い思いについてみれば、ソクラテスは神託を反駁しようとしている点が挙げられる。ここで使われるエレンコスの未来形の分詞を「吟味するために」ではなくて「反駁するために」と訳すことが適切であろう。なぜなら、ソクラテスは彼の軸足を不知の自覚の思い［Σ］に置き、そこからソクラテスを「いちばん知恵がある」といった神託の不可解さを解こうとして、行動を開始しているからである。しかし、新たな道が拓かれようとしていることも確かである。というのは、ソクラテスは神託の「より知恵のある」という比較級形容詞のある「（ソクラテス）より知恵のある者は誰もいない」という言葉を手がかりとしているからである。ソクラテスは打開策の手がかりを神託から得ている。このことは反駁という態度とは裏腹に神託の言葉を受け入れ、自分の古い思いに執着せずに、行動を起こさざるをえなくなったということを意味する。というのは、神託の言葉を手がかりに自分と他者との知恵を比較するという行動においては、ソクラテスの思惑を越えて何が起こるか、また何が明らかになるか、予想できないからである。

しかし、この場面でもっとも注目すべきことは、ソクラテスが「知恵があると思われている者」を訪ねたという点である。というのは、この行動からソクラテスは世の「評判（ドクサ）」にしたがって行動しているだけでなく、自分はそうではないが、世のなかには知者（知恵をもつ者）がいると思っていることが窺われるからである。この問題の意義は二つある。一つは、この場面ではまだ、ソクラテスが「知恵（sophiā）」について世の中の人と同じような理解をもっていることである。翻っていえば、彼自身の不知の自覚の思い［Σ］が自分だけのものであり、その途方もないほど大事な意義にまだ気がついていないことである。もう一つは、「より知恵のある者は誰もいない」という言葉を手がかりにしたソクラテスの神託を反駁する行動は、はからずも彼個人の問題を越えて他の人々をも巻き込む事態を招くことになったことである。ソクラテスの行動は公共的な性格を帯びる。

ぎゃくにいえば、神託はソクラテスをとおして他の人々に、ひいてはわれわれ人間に関わるものになった。さらにいえば、ソクラテスの行動は神のはからいのなかに包み込まれていったのである。これもまた、「より知恵のある者は誰もいない」という神託の言葉がソクラテスに受け入れられたことによって生じたことであるといえよう。

(4)　実行と発見　ソクラテスが訪ねた「知恵があると思われている者」は政治家の一人であった。ソクラテスはその人物をすっかり調べてみた（21c3-4）。そして、そのときの経験をつぎのように詳しく語る。

「私は、彼と問答をしながら（dialegomenos）、観察しているうちに、彼に対してなにかつぎのようなことを経験したのだ。すなわち、この人物は他の多くの人たちに知恵がある（sophos einai）と思われているらしく、またとくに自分自身でもそう思っているらしいが、じつはそうではないのだ、と私には思われるようになった（edoxe moi）のだ。そしてそうなったときに、私は彼に、君は知恵があると思っているけれど、そうではないのだということを、示そうと試みた。そうするとその結果、私は彼にもその場に居合わせていた多くの人たちにも憎まれることになったのだ。」（21c4-d1）。

われわれはまず事態が一変していることに気づかなければならない。それはデルポイの神託を聞き、神託の謎のまえでアポリアに陥って立往生していたソクラテスが、ここではそうした閉塞状況を一挙に打開し、世の中に出て行動的に他者と交わり、そのなかで知恵に関わる人間の在り方についての重大な発見をし、まったく別種の困難な目（相手の敵意）に会いながら、たじろぐことなくなすべきことをなすようになった、という彼の態度の変化である。それはソクラテスが神託の言葉に従ってこのように行動を起こしたという点から見れば、神の存在がより身近になる次元に変わったということもできよう。

(4)—1　さて、ここで語られているソクラテスの経験は「知恵があると思われている者」の知恵の有無を調べてみようとして明らかになったことである。ソクラテスはそのことを問答によっておこなう。おそらくすでに、問答というやり方はここで急に持ち出されたのではなくて、ソクラテスの普通の意味で〈哲学〉と呼んでもいいこれまでの知的活動の慣れ親しんだ方法であったと思われる。というのも、ソクラテスの不知の自覚の思い[Σ]が何らかの知的探究の結果抱かれるようになったものであると考えられる以上、それに必要な探究方法もすでにあったたし、その探究方法が問答法であったと推測することはごく自然なことと思われるからである。あるいはまた、カイレポンのような仲間がいて、ソクラテスが最高の知者ではないかと思いなしている以上、そこには彼が他の人と比較できる〈哲学〉・問答の場があったと思われるからである。そしていまや、その問答法がここではそうしたこれまでの知的探究以上に働いて、驚くべき成果をもたらしたのである。それはここに見られる問答は相手の知恵の有無というよりも、知恵（不知）に関わる相手の存在の仕方を露わにしているからである。この点は決定的に重要であると思われるので少し詳しく検討したい。

ソクラテスは神託の言葉「（ソクラテス）より知恵のある者は誰もいない」を手がかりに自分より知恵のある者を探し出して、神託に反駁しようとしたわけであるから、当然その相手の知恵の有無、すなわち相手が知恵を所有しているかどうか、つまり「知者である（sophos einai）」かどうか、ということが関心事であったはずである。

ところが、実際の問答のなかでソクラテスが発見したことは、知恵の有無ということばかりではなかった。知恵の有無という点では、すぐあとで不知の知の核心部分が語られるときに明らかにされることであるが、相手もソクラテスと同様に本当に大事な知恵――それは「善美の事柄」の知恵と呼ばれる――をもってはいなかった。そして、この点に関しては、ソクラテスが「この者も私も、おそらく善美の事柄は何も知らないらしい」(21d4-5)と言うとき、この点がくつがえる可能性がある、ひょっとするとそうした知恵を所有する知者がどこかにいるかもしれない、などとなおも思っている様子はまったく見られなくなる。知恵の有無とか知者の存在という問題がソクラテスの関心事ではなくなっているのである。

しかし、ソクラテスはそれに代わる、問答をはじめる前には思っても見なかったであろう、大問題を経験する。それは、ソクラテスが問答のなかではじめて発見したことであるが、問答の相手が知恵に対して驚くべき関わり方をしていたという問題である。つまり、相手は「知恵がないのに、あると思っていた」のである。この驚くべき事態は、知恵がなくても生じたのであるから、知恵の有無に関わりない次元の問題だということである。そしてここでは、知恵の有無ではなくて、それに関わりなく、知恵がある（＝知者である）と思うという、その者自身の在り方のほうがはるかに大きな問題になる。それではどうしてこうした驚くべき事態が生じたのか。それもまた問答のなかで当の相手ばかりでなく問答を聞いている者たちの態度から明らかになったことであるが、その相手は知恵がないのに彼の周りの人たちから知恵があると思われ、知者の「評判（ドクサ）」をえていたことによる。そうした事態は、人々の評判がその者を鏡のように知者として映しだし、その者自身も自分でも鏡に映ったその姿を見てとくに知者であるように思いこむようになることによって生じていたのである。

以上のような発見から、ソクラテスの関心は知恵の有無の問題から知恵（不知）に関わる人間の在り方の問題のほうに向けられることになる。その結果、「(ソクラテス)より知恵のある者は誰もいない」という神託の言葉は知恵の有無の比較ではなくて、知恵(不知)に関わる人間の在り方の比較において用いられることになる。ここに不知の知がソクラテスに自覚されるにいたる転換点がある。

(4)―2　さて、不知の知の問題に移るまえに、この場面に関わる二つの点を前途瞥見して問題の広がりを示しておきたい。

一つは、ソクラテスが、神託に反駁するために自分よりも知恵のある者を探すという打開策をとるが、実際に行動を開始するうちに、(自他の)知恵の有無を調べるという態度(cf. 23b4-7)を突き抜けて、その代わりに、端的に「自他を吟味する」(38a3-6, cf. 28d5-6, 29e5)と言うようになるという問題である。さらにこの「自他の吟味」という言い方は「生を吟味する」(39c7)という言い方と不可分に理解されるべきことであると思われる。というのは、ソクラテスの関心は各人の生への関わり方、すなわち、各人がおのれの生をどのように了解しているかというその知の在り方を吟味することを通して、その自己知(「知らないからその通りに知らないと思う」と表現される)(＊)を備えた生を吟味しているからである。ここで問題は一挙にソクラテスの哲学活動の中心部分に触れてもよい位置に立つことができるようになる。

(＊)　この表現と似た形式で並べられてもよいように見える、「知らないのに知っていると思う」―①や『弁明』には言及されていないが、「知っているからその通りに知っていると思う」―②という言い方ができるところでもまた自己知と呼ぶことが出来るだろうか。①の「知っていると思う」はむしろ自己知を失うことであり、ますます知ることから離れ思いのなかに閉じこもることになるであろう。②の「知っていると思う」は「知っている」ことに同時に含まれるべきものであり、自己知として表立って働くことはない。「何かが分かった」、「何かが分かっている」ことを事象的な知ることの生成の方に重心を置いてパラフレーズした言い方であろう。これに対して、自己知は、ソクラテスの不知の知の自覚のように、「知っていると思う」自分の思いのなかから、「自分が知らないことに気づく」という否定性のなかでの気づくことのアスペクトが閃き現われることを、その通りに自分の在り方だと思うというものではないだろうか。つぎのように言えば分かりやすくなるであろう。「自分は知っていると思っていたが、知らないことが分かったので、だからその通りに知らないと思う」。つまり、ここの「知らないと思う」には思いではなくて、分かるとか気づくことなしには言えないわけである。

ここですこしばかり先取りしていえば、以上のようなソクラテスの関心は、突き詰めていえば、各人が「思慮・知の気遣い（epimeleisthai phronēseōs）」（29e1-2）を本当にしているのか、という各人の生に備わる知の在り方の気遣いに向けられているからである。そして、それがただちに、その生に備わる知がそのように気遣われてあるところで、そのような知のあることと不可分にある、その生そのものである「魂の気遣い（epimeleisthai tēs psūchēs）」（29e1-2）がなされているかどうか、ということに直結するからである。ソクラテスはこれら両方を一つにしてつぎのようにいう。「自分自身ができるかぎりよいものになり、思慮・知あるものになるように気遣っているのか」（36c6-7）、と。ソクラテスはこのように生と知が「ともにある」ところ、われわれ人間の各々がまさにそのようにおのれを知りつつ生きているところに目を向けて、「思慮・知（プロネーシス）」を気遣いつつよく生きるために、「知を愛し求めながら生きていかなければならない」（28e5）とか、いまや魂である生について「吟味のない生は生きるに値しない」（38a5-6）と説いたのである。

(4)—3　もう一つは、問答の場でソクラテスが問答相手に「君は知恵があると思っているが、そうではないのだ」ということを「はっきり分からせようと試みた」ところ、相手にも、彼の周りにいるほかの多くの者たちにも、憎まれたという点である（21c7-d1）。この行動はソクラテスがたまたましたことではなく、憎まれるにもかかわらず、以後繰り返される（21d7-e2）。なぜソクラテスはそのようなことをしたのか。それは彼が自覚的に問答の帰趨の全体を誰の目にも明らかになるように露わにしているからである。それでは、何のために彼はそのようなことをしているのか。

まず考えられることは、ソクラテスが事の成り行きのすべてを神にたいしてさらけ出さなければ、神託に示された神の本当の意志は明らかにならないと思っているということである。それはつぎのようなことである。神託の言葉に従って行動を開始した結果、事態は神託に対するソクラテスの反駁の意図を越えてまったく新しい事態に変わった。それは神託の言葉をとおして神が開いてくれた事態ということができるだろう。そうである以上、ソクラテスが新たに直面した事態の真実を突き止めようとすれば、それは自分の最初の思惑など顧みずに、ソクラテスの方からその事の成り行きに身をゆだねて、おのれを神の前に何一つ包み隠さずに露わにすることが必要である。そして、このおのれのすべてを露わにするというソクラテス自身の態度の変化が、彼にとって神がリアルなものになった証しとなるであろう。『弁明』のなかでソクラテスと神が交わる在り方はこれ以外の在り方ではありえないというべきである。（この論点は、あとで詳しく見るように、不知の知の自覚において明らかになったことを語るソクラテスの特徴的な「私には思われる（emoi dokei）」という語り方の問題をとおして解き明かすようにしたい。）

つぎに考えられることは、ソクラテスがこの新たな事態をすべての人と共有しようとしていることである。それはこの問答が開いた事態はソクラテス個人のものではなく、他の人も当事者として関わらざるをえないからである。なぜなら、彼らもまた、ソクラテスに否応なしに引き込まれたとはいえ、問答に参加して彼らの知恵に対する関わり方を調べ上げられ、生の吟味を受けたからである。彼らは問答において明らかになったこと、自分が「知らないのに、知っていると思っていた」ことを自分自身のこととして引き受けなければならないはずである。それが彼らの存在の現実であるのだから、そこから彼らは始めなければならない。ソクラテスはそのことを彼らに要求しているのだ。ところが、彼らにとってみればソクラテスからおのれの「無知（amathiā）」（22e3, cf. 22b2, 25e1-2, 29b1）を多くの信奉者と思われる人たちのまえで暴露された挙句、さらにその無知を自分でも認めろと要求されるので、彼らはソクラテスを憎むようになる。

また、その場にいた知者と思われている者を取り巻く者たちもソクラテスを憎むようになると言われているが、それは自分たち信奉者も彼らと同じように生の吟味を受け無知を暴露されたと思うからである。それどころか、この信奉者たちこそ彼らをして知者に祭り上げた評判の担い手なのだから当然ソクラテスを憎むであろう。

ところで、以上の二つの行動の仕方は『弁明』のなかで「真実のすべてを語る」（17a7-8）と言い、弁明を行なうソクラテスのとる態度とまったく同じであるということができる。ソクラテスはいう。「そうしたことは神のみこころのままに成り行きにまかせて、ただ法律にしたがい、弁明しなければなりません」（19a5-7）。「こうしたことは、アテナイ人諸君、真実のことなのだ。私は諸君に対して大小いずれのことも、隠しだてもせずに、また言わないで後ろに残しておくこともせずに、話をしているのだ」（24a4-6）。いまやソクラテスはいつどこでもこうした同じ公然とした態度をとり続けるようになる。

⑷―4　最後に、これまで見てきた⑷―3の考察はどのような脈絡で理解されるべきことであるのか、この点

に一言触れておきたい。それはかの「魂の気遣い」が勧告される箇所で語られる「真実の気遣い」と「評判の気遣い」が対比される脈絡であるとみなすことが妥当であろう（cf. 29d6-e2）。この脈絡において(4)—3を見るとき、それが問題にしてきたことが、ソクラテスをとおして神の言葉が露わに示した「真実（アレーテイア）」とともに、その真実の光に照らしだされて、その対極に置かれるこの世のなかで広く受け入れられている存在の現実、すなわち政治家ばかりではなく、彼をとり巻く人々もそれが関心事であり、またそれが現実だと思いこんでいる、「評判（ドクサ）」の正体が明らかになる場面であることが分かる。これにともなって、(4)—2で考察した事柄、ソクラテスは神託の真意を明らかにするために問答を開始した最初から、その行動は「自他の吟味」であり、「生の吟味」となり、それゆえそれは「思慮・知の気遣い」であり、「魂の気遣い」という意味合いを帯びていたということをわれわれは見て取ることができる。これらの気遣いもこの「真実」と「評判」の対立軸のなかではじまっていたのだ。すなわち、「思慮・知の気遣い」とか、「魂の気遣い」といわれるものも、このあと考察する不知の知の問題と最初から不可分に一つの問題としてかたちづくられているのである（第二章参照）。

(5)　不知の知の問題

ソクラテスは知恵があると思われていた政治家との問答のあとで、そこで経験したことを反省してつぎのような認識に至る。

「しかし私は、その場を離れてから、自分自身を相手につぎのように考えた。この人間より私のほうが知恵がある。というのは、おそらくわれわれのうちのどちらも善美の事柄（kalon kagathon）は何も知らないらしいが、しかしこの者は知らないのに何か知っていると思っているが、私は知らないから、そのとおりに知らないと思っている。だから、このほんのわずかな点で、すなわち、知らないことは知らないと思う、というその点だけで、私のほうがより知恵のあることになるらしい。」(21d2-7)。

はじめにつぎのような点から考えていきたい。それは、なぜこの一文がソクラテスの不知の知といわれるものを言い表わしていると理解され、神託を聞いたときにソクラテスが心のなかで思っていた、「私は少しも知恵のあるものではないことを自分自身とともに知っている」というソクラテスの不知の自覚の思い［Σ］が不知の知であるとはみなされないのか、という問題である。この不知の知を理解するうえで最初の関門となるかもしれない問題については、いままでの論考から明らかになったことの要点を示すだけでも、かなりのことは理解できると思われる。その要点は二つある。

一つは、ソクラテスの関心が知恵の有無の問題、あるいは知恵をもつ知者がいるかどうかということから、各々の人の知に対する関わり方（いまや問題は不知の知への関わり方ということになる）とそれと不可分に形づくられる人間の生き方の問題に軸足が移されたこと、もう一つは、「（ソクラテス）より知恵のある者は誰もいない」という神託のなかの「より知恵のある（sophōteros）」という比較級形容詞が最初の予想とは違った重要な意義をもつことが明らかとなり、神託が人間の生き方に関わる自他の吟味を指示する神の言葉として受けとめられることになったということである。これら二つのことはソクラテスを前人未到の次元に導くことになる(*)。というのは、知者とか知恵というものが広く世のなかで暗黙のうちに了解されているようなものではなくて、まったくそうした了解とは異なる相貌のもとでまさに問題の焦点として現われてきたからである。もちろんしかし、その知者とか知恵の本来の有様はわれわれ人間にとって未知のものではない。というのは、それは、根本のところで不知にさらされているという自覚なしには開かれないが、人間の生と知が「ともにそこにある」人間の生と知の根源層であったからである。

(＊) ところで、いま筆者が用いた「前人未到の次元」という表現を大袈裟だと思う人がいるかもしれない。しかしぎゃくに、筆者には、そういう人はわれわれ人間が根本のところで不知にさらされているという自覚がないから、「ただ人間たちだけがいる」世界のなかに没入して、その人間たちだけの世界のリアリズムに固執しているのだとしか思われない。というのは、ソクラテスが行動し経験した事態こそがその自閉した人間世界の外にある真にリアルな世界であるなどとは夢にも思っていないように見えるからである。その人の知性の働きは「知らないのに何か知っていると思っている」政治家の場合と変わらないように思われる。というのも、ソクラテスが行動し経験したことは、結果的にはそういう人間たちだけの世界から外に出ることであったのだといわれても、そのことがよく分からないからである。思いもかけない仕方で、突然神託がソクラテスに下されるところ(デルポイの神託事件)から始まり(いわば始動因は神にあるのだ)、その神託を受容し、その神託に導かれてソクラテスが果敢な自発的行動によって開いた次元は、じつははじめから神託が指示していた神の言葉の真意が人間たちに啓示されるところ、すなわち神と人間の出会いが根源から生じる次元であった、——そうした驚くべき根源的次元がソクラテスの前人未到の行動と経験をとおしてはじめて開かれることになったのだといわれても、そのことの重大性を感受することができず、別世界のように感じられるからである。

したがって、こうした事情全体を無視して、不知の知が何らかの知恵であるなら、それはわれわれの知の地平のなかでどのような意味をもちうるのか、などと問うことは不知の知をわれわれの手もちの知の問題に無自覚に引き戻す見当はずれな問いでしかない。そもそも不知の知が語られる『弁明』の文脈から離れていくら考えても意味がない。ソクラテスが自分のもっている知恵は「人間なみの知恵」らしいと言ったとしても、それはその当の人間であるわれわれにもすぐに了解できるものなのだというわけにはいかない。というのも、その言わんとするところは、ソクラテスの視界が、「人間の生と知がともにそこにある」その生の根源層にして人間と神の出会いが生じる次元でもある、そうしたところにあって、かぎりなく明るく開かれており、彼にはすべての人がまさに人間としてどのような在り方をしているのか、つまり人間というものがよく見える位置にいるということだからである。それゆえにこそ、ソクラテスにとっては、一方では、包み隠さず「すべての真実を語る」ことができき、他方では、「生の吟味」とか「自他の吟味」という仕事を行ないうる。とまれ、『弁明』というプラトンのテキストを離れてはソクラテスのことは何も理解できないのである。

さて、不知の知とは何かという本題に戻ろう。この問題についてこれまで明らかになったこと以上に何が新たに語られるのか。それは二つあるように思われる。まず一つは、ソクラテスの関心が彼個人の問題から人間全体の在り方、人間の「生と知がともにそこにある」そのいわば生そのものに関わる知を備えた人間の生の根源層の問題にはっきりシフトしていることである（(5)—1と(5)—2）。もう一つは、「私には……と思われる（emoi dokei）」というこの箇所に多く使われるソクラテスの語り方である。これは『弁明』のソクラテスの「諸君は私から真実のすべてを聞かれるでしょう」（17b7-8）という言明を含む、彼の一人称による弁明の次元を決めている語り方である（(5)—3と(6)）。順番に見ていきたい。

(5)—1　ソクラテスの見いだした人間の生と知が「両者がともにそこにある」という在り方においてあるという次元はもはや人々にとってそのまま了解可能であるような知の問題ではない。というのは、その次元は人間というものが「善美の事柄（kalon kagathon）」について知らない（不知である）という基本認識にもとづいて見いだされたからである。これはかのソクラテスの不知の自覚の思い—「私は少しも知恵のあるものではないことを自分自身とともに知っている」［Σ］ことのなかで、「知恵のある者ではない」という部分が意味していたところの主要な部分であると思われるが、その内実は外からは容易に窺い知れるものではない。ただつぎのように推測することが許されるかもしれない。

ソクラテスのゆるやかな意味での〈哲学〉は、デルポイの神託事件のまえでも身近な人々、たとえばカイレポンなどと一緒に行なわれていたであろう。それはおそらくプラトンの初期対話篇の「……とは何か（ti estin:）」の問いの原型のようなものであり、まだはっきりと生の吟味を自覚したとはいえない普通の事象的な哲学探究の原始的なかたちを取っていたとみなされよう（＊）

（＊）この〈哲学〉は方法的にはプラトンの評価だけでなくアリストテレスのソクラテス評価にも反映されるゆるやかな定義的な相貌を帯びていたであろう。それはある時までは『パイドン』で告白するような自然の事物の生成消滅の原因の探究（95e-99c）であったかもしれないが、基本的には何らかの知にかかわるロゴスのなかの探究であり、「徳やその他の事柄」（38a3-4）について問答することであったであろう。その実態はほとんど分からないが、普通に理解される哲学探究としてはひょっとするとクセノポンの伝える程度の内容に近いのかもしれない。そうしたソクラテスの〈哲学〉の活動について、カイレポンは「ソクラテスほどの知者はいないのではないか」と思いデルポイの神託所にまで出かけたわけである。しかし、ソクラテス自身はぎゃくに自分が「知恵のあるもの（知者）ではない」ということをその〈哲学〉の活動をつうじて幾度となく思い知らされていたのではないか。したがって、当然ではあるが、［Σ］の自覚の思いには技術知に関わる不知の知も含まれる（cf. 22c9-d1）。ソクラテスのいう「善美の事柄」について知らないということは、そうした彼の不知の自覚の思いであり、その中核をなしていたといえるのではないか。

またこうした推測にさらに重ねて推測されることは、ソクラテスが世の知者（知恵があると思われている人々）のように何らか〈善美の事柄の知〉といったものを自分の知恵として語るということはなかったであろうということである。ソクラテスが自分の知恵を披露して、人々の評判（ドクサ）の獲得を求めるような活動をするはずはないからである。もしソクラテスがそうした知恵に満ちた意味深いことを語るとしても、そのつどの議論の必要に応じて聞けば誰にでも分かるような話や、誰か他の人から聞いたり読んだりした話として語られたであろう。むしろ、そうした〈善美の事柄の知〉を語ることはソクラテスにしてみれば知の問題というよりも、それ以前の「多くの美しいことども（polla kai kala）を語る」（22c2-3）ことにすぎないと思われたのではないか。なぜなら、ソクラテスにとって「それがいかなる意味をもつのか」ということが語られなければ、詩人について批評するように「自分が語っていることについて彼らはまったく知らない」（22c3）とみなされるからである。

以上の推測は、いま政治家と問答しながら、さしあたりは知恵の有無に関わる自他の吟味をしているソクラテスの行動の背景として考えられることである。ソクラテスがその問答による吟味の帰趨を見極め、そこで明らかになったことに対し的確に判断を下すことによって、直面するアポリアが打開され、言論のなかに新たな「生と知がともにそこにある」人間存在の根源層が露わになったのは、ひとえに彼の哲学の底力による。その哲学は一朝一夕でできることではない。これまでの個々人を相手にした私的な〈哲学〉の活動のなかで培ってきたソクラテスの「恐るべき（deinon）」（17b4-6）言論の力が政治家（知恵があると思われている人）に対しても威力を発揮したと考えるのが自然である。それゆえ、政治家の応答によってソクラテスの「善美の事柄」の不知の自覚の思いがゆらぐということはおよそ考えられない。なぜなら、「評判の気遣い」に身を置く哲学に無縁の政治家が、真実を求めることにだけに関心を集中して哲学してきたソクラテスを越えて彼の不知の自覚の思いをゆるがしうる知恵を提示することなどありそうにもないからである。

いまの場合、「善美の事柄の不知」がソクラテス個人にとどまらず人間のおかれた基本的な次元であることが明らかになったというべきである。「われわれのうちのどちらも善美の事柄は知らないようだ」（21d3-4）というソクラテスの言葉は、それだけにかぎってみればたしかにたまたま相手がそうであったにすぎず、論理的には他のところに知者がいる可能性を排除したわけではない。しかしいまや、その彼の言葉もまた、これまでの論考が明らかにしたように、相手の知恵の有無に関心を向けて、そうしたより知恵のある知者をさらに探し求めるという脈絡ではなくて、ソクラテスに見えてきた人間の生と知の問題の所在のなかで、「善美の事柄の不知」という次元におけるわれわれの在り方のほうが問題になってきたという脈絡で理解されるべきであろう。実際のところ、ソクラテスを納得させるほどの〈善美の事柄の知〉をもつ者（知者）がこの次元を離れてどのような意味で存在するというのか(*)。

（＊）かの七賢人はどうなのか。しかしおそらくこの問いはソクラテスにとってほとんど重大な問題にならないであろう。なぜなら、いまさらあらためて知者の存在とか知恵の有無の問題が意味をもつことは考えられないからである。彼らもまたソクラテスに出会ったら生の吟味を受けるであろうし、彼らが真に賢者であればその生の吟味を受けることに大きな喜びを感じるであろう。ソクラテス自身はあの世における真の裁判官や正義の人やその他の名のある人たちに出会って生の吟味をしたり、されたりすることを計り知れない幸福として語るのである（40e-41c）。

さて、以上の考察は不知の知の問題の論考にさらにはっきりとした方向を示してくれるように思われる。すなわち、不知の知の問題とは「善美の事柄」に関わる知恵の有無とそれに従属する知（あるいは不知）の自覚の有無という問題ではなくて——すなわち、ここではもはや「何かを知っている」こととそれに従属する「知っていると思う」ことという知識論的な知の主体の問題は脱落している——、「善美の事柄の不知」という人間の置かれた「生と知がともにそこにある」生の根源相のなかでわれわれがどのようにその不知を自覚するのか（不知の知）、それともしないのか、という問題であったということができるであろう。このような脈絡において、かのソクラテスの不知の自覚の思い——「私は少しも知恵のあるものではないことを自分自身とともに知っている」［Σ］のなかで、後半の「自分自身とともに知っている」ということの意義がソクラテスにとって重大な意味を帯びてくる。いまやソクラテスの不知の自覚の思いは彼の個人的な思いではなくて、誰に対しても開かれたわれわれ人間の生に備わる、生とともにある知の在り方として捉え直されることになる。

ここに至ってさらにつぎの二つのことを取り上げるべきであろう。一つは「生と知がともにある」その生の根源層において各々の一人一人の人間の在り方が二つに分別《ぶんべつ》されるということ（5—2）、もう一つはそうした人間の在り方がソクラテスには非常によく見える、そのことを彼は「私には……と思われる（emoi dokei）」という語り方で明らかにしていくということである（5—3と6）。

（5）—2　承前　不知の知の問題

人間存在の在り方が二つに分別《ぶんべつ》されるとは、「善美の事柄」についてソクラテスのように「知らないからそのとおりに知らないと思う」と、相手の政治家のように「知らないのに何か知っていると思う」という二様の在り方が生じるということである。これらの在り方は「生と知がともにそこにある」ところで分別される人間存在の根源層に生じた二つの在り方である。この観点からさきに引用した不知の知が語られる箇所についてふたたび見ることにしよう。それはつぎのように語られていた。

「おそらくわれわれのうちのどちらも善美の事柄は何も知らないらしいが、しかしこの者は知らないのに何か知っていると思っているが、私は知らないから、そのとおりに知らないと思っている。だから、このほんのわずかな点で、すなわち、知らないことは知らないと思う、というその点だけで、私のほうがより知恵のあることになるらしい。」

両者のうちソクラテスの方は「善美の事柄の不知」という在り方を自覚することによってその不知にさらされた在り方をそのままおのれの存在としている。この在り方はさしあたり「生と知がともにそこにある」人間存在の根源層で「善美の事柄の不知」の自覚（不知の知）があるということを意味している。その不知の知は不知のままという意味で一見すると受動的に見えるが、じつはその自覚によって人間存在の根源層の在り方がそのまま自己自身の存在として能動的に立ち上げられているということである。それは、自己存在そのものがそのような不知の知の自覚とともにはじめて生成してくる、あるいはそうした自己存在の生成という事態がはじめて露わになってくるという意味においてである。このことはかの神託の受容の最初の段階における「自分自身とともに知っている」というソクラテスの不知の自覚の思い［Σ］のはじまりと、その後の動向、およびその終極を見ることによって明らかになるであろう。

ソクラテスははじめに不知の自覚の思い［Σ］と神の言葉として受容したデルポイの神託の矛盾によって心のなかに「大疑団が沸き起こった（enethumoumēn）」（21b3）という。ソクラテスにとって神託の言葉の意味ばかりでなく、自己了解していたはずのおのれの自己存在もまた謎になり、彼はアポリアに陥ったのである。その後「私は永い間思い迷っていた（ēporoun）」（21b7）という状態が続くが、やがてかろうじて自分より知恵があると思われている者を探し出して「神託を反駁する（elegxōn）」（21c1）という打開策が見いだされる。それが実行に移され政治家と問答した結果、ソクラテスはまったく驚くべき経験をする。その経験がいまや「私には思われる（emoi dokei）」という一人称形式の語り方によって不知の知として表明されるに至ったのである。

さて、以上のような不知の自覚の思い［Σ］の動向に着眼してそのはじまりと推移と終極をみるとき、それがなにかそれだけで自存した自己存在の変わらない自意識といったものではないことに気づく。それはつねに何らかの現実とのかかわりのなかで、まずは神託が下される以前のソクラテスの〈哲学〉の活動のなかで意味づけられていたが、神託の受容によって［Σ］の意味は、それにあらためて気づくことによる、その現実の変化に連動して変容することになる。その場合、つぎの点も大事なことであるが、［Σ］の意味の変容はそれが置かれた次元の違いによって生じ、しかもそれが定まるべきところに定まるまで続く。というのは、はじめは、［Σ］はソクラテスの私的な哲学活動にともなう彼個人の私的な思いという次元においてであり、つぎに、その私的な思いの次元が壊され、アポリアに陥り、そして終極として、神託の「（ソクラテス）より知恵のある者はいない」という言葉に導かれた自他に開かれた次元において定まるからである。［Σ］の意味はこれらのそれぞれの段階で変容していく。しかし最後に、この終極の次元において［Σ］の意味は定まる。［Σ］は完全に本来の在り方に返る。これが不知の知といわれるものである。

このことはより広い脈絡でいえばつぎのようになる。すでに明らかにしたように、ソクラテスが立ち至った次元は「生と知がともにそこにある」人間存在の根源層であったが、ここにあるべき「知」の役割を不知の知が担うことになったということである。すなわち、「善美の事柄の不知」を自覚するという人間の置かれた根源的次元において、二つに分別《ぶんべつ》されるところでそのまま自覚すること（不知の知）と無知のどちらの在り方を選ぶのか、というその根源的選択が懸けられるところで不知の知は「知」を志向して働くのである。

さて、不知の知が働くところにはそのような在り方をする人、つまりソクラテスのような覚醒者がいなければならない。その人が真実を愛し、「善美の事柄の不知」にさらされて生きていることを自分自身とともに知りつつ（覚醒して）生きている。すなわち、そのような真実の生をおのれの生として、つまりおのれの生の根源的選択にもとづいて生きている。これこそが真実に根ざした本来の自己存在が自立する在り方である。それは「生と知がともにそこにある」ところで、その「生」が「私の生」として生きられるようになるということである。それはいわば不知の知と一つになった「私は生きる」、あるいは「私はある（ego eimi）」の根源的生成ということができる。(＊)

（＊）ちなみに、このソクラテス的な「生と知がともにある」在り方はデカルトの「われ思う、ゆえにわれ在り（cogito ergo sum）」と似ているように見えるが、それはそうではない。両者のあいだには想像以上に大きな隔たりがあるように思われる。ここでは詳論できないが、重要と思われる二つの点だけいえば、デカルト的な方法的懐疑を特徴づける cogito と sum を結びつける「ゆえに（ergo）」の媒介はソクラテスの場合にはない。ソクラテスの場合、cogito と sum は「ともにそこに一つとなってある」。つぎにまた、デカルト的な「われ在り」は形而上学的な自我、あるいは精神実体という純粋知性体の存在が考えられているが、ソクラテスの「私はある（ego eimi）」は「善美の事柄の不知」の自覚という次元においてその不知の自覚（不知の知）と不可分にある私が生きる現実の生であり、私の魂の現実なのである。

以上の事情はもう一方の当事者である政治家と比較してみればよりはっきりと分かる。政治家の場合「善美の事柄」について「知らないのに何か知っているように思っている」。しかも、ソクラテスから「善美の事柄の不知」を指摘されても思い直さないばかりか、ぎゃくにソクラテスを憎むようになる。このことは政治家が「善美の事柄の不知」の自覚という人間の置かれた根源的次元を覆い隠し、不知の知とともに生きることを拒否したことを意味する。もちろん、それはいうまでもなく世の評判（ドクサ）のなかで生きることを選択したからである。しかし厳密にいえば、政治家の選択はかのソクラテスの根源的選択のように私の生の選択であるとはいいがたい。むしろそれは根源的選択からの逃亡であり、自己存在の自立の失敗であるといわなければならない。なぜなら彼の生の存立基盤は評判であり、彼は評判によって、評判の奴隷となって生きているからである。したがって、彼がおのれの世の栄光（ドクサ）を捨てて、それを越え出て、そこまでして真実を愛するようになることはほとんどありえない。というのはそうした真実を愛する生き方、つまりソクラテス的な生は彼の生き方とは全然別の次元、対極にあるからである。不知の知にかかわって二つに分別《ぶんべつ》される人間の生き方は、一方が真実なら、他方は虚偽、一方が実体をもつなら、他方は実体の欠如態である、ということができるほど対極にあるのである。

(5)—3　承前　不知の知

この項の最後に、我々の自覚において露わになる「善美の事柄の不知」という人間の置かれた否定的次元をいかに理解したらいいかという問題に対してありそうな誤解を検討しておきたい。それは「善美の事柄の不知」が〈善美の事柄の知〉の欠如態であるという誤解である。そこには大きな陥穽が待ち構えているように思われる。というのはそう考えると、ひとは無自覚のうちにふたたび「善美の事柄の不知」を手持ちの知の概念から理解することになるからである。たしかに、ソクラテスもまたカリアスに「技術知の類比（technē analogy）」の論法を使って人間教育の分野で青年を「善美なる人（kalos kagathos）」にすることができる人がいるかどうかを訊ねる。当然その人は〈善美の事柄（kalon kagathon）の知〉を所有していなければならないであろう。しかしこの〈善美の事柄の知〉の有無の問いの延長線上に答えが見いだされる見込みはまったくなく、ソクラテス自身もそうした知をもっていないという（cf. 20a2-c3）。この点が肝要である。なぜなら、その場合ここで用いられた技術知の論法は人々に了解可能な範囲で明らかにしうる「善美の事柄の知」の存在を否定的に示す役割しか与えられていなかったのだ、と解釈することがいちばん自然な解釈になるからである。技術知の論法の役割はそれまでである。そしてこの後いよいよ、すでに詳論したように、ソクラテス自身によって前人未到の不知の知が語られることになる。であれば、ソクラテスの念頭には「善美の事柄の知」を問題にするような余地は最初からまったくなかったというべきである。実際、そのような知が問題になる脈絡は『弁明』のどこを探してもないし、その言葉そのものも使われていない。とまれ、「生と知がともにそこにある」人間存在の根源層から逸れて「善美の事柄の知」という擬似的論点を持ち込めば、たちまちのうちに不知の知の問題は見失われてしまうであろう。

ただし、「善美の事柄の不知」がネガティブな意味で了解される脈絡がないわけではない。というより見方によっては、それはある意味で重要と思われる語り方によって語られる。それはソクラテスがデルポイの神託の真意を明らかにする箇所である。ソクラテスはおよそつぎのようにいう。

「だがしかし実際はおそらく、諸君よ、神だけが知者なのかもしれない。そして神はこの神託のなかで、人間の知恵というものはもうまるでほとんど何の価値もないものなのだ、ということを言おうとしているのかもしれない。そしてそれはこのソクラテスのことを言っているように見えるけれど、神は私の名前を付け足しに用いて、私を一例にしているだけのように見える。それはあたかも、神が、人間たちよ、お前たちのうちでいちばん知恵がある者というのは、ソクラテスのように知恵に対しては本当に何の値打ちもないということを知った者のことである、と言おうとするかのように、そうしているだけのように見えるのだ。」（23a5

-b4)

『弁明』のソクラテスは神のことを話すとき、ただ一箇所（35d7）を除いて「私は神を信じている」という類《たぐい》のナイーブな語り方はしない。それぞれの局面でその脈絡にふさわしい自由自在な語り方をする。ソクラテスにそれができるのは神が彼の自己存在の根源的な成り立ちに深く関与しており、したがってまさに神とともにある（と信じている、あるいは確信するようになった、分かってきた）（＊）ので、あらためて神を信じるとか信じないというといわゆる信仰上の問題が彼に起こることはありえないからである。

（＊）すでに詳論したような事情から理解してもらえると思うが、ここで「信じる」という言葉を使ったとしても、それはソクラテスが不知の知を自覚するに至った経緯のなかで、それとともに理解されてきたことであり、不知の知のなかで「分かってきたこと」の確かさや神託の意味の「明らかさ」と重ね合わせてもよいような意味合いである。いずれにしても、この引用文は「私には思われる（emoi dokei）」において語られることの延長線上にあると理解してよいと思う。

この箇所もソクラテスが神について話す際の一つの特徴的な語り方をしている場面である。ここでのソクラテスの語り方は、「神こそが知者である」とか、「人間の知恵など何の価値もない」とか、「神のメッセージは人間が知者にはなりえないことを、つまりは思いあがらないように人間に命じているのだ」といった七賢人が言いそうな箴言的な言い方ではない。それはあくまで神に対する彼自身の思いを語る語り方で、より正確にいえば、彼自身の思いのなかで神の関与を推測するように語る語り方で統制されている。七賢人はギリシャ的な伝統的知恵を体現する知者として、その知恵を人々に向かって真実のこととして話す。その箴言はギリシャ世界のよき伝統

（エートス）を培うであろう。これに対して、ソクラテスは知恵に満ちた箴言が生み出すエートスを培うといったことを意図しておらず、あくまで愛知者として神のことを語る。ソクラテスは不知の知の範囲内で問答による自他の吟味から経験された事柄を「私には思われる（emoi dokei）」という語り方で明らかにしていくのにちょうど適合するように、この場合もまた、自分の思いの言葉で、ただしいわばナラティヴのなかで神の眼から見えるであろうことを語る。不知の知の範囲内とは、彼自身の「生と知（不知の知）がともにそこにある」ところであり、そしてそれはいまや、神の存在がリアルになる次元のことである。ソクラテスはこの神と人とが関わる次元に定位して、そこでの人間の生と知の在り方について、神の眼から見た場合のデルポイの神託事件の全貌を示すために、ナラティヴを使って語る。このナラティヴを合理主義者ならソクラテスのフィクションとみなすかもしれないが、それは実人生の皮相的な理解であろう。ソクラテスのように人間の生と知の根源層において神の存在がリアルなものになった人であれば、ごく自然にそういう話になると理解すべきであろう。ソクラテスのナラティヴは彼の生のアスペクトを示すためにおのずから紡ぎだされたものであると言うべきであろう。

さて、「神だけが知者なのかもしれない」という言い方は知者ではないことを自覚している（不知の知）ソクラテスが思い描く知者のイメージである。もちろん神の知恵がわれわれの想像を絶する以上その知者のイメージに確かな内実があるわけではない。ここでソクラテスが「神だけが知者だ」という言い方をしたのは神のことを話題にするためではない。（ソクラテスは一言も自分の生から切り離されたところで神のことに言及したりしていない。）そうではなくて、それはただその知者としての神の視点から人間を見たらどのように見えるのかということを語るためである。神の視点から見ると「人間の知恵というものはもうまるでほとんど何の価値もない」ということになるであろう。

しかしここで、ソクラテスが本当に言いたいことはそのことではない。それだけのことなら七賢人の箴言とほとんどかわるところはない。彼が本当に言いたいことはそのあと語られることである。それは神から彼を通じて人間にいちばん大事なメッセージが与えられたということである。すなわち、その神のメッセージとは人間のなかで不知の知を自覚したソクラテスこそが「いちばんの知者（sophōtatos）」（23b2）である、したがって真実に生きようとすればソクラテスのように不知の知という人間存在の根源的次元に立ち返って生きなければならないということである。「神は私を一例（paradeigma）にしている」（23b1）という言葉が使われているのがその証拠となろう。ソクラテスは神の目から見れば「知恵に対しては本当に何の値打ちもない」人間の一例にすぎないが、真実に生きているのであり、われわれ人間にとってはまさに人間のあるべき在り方の「範例（paradeigma）」となる。ぎゃくにいえば、神から見ればソクラテスのように不知の知を自覚しない者は人間という存在者の資格をもたないということである。ともあれ、これ以後ソクラテスはこの神のメッセージを伝えることをおのれの「仕事（prāgma）」にするようになる。真実に生きるかぎりソクラテスは人間の範例として生きなければならないのである。

(6) **「私には思われる（emoi dokei）」という語り方について**　ソクラテスの「私には思われる（emoi（moi）dokei）」という一人称形式の語り方は政治家との問答の最中にはじめてあらわれる（21c5-6）が、それ以後も彼の発言のなかにしばしばあらわれる（22a3, 22d5, 26e7, 28d8, 29e5, 34e3）彼の弁明の基調を決める特徴的な語り方である。とはいえその言葉が用いられている文から何かを読み取ろうとすることはほとんど意味がない。というのは『弁明』のソクラテスはその用語をごく普通の仕方で用いているだけでなく、それと同類の何通りもの語り方をそれぞれの文脈に応じて数多くしているからである（それらは「私には……のように見える（emoi phainetai）」（27a4）や、emoi や moi のないただ一語だけの「思われた（edokei）」や、「私は思う（oiomai）」、「おそらく……らしい（kinduneuei）」、「のように見える（phainetai）」、「分かった（egnon）」などである。）むしろここで問題にすべきは、弁明の冒頭で「諸君は私から真実のすべてを聞かれるであろう」（17b7-8）と宣言されているように、ただ一人の人間がどのようにしたら真実のすべてを語ることができるのかということである。この問題をとく鍵はやはり不知の知を自覚したソクラテスにおける「私」とはどういう存在であるのかというところにあるであろう。

すでに詳論したように、デルポイの神託がくだされた最初の段階の「私は少しも知恵のあるものではないことを自分自身とともに知っている」という不知の自覚の思い［Σ］から終極の「善美の事柄」について「知らないからそのとおりに知らないと思う」という不知の知の自覚の表明へ至るソクラテスの途方もない経験は、「生と知がともにそこにある」われわれ人間存在の根源層を明らかにする前人未到の次元を開く経験であった。その次元においてソクラテスにとって神との出会いが真にリアルなものになり、「自他の吟味」という仕方で他の人々との本当の交わりができるようになった。そしてそれとともに、その次元において彼自身の自己存在も、不知の自覚の思い［Σ］に付き纏っていた私的な思いとそのなかに自閉していた状態を払拭して、本当の意味での自己存在に生まれ変わったということができる。それは、デカルト的にいえば、ソクラテスにおける「われ有り（ego sum）」の誕生であるが、その私の存在は「私の生と不知の知がともにそこにある」という意味で「われ思う（ego cogito）」と一つになった「われ有り」であった。

さてそれでは、このようにして誕生したソクラテスにおける「私」とはどのような存在であるのか。われわれはここでも自分勝手に想像をめぐらすのではなく、『弁明』のなかで語られたソクラテス自身の証言によってその「私」を理解しなければならない。それはつぎのようにいわれる。

「いま神が私をそこに配置した――と私は思っているし、また受けとめたのであるが――その部処とは、私が知を愛し求めながら、また自分自身と他の人々を吟味しながら生きていかなければならないということであるが、それなのにその部処において、死を恐れるとか、なにか他のものを恐れるとかして、私がその部処を放棄したとしたら、……私は恐ろしいことを犯したことになるでしょう。」（28d10-29a1）――［A］。

ここで言われている、神に命じられた「部処（taxis）」、すなわち知を愛し求め自他の吟味を行ないながら生きていかなければならないというその「部処」（一言でいえば、哲学的生）が不知の知を自覚したソクラテスの「私」がいるところであり、そのような哲学的生というエネルギッシュな活動状態が彼のいう「私」（われ有り）の実体といっていいだろう。このことは『弁明』の不知の知が語られる箇所でも確認することができる。

ソクラテスは神託がくだされたあと世に出て、知恵があると思われている者たち（政治家、詩人、技術者）と問答しながら自他の吟味を行なうわけであるが、その行動は不知の知を自覚し、神託の真意を明らかにしたことで終止符を打つわけではない。不知の知はそれまでのソクラテスの哲学活動を完全に世の人々のための行動に変えてしまう。というのは、ソクラテスは神の命令によって上述の「部処」に配置されたのであるから、つまりそのことが彼の不知の知と神託（神の言葉）が一致を見たところであるのだから、いまや知恵があると思われている者を探し出して、調べ上げ、知恵があると思われない場合は「知者ではないぞということを明らかにする」（cf. 23b4-c1）という活動を公然とせざるをえないからである。したがって、死やその他のことを恐れてその「部処」

（哲学的生）を放棄したとすれば、それは神の意志に反するばかりではなく、自分が信じて生きた生と知の真実を無に帰し、彼自身の自己存在をも壊すことになるからである。

以上のことから言えることは、この公然と休みなく精力的に哲学しつつ自他の吟味活動をしている「私」を離れて不知の知を自覚しながらどこかでおとなしくすることができるソクラテスがいるわけではないということである。ソクラテスはつぎのようにも言う。

「そうするとおそらくつぎのように言う人がいるかもしれない。ソクラテスよ、われわれのために国外に出て行き、沈黙を守りおとなしく生きていくことができないだろうか、と。だがこれこそ、諸君の誰かを説得することが何にもましていちばん困難なことなのだ。というのは、そうすることは神に対して服従しないことであるので、その不服従のゆえにおとなしくすることができないのだ、と私が言っても、諸君は私が空とぼけているのだと思って、私の言うことに納得しないだろう。さらにまた、私がつぎのように言うことにも、すなわち、私が毎日徳やその他の事柄について問答しながら自他の吟味をしているのを諸君は聞いているわけであるが、そういうことについて議論することがまさに人間にとって最大の善であり、吟味のない生は生きるに値しないと言っても、私がこう言うことにも、諸君はなおさら納得しないであろう。」（37e3-38a1）——[B]。

さて、この一文［B］をさきに引用した哲学的生の必然性について語った箇所［A］と重ね合わせるとき、われわれはソクラテスの哲学的生を生きる「私」の全貌をほぼ見ることができるようになる。ソクラテスは、両方の箇所で「私」は哲学的生を私自身の生として生きているのであって、そのように生きることが神の命令に従うことなのだと言う。［A］ではそれを私が配置された「部処」と呼び、その私の「部処」を私が死を恐れるなどして離れることは「恐ろしいこと（deina）を犯したことになる」と言い、そのあとですぐそれは「私が神々の存在を信じない」（29a3）ということなのだと言う。ここでソクラテスにとっての「私の生」は通常われわれが理解するような生と死があるところの何か自然的に見える生とは明らかに異なる。それはそのような自然的な生に備わる死を恐れるとか、生に執着する（この生にたいする執着は死の恐れと表裏一体のこととして弁明の最後で「醜態（aischron）」として言及されている（34b6-35b8））といった余地をまったく残さない。その生は神の命令に従うとか、神々を信じるという生である。それはやがてあとで「神の配慮（theia moira）」（33c6, cf. 41d2）を受けているという確信をもって語られる生である。

この生の存立意味の入れ替わりにおいて決定的な役割を果たすのが不知の知にかかわるかの二つの生き方の分《ぶん》別《べつ》である。というのは、一方で、死を恐れるのは自然の本能のように見えるが、けっしてそうではなく、「知恵がないのに知恵があると思っていることにほかならない」（29a4-6）、つまり「非難されるべき無知（amathiā）」（29b1-2）以外の何ものでもない。「なぜなら、死を知っているものは誰もいないからである」（29a6-7）。それゆえ、死を恐れるというのは無知のゆえにおのれの生を死の支配に委ねる生き方になるからである。そして他方で、ソクラテスのように、死がよいもの――「まさにすべての善なるもののうちで最大のものかもしれない」（29a7-8）――であるのか、それとも「害悪のなかで最大のもの」（29b1）であるのか、そうしたことは「知らないのでそのとおりに知らないと思う」ことによって生は死の影から解放されるからである。

ここで注意しなければならないことは、人が死を恐れるのは死のゆえにではなくて、死が最大の害悪であると

（本当は知らないのに知っていると）思い込んでいるからであるという点である。死の問題はじつは「善美の事柄」がまさに生にとってじかに関心事になるかぎりではじめて問題になってくる。このことはつぎのことを浮かび上がらせることになる。それは生が純粋にそれ自体として問題になるところでは、「よく生きるか」、それとも「劣悪に生きるか」という、ただそのことだけが考慮されなければならないということである。われわれはここで［A］の言葉が［B］の言葉につながることを指摘できる。それはそのような善悪の考慮のためには［B］で言及されている「徳その他の事柄を問答しながら議論すること(*)」がいちばん大事なことになるということである。なぜなら、それこそがわれわれ人間にとって「善美の事柄の不知」のなかでそのことを自覚しつつ（不知の知）、「善美の事柄（kalon kagathon）」をまさに「最大の事柄（ta megista）」（22d7）としてそれに関心を集中し、それにかかわるわれわれの在り方を吟味するもっともよい仕方になるからである。かくして、ソクラテスはそれが「人間にとって最大の善であり、吟味のない生は生きるに値しない」というのである。

（＊）この言葉をプラトンの初期対話篇の「Xとは何か」の問いを問答しながら議論することとただちに同一視するわけにはいかない。ここで注意すべきことは、ソクラテスの場合にはそれが事象的な探究ではなくて、魂を気遣う生の吟味として行なわれているということである。もちろん、両者は実際の問答では表裏一体のような関係にあるかもしれないが、ソクラテスは生の吟味の観点からそれを行なっているのである。詳しくは、「ソクラテスのエレンコス」を考察した第三章「付論」を参照。

とはいえしかし、死の問題が重要な問題ではなくなるということではけっしてない。死の問題は「善美の事柄の不知」にたいする、一方で無知と、他方で不知の知という二つの在り方への分別《ぶんべつ》のいずれを選ぶのかという、その根源的な選択がいちばんリアルな仕方で問われる場面である。死の問題は「善美の事柄」にかかわる「私の生」の在り方のもっとも厳しい試金石なのである。（この箇所の詳論は第二章一一五―一二二頁を参照。）

さてこれまで、「私には思われる（emoi dokei）」の問題を考察するために、われわれは不知の知を自覚したソクラテスにおける「私」とはどういう存在であるのかという問題を論究してきた。その結果、明らかになってきたことは、ソクラテスの「私の生」が「善美の事柄」にじかにかかわる純粋な生であり、その生の在り方をまさに最大の関心事とする哲学的生であるということである。ソクラテスの「私」とは「善美の事柄」にかかわる哲学的活動なしにはありえない「私の生」を生きるその「私」のことであり、この事情は、死の問題で見たように不知の知についても同様にあてはまる。そうであれば、ソクラテスが「善美の事柄」について「私は知らないからそのとおりに知らないと思う」と言い、また「私にはしかじかに思われた」と言ったとしても、その表面にあらわれた言葉だけを取り上げてもほとんど意味がないということである。また、不知の知が語られる箇所だけにかぎって解釈しようとしてもほとんど何の成果もえられないであろう。それはソクラテスの「生と知（不知の知）がともにそこにある」彼の哲学的生の全体の奥行きにまで目を向けたときに、はじめて理解されるようになる。ともあれこの項の締めくくりとしてつぎのように言っておきたい。「私には思われる」というソクラテスの一人称形式で語られる内容は彼の不知の知の自覚を核にした哲学活動のなかから生まれ出た「私の生」とともにある「思慮・知（phronēsis）」（29e1, cf. 36c7）の表明であったのだ、と。

(7) 残された問題　大事なことは以上で尽きるが、不知の知が語られる箇所の残された部分について若干の注釈的説明を加えておきたい。それはソクラテスが「神のことをいちばん大事にしなければならないと思い」、

「神託が何を言っているのか」を明らかにするために「何かを知っていると思われるすべての人のところに行かねばならない」(21e5-22a1) と考えるようになり、それらの人々を調べて歩く「私の遍歴」(22a6) を披瀝するところである。

(7)—1　政治家たちのつぎに、ソクラテスは悲劇作家やディテュランボス作家やその他の詩人たちのところへ行く。今度は、自分の判断で「そこではその人たちよりも自分自身の方が無知である現場を摑まえられるだろう」(22b1-2) と考えてソクラテスは出かける。そして、「もっともよく仕上げられていると私に思われる (emoi dokei) 彼らの作品を取り上げて、それらの作品が何を意味しているのかと彼らに徹底的に問うことをしてみた。それは同時に何かまた私が彼らから学ぶためでもあった。」(22b2-5) ということが語られる。この行動からソクラテスは知者を探すのに世の評判には信をおいていないが、依然としてまだそういう知恵のある人間がいるのではないかという思いをもっていることが分かる。なぜソクラテスはまだそう思うのか。それはたしかに彼らの作品が美しいからである。そしておそらく、美しい言葉を話せる以上、彼らには「知恵」があると思われるからである。しかし実際はどうであったか。彼らは自分の作品についてその意味をまともに語れなかったのである。それは「その場にいたほとんどすべての人が、彼らが作った作品について当の詩人たちよりももっとよく語ることができた」(22b6-8) ことと比較されるほどあきれかえることであった。ソクラテスの自分の方が無知だというはじめの予想は大きく外れた。ソクラテスは容赦なく彼に明らかになった詩人の実体について語る。「彼らは彼らの作るもの (作品) を知恵によってではなくて、何か生まれつきによって、また神がかりになることによって作っている点で、神がかりになって予言する者や神託を取り次ぐ者と同じようなものであろう。というのは、この者たちも多くの美しいことども（polla kai kala）を語るが、自分が何をいっているのかその意味をまったく知らないからである。」（22b9-c3）。政治家と同様、詩人にも知恵はなかったのである。

しかし、ソクラテスの発見したことはこれらのことにとどまらない。というより、このあと語られることの方がはるかに大事な発見である。「そして同時に、私はまた、彼らが詩作のゆえに自分が知らない他の事柄についても、自分がもっとも知恵のある人間であると思い込んでいることに気がついたのだ。」（22c4-6）。続けて、ソクラテスは言う。「詩人のこの態度は政治家と同じであり、その点で私の方が政治家よりすぐれているのとまったく同じ仕方で、私の方が詩人よりもすぐれているのだと思った」（cf. 22c6-8）、と。詩人が政治家と違う点は、詩作ができるという点だけで、いちばん肝心な「知らないのに知っていると思う」（無知）ことではまったく同じである。両者とも「善美の事柄の不知」への関わり方という点で二つに分別される在り方の一方の無知な者に属している。それにしても、人がいったん自分には知恵があると思い込むと、そのような知恵は「自分の知らない他の事柄」にまで肥大し、「自分がもっとも知恵のある人間であると思う」ところにまで行きつくというのは無知の思いの世界の怖さであろう。日々吟味されない生は、節制のない身体がいつのまにか肥満するように、無自覚のうちに膨らんでますます空虚になる。目に見えにくいぶん本当に怖いのである。ここには評判への言及はないが、詩人を取り囲む人々がいる点では政治家と同じである。世の評判がなければ、自分ひとりでそのように思いあがることはないであろう。

（7）―2　ソクラテスは最後に技術者のところへ行く。今度も自分の判断で行くが、今度の場合は自分と技術者とのあいだに知恵の有無という点ではっきり異なることが明らかになるに決まっている点で、詩人の場合とは違っている。ソクラテスは「善美の事柄」にかぎらずこの技術的な事柄についても「私がいわば何も知っていないということを自分自身とともに知っている（自覚している）（emautō sunēdē）」（22c9-d1）という言い方をする。これは誰にでも非常によく分かる不知の知（知の有無の自覚）の場面であろう。これに対して、技術者については「彼らが多くの美しいことども（polla kai kala）を知っていることを発見できるだろうことは分かっていた」（22d1-2）と言う。このように技術知という知が確立されている領域では何も問題は起こらないように見える。詩人のときのような恥ずべき無知に遭遇することもないであろう。実際に、「彼らはわたしの知らないことを知っていて、その点で彼らは私よりも知恵があった」（22d3-4）ことが確かめられる。ところが、問題は詩人の場合と同様に技術者においても起こっていたのである。ソクラテスは両者において「同じ過ちを犯しているように私には思われた（moi edoxan）」（cf. 22d5-6）と言う。詩人と同じ技術者の過ちとはどのようなものであるか。ソクラテスは言う。「技術を立派に働かせるゆえに、各々の者がそれ以外のもっとも大事な事柄（ta megista）についても自分がいちばん知者であると思っており、彼らのこの調子外れの考え違い（plēmmeleia）がかの知恵までも覆い隠すようになっていたのだ。」（22d6-e1）。

ソクラテスの見た技術者の誤りとは何か。それは詩人と「同じ過ち」であると言われるものである。すなわち、それは、詩人が「詩作のゆえに」、技術者が「技術を立派に働かせるゆえに」過ちを犯すというわずかな違いはあるが、両者ともそれから「それ以外のもっとも大事な事柄についても自分がいちばん知者であると思う」という点である。ソクラテスの場合はつねに「知らないことはその通りに知らないと思う」という不知の知が自覚されている。これに対して、詩人も技術者もこの不知の知の自覚が働かない、麻痺している。とくに技術者の場合には技術知という知がありながら、その点ではソクラテスも認めるように知者であるのだが、それにもかかわらず「知らないのに知っていると思う」という状態に陥り、自分のもっている知恵までも覆い隠すようになる。なぜこうしたことが起こるのか。それは、ここでも明示的に語られていないが、彼らが世の評判（ドクサ）、ただ人間だけがいる人間同士の評価の世界で生きていて、そこで価値・生きがい（地位・名誉や金銭）を獲得しているからである。評判が彼らの各々を最高の知者に押し上げ、彼らの知恵を膨らませる。彼らも立派な詩作や技術のゆえにというよりも、むしろそれらの評判のゆえにおのれを知者であると思い込む。評判は彼らの存在根拠なのである。この点で彼らは政治家と変わるところがない。この評判の世界に生きている人に不知の知の自覚が働かないのは当然である。なぜなら、おのれの不知の知の自覚はその世界から自分が脱落することを意味するからである。（第二章参照）。

(7)―3　ソクラテスはよく反省のできる人である。技術者との問答の後でも自分と技術者の生と知のともにある在り方を反省する。「自分は彼らの知恵をもつある種の知者（ti sophos）でもないし彼らが無知であるように無知でもないが、私が現にあるがままの方がいいだろうか、それとも彼らの知恵と無知の両方をもつ方がいいだろうか」（22e2-4）と自問する。ソクラテスの行動は神託の示すところに適合している。いまやソクラテスは「神託に代わって」（22e1）自分がその意味するところを明らかにする役割も果たすようになっている。それゆえ、「そこで私は、わたし自身と神託とに、私が現にあるがままの方がいいのだと答えた」（22e4-5）。ソクラテスは「生と知がともにそこにある」人間存在の根源層、不知の知の自覚の場所にあることを「私の生」として選んだのである。

六　古くからの告訴者に対する弁明のしめくくり

ソクラテスはこの弁明のしめくくりとしてふたたび古くからの告訴者の存在の話に戻る。なぜ彼らは自分を攻撃するようになったのか。それはソクラテスの生の吟味・自他の吟味が彼らの生そのものに備わる無知を暴き出したからである。ここにソクラテスに対する「多くの敵意」(23a1)と「多くの中傷」(23a2)が生まれた原因がある。

つぎに、ソクラテスはこの自分の活動が社会的事件になっていったことを話す。「おまけに、人々の知恵の有無を調べ上げる私の生の吟味活動に興味を覚え、私について回り、しばしば自分でも私を真似て他の人々(大人たち)が知恵をもっているかどうかを調べ上げる若者たちが出てくるようになったのだ。」(cf. 23c)。そして、その若者たちも「自分では何かを知っていると思っているが、しかしほとんど、あるいはまったく何も知らない人たちが非常にたくさんいることを発見したのだと思う。」(23c6-7)。若者たちがソクラテスの吟味活動の意味を本当に分かっているとは思われないが、ソクラテスは若者たちについて批判がましいことを何も言わない。また、それがやがて彼に困難な事態を招くことになるにもかかわらず、弁解がましいことも言わない。(*) その代わりに、若者たちによって調べ上げられた者たちが「自分自身にではなくて、私に怒りを向ける」(23c8)ことを述べ立てる。これはさりげなく聞こえるが、この点にこそ古くからの告訴者たちのソクラテスに対する中傷と非難の本当の原因があることを明らかにした言葉である。彼らは「知らないのに知っていると思っている」だけで「本当は知らない」、無知であることが露わにされたとき、そこからその自分に怒りを向けて「知らないからその通りに知らないと思う」という不知の知を自覚するのではなくて、つまり自分の生と知からなる生の内側、自分自身に眼を向けることをしないで、このような恥をかく事態を惹き起こしたソクラテスに怒りを向けるからである。彼らは自分がどのようにあったのかということにはっと気がつくチャンスを逃がしたのだ。このような誰にでもまたいつでも、どこにでも起こりうる、「自分は知らないのに知っていると思っていたのだ」ということに気がついて、「知らないからその通りに知らないと思う」（不知の知の自覚）という在り方に変わりえたにもかかわらず、そのチャンスを逃し相変わらず「知らないのに知っていると思う」（無知）という在り方を続けてしまうという現実がそこにはあったわけである。

（＊）ソクラテスはつぎのように言う。「というのは、私はよく知っているのだ。私が（追放されて）行くところでは、ここでと同じように、私の話すことを聞いてくれるのは若者たちだろう、と。」（37d6-7）ソクラテスは若者たちこそが世のなかのことを含めて真実のことを知りたいという熱望をもっていることをよく知っている。それとともに、彼らが言論を好み、訳知り顔に黙っている大人よりもソクラテスのように何でも議論し吟味することに時間を費やす人間のところへ集まることも知っている。若者たちは、たとえ実際には少数であれ、そういう真実を求める点で行動的であり、それゆえ、実際に自分でもソクラテスと同じように大人に知恵が備わっているかどうかを調べたりするのである。こうした点については39c1-d3のソクラテスの予言の箇所も参照していただきたい。ソクラテスは若者の可能性に期待し、彼らを大事に思っているのである。

以上で大体明らかにすべきことは明らかにしたように思う。古くからの告訴者に対する弁明の最後でソクラテスは言う。「こうしたことは、アテナイ人諸君、真実のことなのだ。私は諸君に対して大小いずれのことも、隠しだてもせずに、また言わないで後ろに残しておくこともせずに、話をしているのだ」（24a4-6）。おかげで、われわれもまたこの箇所のソクラテスの話を通して彼の不知の知の自覚の意義を知る機会をもつことができたのである。

付記　「生と知がともにそこにある」という表現の背景について

この第一章は以前発表した「ソクラテスと哲学」（西日本哲学会年報第九号所収、二〇〇一年）でようやく辿り着いた一つのモチーフをベースにしてソクラテスの「不知の知」の問題を読み解いたものである。そのモチーフとはヴィトゲンシュタインの『フレイザーの金枝篇考』のなかで未開人の慣習と見方について記された「かの慣習とこれらの見方がともに生じるところでは、慣習は見方から生じるのではなくて、慣習と見方はまさにともにそこにある」（Wittgenstein, 'Bemerkungen über Frazers Golden Bough', in *Philosophical Occasions*, 1912-1951, ed. J. klagge & A. Nordmann, Indianapolis : Hackett, 1993, 118.）という一文が表している彼の洞察のことである。(*)筆者はヴィトゲンシュタインのこのフレイザーにたいする論評についておおいに興味を覚え、「ヴィトゲンシュタインと原始宗教の問題――ヴィトゲンシュタインの『金枝篇考』を読む――」（東京都立大学人文学報二八六号、一九九八年）で考察を行なった。しかし、その当時は彼の言葉がまだ哲学の領域とは別の、いわば哲学以前の人間的生の原始の姿・原型の話であるかのように思っていた。そこではまだぼんやりとしか、ヴィトゲンシュタインの洞察がゲーテの「はじめに行為ありき」というヨハネ福音書の冒頭の「はじめにロゴスがあった」という言葉の解釈とそれに付随する「人はおのれの知にもとづいて行為するわけではない」という認識につながるのではないか、としか考えていなかったのである。

（＊） このヴィトゲンシュタインの洞察にはつぎのようなもう一つの重要な洞察が伴われている。『金枝篇』の冒頭にある「ネミの森の祭司王の話」が物語っているのは、前任者の殺害によってその祭司王の職を継承するネミの森の祭司王は同じようにこの職に就こうとする後継者によって殺されその職を失うわけだが、彼はつねに死から生を勝ち取らなければ保つことができない驚くべき職務を遂行している、ということである。ヴィトゲンシュタインはこの祭司王についてつぎのように言う。「かのネミの森の祭司王の物語と「死の帝王」という言葉を一緒に並べるならば、両者が一つであることが分かる。祭司王の生はかの言葉によって意味されているものを描き出している。」（122）。「死の帝王（die Majestät des Todes）」という言葉は「生と知がともにそこにある」生の勝利としての「死の荘厳」という意味も含んでいるだろう。ヴィトゲンシュタインはこの話をさらにつぎのように続ける。「死の帝王によってこころを摑まれた者は、そのような生き方をとおしてそれを表現するだろう。－これはもちろん説明ではない。それは一つのシンボルをもう一つのシンボルの代わりに置く、あるいはひとつの儀式をもう一つの儀式の代わりに置くことである。」（122-3）これは「外に出られない諸思想の雑沓：というのは思想（Gedanken）がことごとく前の方へ突進して入り口のところで詰まってしまうからである」（122）の場面なので単純に理解することはできないが、かの「死の帝王」に感銘を受ける者は同じような生き方をするということが洞察の中心にあると思われる。ここで言われる「思想」が生の覚醒の形態であるとすれば、思想の飛び火は人がその思想を生きた者に感銘し、おのれもおのれなりのそのような生き方をすることにおいてしか起こらないであろう。この点もまた、ソクラテスの現存の問題を考える重要なポイントになるであろう。

しかしやがて、ヴィトゲンシュタインのそうした洞察は、それが彼自身の『哲学探究』の「言語ゲーム」の概念の根幹をなしていることは言うまでもないことであるが、むしろ現代に生きるわれわれに通じる本当に具体的な人間存在、しかも思想・原理のもとで生きる人間存在について見ることに当てはめるほうがより正しいのではないかと思うようになった。筆者の視野のなかでは、聖書が描いたアブラハム、イサク、ヤコブから始まりイエス・キリストに至り、さらに使徒たちやそれに続く人たち、さらに砂漠の師父たち（『砂漠の師父の言葉　ミーニュ・ギリシャ教父全集より』（谷隆一郎・岩倉さやか訳、知泉書館、二〇〇四年））にもあてはめてみたほうがよいように思われたのである。ここまでくると、「慣習と見方はともにそこにある」というよりも、生の自覚がはっきりとなされるという意味で「生と知はともにそこにある」というべきである。そうした人たちは原始宗教的な死から生を戦い取りつつその力のみなぎる生のなかで生きているのではなくて、「生を知りつつ生きている」と思われるからである。そしてこのとき、もう一つ決定的なことは生が義とか善によって規定され、その義しい（善い）生のかたちの自覚がなにか神の関与において行なわれ、あるいは永遠の相のもとに（神の眼差しのなかで）見られるようになるということである。ここにおいて、神とともに歩む生が彼らの生の現実となるのである。この点については、「創世記論考（中）――義しい生について、『出エジプト記』第十九章十七節「そしてかれらは山のふもとに立った」の解釈を中心に」（東京都立大学人文学報二六七号、一九九六年）における考察がベースになっていた。この問題をもっと深く突き詰めて考えた論考が「ゲッセマネのイエス・キリスト――哲学・神学的キリスト論の試み――」（東京都立大学人文学報三四五号、二〇〇四年）である。この試論はイエスの「我あり（エゴ・エイミ）」の覚醒（知）と行動、そしてそれらの奥底にあるゲッセマネのイエスの祈りという問題を考えたものである。

さてここで一転して、ソクラテスのことを考えてみると、もちろん彼はヘブライ・ユダヤの聖書的伝統のなかで生きているわけではないのであるが、しかしむしろこのような人々の在り方に近いのではないだろうか。したがって、この人たちのような「生と知はともにそこにある」という観点からソクラテスを捉えると彼の実像がよく分かるのではないだろうか、と思われたのである。このことはソクラテスを当たり前のようにそこで理解するソクラテス――プラトン――アリストテレスというギリシャ哲学の展開の線上から切り離すということを意味する（序論参照）。それに応じて、筆者はアリストテレスによるソクラテスの哲学史上の学説的評価を当然外すことして、プラトンの評価も一応括弧に入れる、しかしプラトンの『ソクラテスの弁明』と『クリトン』には「原ソクラテス」（松永雄二）が描かれているという見方にしたがって『弁明』を読んでみるという方法をとった。事の成否はこの筆者の読解が破綻なく行なわれているかどうか、生きたソクラテスが甦って現前してくるかどうかによるであろう。最後に、いままで筆者にとっては関心の外にあったことであるが、ソクラテスを宗教心の厚い知恵を備えた有徳者（善美なる人）とみるクセノポンの見方もまた、哲学以前の普通人の理解しかもたないかもしれないが、「生と知がともにある」ところで人間を見るという健全な態度をもっている点で、偏見なく読めば学ぶことが多いのかもしれないと思うようになっている。

第二章　魂の気遣い（28b3-30c1）

――「部処」に生きる人間の生について、ソクラテスの哲学的生について、人間として気遣うべきことの勧告について――

序　J・バーネットの構成理解

J・バーネットは彼の有名な『弁明』の注釈書のなかで「ソクラテスの弁明」（19a8-28a1）の箇所を一つのまとまりとして捉え、そのなかを「古くからの告訴者に対する弁明」（19a8-24b2）と現在の告訴者「メレトスに対するソクラテスの弁明」（24b3-28a1）に分けるとともに、これから取り上げる箇所を一つの独立した部分とみなして、「ソクラテスの神から授けられた使命（The divine mission of Socrates）」という小見出しをつける。そして、「メレトスをやりこめた後で、ソクラテスは彼にとって重大な弁明を行なう。それは、形式的には、本題から逸れているが、実際には、彼の弁論の最も重要な部分である。……とにかく、われわれはここでプラトン自身が告発に対する本当の答えとみなしたものをもつのである。」（J. Burnet, *Plato's Euthyphro, Apology of Socrates and Crito.* Oxford: Oxford University Press, 1924, 117.）とコメントする。

バーネットのこのコメントはこの箇所――彼の区分では28a2-34b5になるが、それはメレトスの告訴にかたをつけたあとの、その弁明を締めくくる告訴の本当の原因についてのソクラテスの感想（28a2-b2）も含まれるからである――を『弁明』のなかでもっとも重要な箇所と見る点で正しいといえるが、「本題から逸れた余談（digression)」と見る点で間違っている。バーネットはメレトス論駁までは裁判における法にしたがった弁明であるが、この箇所になるとソクラテスにはもう弁明すべきことがなにもないので、そうした弁明から逸れて、彼が日頃アテナイの人々に説き続けたことを裁判の場で話しているのだ、そして、この話が「ソクラテスの人格と活動をそれらの本当の光のなかで示す」(Burnet, 63.) ことになるのだ、と考えているように思われる。しかし、この箇所が「余談(digression)」であるなら、ソクラテスが最初に誓った「法律にしたがって弁明する」(19a6-7) ことを破り、勝手に自分が言いたいことを話しだしたことになるのではないか。バーネットがこの箇所を形式的にせよ余談とみなすのは、本当はこの箇所とメレトス論駁までの弁明との有機的な連関を見抜く力がないからではないか。そして、このことはソクラテスが何のために弁明をし、プラトンが何のために『弁明』を書いたのか、というその彼らの根本の動機が分かっていないからではないか。その根本の動機とはソクラテスが彼の弁明で「真実のすべて」を語り、プラトンがそのソクラテスの語ったことを『弁明』に書くということである。これが分からなければ、『弁明』の全体を有機的な連関において統一的に読むことなどできない。バーネットのように一番重要な箇所が余談でしか語られないことになるのである。ここで感想をいえば、バーネットのプラトンの『ソクラテスの弁明』理解はクセノポンのものと基本的なところでそれほど変わらないといっていいだろう。つまり、プラトンはクセノポンと同じようにアテナイの人たちに対してソクラテスの無実を擁護しただけでなく、ソクラテスは有徳者にふさわしく死をも恐れず堂々とふるまったことを明らかにしたのだ、というレヴェルの理解である。

またそもそもここに主たる弁明を二分するような大きな区分をつけることそれ自体もおかしい。たしかにその区分は『弁明』をごく普通に読むかぎりバーネットでなくても当たり前のように見えるが、このあまりにもナイーブな捉え方からは『弁明』の表層、あるいは影しか見えてこないはずである。反対に、たとえばなぜソクラテスが自分のことを「真実を語ること」において「恐るべき弁論家」である（17b4-6）などといったのか、そのような恐るべき弁論家ソクラテスの本当の姿は見えてこないであろう。

さらにまた、哲学的な関心からいえば、『弁明』の二つの哲学的問題、不知の知とそれにもとづく哲学の問題と魂の気遣いの問題とがこの展望のないナイーブな分断によって別々の問題とされてしまう恐れが生じるであろう。そしてそれとともに、この魂の気遣いを勧告する箇所がなぜ「もっとも重要な箇所」といいうるほど重要であるのか、そのわけも分からなくなるであろう。この勧告の箇所がそれだけで孤立して捉えられるなら、ソクラテスは死をも恐れずに道徳的な生き方を説き勧める道徳家ぐらいにしか思われないであろう。しかしよく見れば、すでに指摘したように、ソクラテスの勧告内容は魂の気遣いとともに、真実の気遣いと思慮・知（プロネーシス）の気遣いも含まれている。そして、これらは不知の知にもとづく知を愛し求める哲学と不可分な仕方でつながっているのである。

さてここでことさら、『弁明』の構成にかかわるバーネットの区分の仕方に言及したのは、筆者自身の構成に対する問題理解と対比するためである。だがしかし、筆者の理解にしたがえば、バーネットが「もっとも重要な箇所」とよぶこの箇所が本当に正しく読めるのであろうか。以下、まずは構成という観点からこの箇所の検討をしたい。

一　ソクラテスの哲学的生と死、不知の知と死の問題（28b3-9, 29a4-b9）

(1)「そうするとおそらく、つぎのように言う人が出てくるだろう。それでは、ソクラテスよ、君は恥ずかしくないのか、そのような日常の行ないを日々過ごして、そのためにいま君が死の危険にさらされているというのは。」（28b3-5）……Ⓐ—1

このように架空の質問者を登場させ、その者に必要な質問をさせ、それに対してソクラテスが答えるという仕方で、この箇所の長い話は始められる。こうした仕方で自分がもっとも言いたいことを話題にするやり方は、ソクラテスが不知の知を語り始めるときと同じである。そこでも、架空の人物を登場させてつぎのような質問が立てられた。

「そうすると、おそらく諸君のうちで誰かつぎのように訊ねる人が出てくるだろう。しかし、ソクラテス、君の仕事は何なのだ。どこから君に対するこういう中傷が生じて来たのだ。」（20c4-6）……Ⓑ

そして、この質問に答える仕方でソクラテスの話が始められる。このような問答形式の話し方は、あと一箇所、ソクラテスに対する有罪の評決のあとで彼が刑量の申し立てをする最後の箇所で、したがって死刑の票決を受ける可能性が非常に高い状況のなかで、彼が最後にこれまでの生き方をどうあっても変えることはない、というきわめて重要な発言をする箇所でとられる。それはつぎのような要求のかたちをとる。

「そうするとおそらく、つぎのように言う人がいるだろう。ソクラテスよ、君がわれわれのところから出て行ったなら、どうか沈黙を守って、おとなしくして生きることができないだろうか」(37e3-4)……Ⓒ

これとほぼ似たようなソクラテスに哲学をやめて沈黙することを迫る要求は別のこれまた重要な脈絡で、すなわち魂の気遣いの勧告を彼がいよいよ始める直前に、彼が想定してみせる裁判員によってすでになされている(cf. 29c5-d1)。それと同じように、ここでも架空の質問者のこうした沈黙の要求にソクラテスが答えるという仕方で重大なことが話されることになる。そして、そこで答えられる彼の生き方は不知の知や魂の気遣いの話と同じレヴェルの、それらにまっすぐ連なるような話となっている。その生き方とは「徳その他の事柄について諸君は私が問答をしながら自他の吟味をするのを聞いているわけだが、それらの事柄について日々言論活動を行なう(ロゴスをつくる)ということが人間にとって最大の善であり、吟味のない生は生きるに値しないのだ」(38a3-6)という彼自身の日々の行ないに適う在り方である。ソクラテスにとってそれは絶対に譲れない線なのである。

ところで、この三番目のⒸの箇所ではソクラテスがこれまでにない新しい話をしているというよりも、むしろこれまで話された生き方を、有罪の刑量がきめられる判決のまえで、つまり死の危険が死刑の票決という現実となる直前で、あらためて確かめているとも考えられる。であれば、翻っていえば、不知の知と魂の気遣いの話がされる二つの箇所が根本的な重要性をもつということであり、そのためにソクラテスはそれにふさわしい同じ問答形式の二つ並べられるような話し方(Ⓐ—1とⒷ)をとったのだというべきであろう。

(2)　話をもとのⒶ―1に戻そう。さきに引用した架空の質問者の質問（28b3-5）に対するソクラテスの応答が、われわれ人間の死をはっきりと意識した生とそれに応じた生き方の問題にかかわる、これから話される彼の驚くべき話の発端となる。その応答はつぎのようなものである。

「だが私はこのように質問する者に対して正しい理《ことわり》をもった言葉でもってこう返答するであろう。君のいうことは美しくはないよ、君。もし君がつぎのように思っているのだとしたらね。すなわち、すこしでも何かの役に立つ人物というのは、生きるか死ぬかの危険をも考慮に入れなければならないのであり、ことを行なうに当たって、それが正しいことを行なうことになるのか、不正なことを行なうことになるのか、また、善い人のなすことを行なうことになるのか、悪い人のなすことを行なうことになるのかという、ただかのことだけを考慮に入れなければならないということではない、とそのように君が思っているのだとしたらね。」（28b5-9）……Ⓐ―2

さきの架空の質問者の質問と併せて、このソクラテスの応答（Ⓐ―2）について考えなければならないことは二つある。一つは、その質問のなかでソクラテスの「日常の行ない（epitēdeuma）」が問われており、これはⒷの箇所で問われていた彼の「仕事（prāgma）」とは異なる意味合いがあると考えられることである。ソクラテスの仕事は自他の吟味をともなう哲学である。なぜ彼がそうした仕事をするようになったのか、そのいきさつを語ったのが神託事件と不知の知の話である。とすると、このⒶ―1の箇所でソクラテスは哲学を意味する「仕事」という言葉とは異なる「日常の行ない」という新しい言葉で新たな問題を提起していると見ていいであろう。それでは、「日常の行ない」という言葉は何を意味するのか。それは哲学しながら、あるいは「言論活動をしながら」生きているその「生きること（zēn）」（28e5）そのものの方を意味すると思われる。つまり、架空の質問者はその「日常の行ない」という言葉を使って、ソクラテスに「君は毎日哲学をしながら生きているわけだけれども、その足元の「生（zōē）」そのものがおろそかになってしまったので、その無防備な足元をすくわれて、迂闊にも死の危険にさらされることになるなど、まったく愚かというか、恥ではないのか」と彼の生そのものに目を向けて批判しているのである。質問者の批判はソクラテスの場合仕事と生が分離してしまい、仕事に熱中するあまり、死の危険を考慮に入れて生そのものを大事にするという思慮がないということである。この批判は当然のようにも見えるが、ソクラテスはこの批判がましい質問に対して応答するなかで、「そもそもわれわれ人間の生とはどのようにあるのか」という根本問題を提起しているのである。

もう一つの論点は、批判に対する真正面からの反論ともいうべきソクラテスの応答のなかにある。注意すべきは、この応答のなかで彼が言いたいことはつぎのようなことではない。それは人間の生き方には二つあり、一方には質問者が考えるような生死の危険を考慮に入れて生きる生き方があり、他方にはソクラテスが考える正と不正、善と悪だけを考慮して生きる生き方があるということではない。もしそうであれば、後者を尊ぶソクラテスの生き方は一つの選択肢にすぎないことになるであろう。

この問題は誤解を招きやすいので、もうすこし説明しよう。たとえば今日生命倫理学で問題にするような、われわれ人間の生について、一方で「生はそれ自体よいものである」（dignity of life）という考え方があり、他方で「生きる価値のある生でなければ、あるいは生きがいのある生でなければ、生きるに値しない」（quality of life）という考え方があるとすれば、この二つの選択肢のあいだで人間的生の問題を考えることは有望であるように思われる。しかし、そうした問題の立て方がいかに多くの人の賛同を得られようと、こうした選択肢でソクラテスの「人間の生の問題」を理解することは見当はずれである。なぜなら、ソクラテスによって考えられている生き方は二つの相対立する価値的な生き方であり、どちらの生き方を選ぶのであれ価値の選択、すなわち、たとえば「そうすることが正しいかどうかということに心を向けて判断し、選ぶ」ということだけが問われているからである。

ソクラテスの問題提起はもっと原理的なものである。というのは、ソクラテスにとって人間の生と行為はその根源において正と不正、善と悪、さらに加えれば、美と醜のいずれかの在り方においてあり、その生の根源において価値的存在、すなわちたとえば正・不正によってその存在が限定されるような存在としてあり（cf. *Crito*, 47e6-8a1）、この根源的場面で同じように生と死がそのままで問題になることはありえないからである。

しかし、ソクラテスは正・不正以外に「生きるか死ぬかの危険をも考慮に入れなければならないと思っているのだとしたら、それこそ恥ずべきことではないか」と言っているのではないのか。厳密にいえば、そういう言い方は正しくない。というのは、正・不正の考慮とは別に生死にかかわる危険の考慮があるわけではないからである。死の危険の考慮も正・不正の考慮と同じレヴェルの善悪の考慮に属しているのである。

彼が言おうとしていることは、そういう隠れた善悪の考慮である死の危険の考慮は、ただそれだけに集中して考慮しながら生きるべき正・不正、あるいは善悪という価値的次元の問題の本来の在り方を歪めてしまい、そこにおける判断や選択に必要な冷静な思考を混乱させてしまうということである。それゆえ、ソクラテスはさきの応答のなかで質問者に「君の言うことは美しく（kalōs）はないよ」（Ⓐ—2）といったのである。すなわち、彼がそういったのは、質問者が、それだけが大事な価値（正・不正、善・悪、美・醜）の判断と選択以外に、なにか別種のもっと大事なことであるかのように、生死の危険を考慮しなければならないという余計なことを持ち込んで、問題を混乱させ、生と価値のいわば内的関係の所在を曖昧にしたからである。

事態は混乱を招きやすいので、この問題の論じられるより広い脈絡をひとまず見ておこう。ソクラテスが死の問題に目を向けるようになったのは、彼自身の生が死の危険にさらされているかぎりで、その彼の生そのものが問題となっているからである。しかしぎゃくに、この生そのものが問題になるところでは死が問題になることはない。なぜなら、死の問題はその生にかかわる価値（正・不正、善・悪、美・醜）の問題、あるいはぎゃくに、こうした価値がかかわる生の問題の範囲外にあることになるからである。このことはソクラテスが死と死に対する恐れの問題を論じる箇所ではっきり語られている。それが語られる脈略は「私は知を愛し求めながら（哲学しながら）生きていかなければならない」（28e5）という、ソクラテスがみずからの哲学的生を生きることとの必然性（「生きねばならない（dein zēn）」）を確言する『弁明』のまさに頂点の一つに位置する箇所である。そこで、ソクラテスはその哲学的生を生きることにおいて「そこにおいて死を恐れるとか、何か他のものを恐れて、その部処（taxis）［哲学的生］を放棄してはならない」（28e6-29a1）というのである。

(3)　さてしかし、ここでは、その哲学的生の必然性を語る脈絡全体の考察は保留し、別に節を立てて行なうことにして、死と死への恐れの問題だけをその全体の脈絡から切り離して、Ⓐ—2との連関において論究しておく。

ソクラテスはおよそつぎのようにいう。

「というのはいいですか、諸君、死を恐れるというのは知恵がないのに知恵があると思っていることにほかならないのだ。なぜなら、知らないことを知っていると思っていることになるからだ。なぜなら、死を知っているものは誰もいないからだ。死は人間にとってすべての善いもののなかで最大のものかもしれないのに、それなのに、人間は死が悪のなかで最大のものであることをよく知っているかのように死を恐れるのだ。そしてじつをいえば、これこそ知らないことを知っていると思う、というかのもっとも非難されるべき無知(amathiā)にほかならないのではないだろうか。しかしながら、諸君、私はその点で、この場合にもまた、おそらく多くの人たちとは違うのだ。そしてもし実際に、何らかの点で、私の方が他の人よりもより知恵がある(sophōteros einai)と主張しうるとすれば、それはつぎの点で、すなわち、私はあの世のことについては十分には知らないので、そのとおりにまた知らないと思っているという点である。これに対して、不正をしたり、神であれ、人間であれ、自分よりすぐれている者にしたがわないことは、悪であり、醜いことだ、ということを私は知っている(oida)。だから、私は、悪であると知っている悪いものどもよりも先に(pro)、もしかして善であるかもしれない、知らないもののほうを恐れたり、避けたりはけっしてしないだろう」(29a6-b9)……Ⓐ―3

引用が長くなったが、この一文(Ⓐ―3)には、Ⓐ―2で切実な問題として浮かび上がってきた、おのれの日々の行ないによって生きるか死ぬかの危険にさらされ、死がおのれに差し迫ってきているという、死の問題をソクラテスが実際にどのように認識しているのか、そのことが、ここでは、死と死への恐れという観点から示されているので、その内容をより詳しく検討して見たい。まず話されたことを整理して見よう。

（ⅰ）人が死を恐れるのは死が最悪のものであると思っているからである。つまり、頭から死は最悪のものであると善悪の判断をしているからである。しかし、死は価値的には不可知である。誰も死を知らない。ひょっとすると最善のものかもしれないのである。とすると、死を恐れる人は、死が善悪いずれであるか「知らないのに知っていると思う」という、かの「無知（amathiā）」の状態で、死を恐れていることになる。（ⅱ）以上の点について、自分（ソクラテス）の死の理解はたぶん多くの人と異なっている。しかもその点で、自分は多くの人より「より知恵がある（sophōteros einai）」と主張したい。なぜなら、自分は死に対してその善悪にかんして「知らないからそのとおりに知らないと思っている」、つまり不知の知を自覚しているからである。（ⅲ）これに対して、自分は善悪の判断にかんしてはっきり知っていることがある。すなわち、不正をすることとやすぐれた人間にしたがわないことが悪であるということは「知っている（oida）」。であれば、（ⅳ）この（ⅲ）から導き出される行為の仕方や生き方は（ⅲ）だけの行動の原則にもとづき、（ⅱ）のような意味しかもたない死については善悪の判断ができないので、（ⅲ）の行動の原則に「先立って（pro）」死を恐れたり、死を避けたりしないであろう。

ソクラテスの死の理解が多くの人とは異なっているのは明らかである。彼は死への恐れを生得的な本能や生に備わる原始的な感情のようなものではなくて、善悪の判断から生じるものと考えている。人は死が最悪のものであると判断するから、死を恐れるのである。ここでソクラテスの議論は死の恐れの問題を死に対する価値認識、つまり知の問題に移すのである。そしてその上で、今度は死の問題を彼自身の土俵というべき不知の知の問題のなかで捉え直す。まずは、人は誰も死が善悪いずれであるかを知らないという。しかるに、その善悪不可知なる死に対して、一方では、多くの人のように「知らないのに知っていると思う」という無知の状態に、他方では、ソクラテスのように「知らないからそのとおりに知らないと思う」という不知の知に分別される。つまり、このように分別される不知にかかわる二つの態度が死へのかかわり方を分ける。そしてこの場面からして、死への恐れは無知の状態で行なわれる善悪の間違った価値判断から生じ、死に対するソクラテスのような態度は不知の知において死の価値判断をしない、つまり判断中止（エポケー）をすることから生じるのである。

(4) さて、以上の点から生じる興味深い帰結のひとつは、ソクラテスの場合は死の価値判断をしないですむのであるから、彼は死の問題に悩まされることなく、ひいては死への恐れから来る生の重苦しい圧迫感、ひいては死の影（支配）からその生を解き放つことができる。死は生の外側に置かれることになるということである。それはちょうど歯痛に苦しめられている人がもっと大事な心を向けるべきことに集中するとき、その歯痛が外部の出来事のように感じられることに似ているかもしれない。だから、ソクラテスが死への恐れを克服しているかどうか、つまり彼がまったく恐れなく生きているかどうか、そうした死への恐れの有無は重大な問題ではなくなる。この点が（iv）の論点、（iii）の「不正をすることは悪である」といった善悪の判断に存する知にもとづいてことを行ない、それよりも「先に（pro）」死を恐れたり、避けたりはしない、というソクラテスの行動の原則の定立につながる。なお、ソクラテスが彼自身の死に直面したときの気持ち、また現にいま死に直面している気持ちについて語っている箇所があるので、この機会にそれぞれ引用しておこう。前者については、アテナイで三十人僭主の寡頭制の政権による恐怖政治が行なわれていたときのサラミスのレオン逮捕事件の話である。ソクラテスはその「三十人僭主」から他の四人とともにレオンの逮捕を命令されるが、その命令にしたがわず一人だけ家に帰ったのであるが、そのあとすぐその政権が崩壊しなかったら、おそらく殺されていただろうといい、その際つぎのような発言をする。

「そのとき、しかし、私は言葉によってではなく、行動によって、もう一度つぎのようなことを示したのだ。それは、私には死はほとんど——もしこういう言い方が粗野にならないのなら——気にならないが、不正や不敬なことはけっして行なわないということにはあらゆる注意を払っているということである」(32c8-d3, cf. 32c4-e1)。

また後者については、主要な弁明がすんだあとでこれから票決をする市民裁判員に裁判の在り方について諭すように語りかける話のなかにあるつぎのような言葉である。

「しかし、私が死に直面して泰然自若としているか、否か、それは別の話として、とにかく、評判という点では、私のためにも、諸君のためにも、また国家全体のためにも、私がそのようなこと［裁判員に哀訴し嘆願するために家族を法廷に登場させるようなこと］をけっしてしないのが美しいことである、と私には思われるのだ。それはその私というのがこの年になっており、真実であるにせよ、虚偽であるにせよ、このような［知者という］名前をもっているからであり、しかしそうした名前はさておいても、ソクラテスという人間はすくなくとも多くの人たちよりもすぐれたところがある、ということが定評になってしまっているからである。」(34e1-35a1)。

これらの発言は、これまで注目してきたような、ソクラテスの行動の原則が実際の言動でも揺らぐことはないことのよい証拠となるだろう。またそれとともに、ソクラテスが「何に心を向けて生きているのか」という、その彼の生の志向が死ではなくて、正・不正や敬虔・不敬のような価値的なことであることも変わらないままであるといえよう。しかもそれに加えて、後者の発言から窺われるように、ソクラテスは死に直面して彼個人の一身上のことだけを考えるのではなく、自分の生き方を公のものに開放されたものとして捉えているようである。このことは彼がおのれの生に執着していないことの証しとなると思われる。ソクラテスは神に対する奉仕ばかりでなく国家社会や人々のためにも生きているのであり、それは哲学においては自他の吟味という在り方であったわけだが、このような現実の政治や裁判の行為的現実のなかではつねに公共的なものの存立のために言動がなされているのだといえよう。

(5)　さて、ソクラテスがおのれの死と死への恐れにたいしてどのような態度をとっているのか、という問題はほぼ以上で尽きるだろう。しかしそうすると、つぎのような疑問を抱く人がでてくるかもしれない。それは、死はソクラテスにとってたいした問題ではなかったのかという疑問である。しかしこの疑問に対して答えはYesであり、Noでもあるという以外にはない。Yesといえるのは、すでにこれまで見てきたように、ソクラテスの関心事が生であり死ではないからである。しかしそれでは、死の問題は軽いということであるのか。それはNoであろう。なぜなら、生の問題が生全体として問題化するのは、生が死の危険に脅かされるところで、あるいは死への恐れがおのれのうちで深刻になるところだからである。だからこそ、ソクラテスは彼の日常の行ないとなった彼の哲学的生を「その生はどのようにあるか」という生き方にかんして問題化するとき、「死に脅かされても変わることのない彼の日常の行ないとはどのようなものであるか」という限界状況を設定するなかで、そのことを架空の質問者に質問させたのである。事情は「彼は本当に何に心を向けて生きているのか」という点でも同様であろう。死への恐れが増大し、死がそれまでの生き方をご破算にする強力な力を発揮するとすれば、その生は死に打ち負かされてしまったのである。死は生の最後の試金石であり、生の本当の姿を映す鏡なのである。この点についてよくあることだが、法廷では、すぐれた生き方をしていると思われていた人が、死刑判決を恐れるあまりこれまでの態度を一変させて、醜態をさらけだすことはよく見受けられるのである（cf. 35a1-b8）。

(6) 最後に一つ、これまではじめからずっと気になっていた問題を見ておきたい。それはソクラテスにとって死の問題が哲学の問題として馴染まないようにみなされているという問題である。誰でも気がつくと思われるが、この箇所の議論はたしかに構造的には不知の知の問題の構造と同じように見える。というのは、不知の知の問題の場合はつぎのような構造になっていたからである。人は誰も「善美の事柄（kalon kagathon）」を知らないようである。しかるに、ソクラテスは「知らないからそのとおりに知らないと思う」のだが、それに対して、知恵があると思われた人たちは「知らないのに知っていると思っている」。つまり、人が善美の事柄の不知の状態にあるなかでその人の在り方がこのように二つに分別されるようになるわけである。そしていま、このなかの「善美の事柄」の代わりに「死」を置き換えれば、この箇所の議論になるのである。とすると、両方の事柄は同じように取り扱われるべきなのであろうか。ところが、ソクラテスは善美の事柄に対してはまさにそれこそが哲学の課題であると捉えて「徳その他のことを議論する」という仕方で哲学探究を始めるが、死に対してはそのまえで黙って立ち止まるだけで、哲学議論の対象にはけっしてしないのである。これはどういうことであろうか。

筆者の見解はつぎのとおりである。ソクラテスはまさにこの不知の知の場でこそ生の問題と死の問題との異質性が明らかになるとみなしている、そして、この不知の知によって両者を峻別しているということである。むしろより正確にいえば、不知の知がソクラテスに、一方で生の在り方を、他方で死とのかかわり方をはっきりと示してくれる。死については「知らないからそのとおりに知らないと思う」、ただそれだけである。この死に対する不知の知があまりにもシンプルなことなので、人はソクラテスのようにここにとどまることができずに、考えすぎるのである。

このことから帰結することは、生と価値（善美正）の問題は不可分の一つの問題であり、われわれは哲学の課題として全力でその問題に取り組まなければならないが、死の問題はそのような扱いに馴染まない事柄であり、むしろ価値的には判断中止して追求せず、生と価値の問題の枠外におき、そのままにしておかなければならないということである。これに対して、多くの人は死の問題を頭から価値の問題に数えいれて、死を自明のごとく「悪のなかでも最大の悪」と思いなし、恐れを抱いてしまう。この結果、多くの人の場合、生のなかに死がなしくずしに侵入してきて、その生を「死を恐れながら生きる生」にしてしまう。それゆえ、ソクラテスはこの点ではっきりと「自分は多くの人と異なる」と言ったのであろう。このような死と生の洞察が不知の知というところでソクラテスにあるかぎり、ソクラテスの生は、われわれの想像をはるかに越えて、シンプルで、厳粛にして、晴朗なものなのではなかろうか（cf. *Crito*, 43a1-c4）。そのようなソクラテスの生きる姿は、半ば繰り返しになるが、不知の知を自覚しつつ、死のこと（これからどうなるか）はすべて神の御心にまかせて、みずからは知を愛し求め、哲学しつつ、まっとうに生きることに専心することから生まれてきたのだということができるであろう。

さて、以上の見解はこれまでの考察とも合致するように思われるが、どうであろうか。

二　アキレウスの話と戦場における部処の話（28b9-e4）

（1）ソクラテスはこの箇所の新たな問題提起において彼自身の哲学的生（28e4-29a1）を、そしてひいては魂の気遣いということを本当は話題にしたいのであるが、それはいきなり話してもまったく理解されないであろう（cf. 37e2-38a8）。したがって、そのための手引きになるような、アテナイの市民たちが聞いてもよく分かるような話から始める。それがアキレウスの話と戦場における「部処（taxis）」の話である。

ソクラテスは架空の質問者に対して反論したこと、すなわち「人は死に直面しても死を恐れずに価値的選択をして行動すること」が現実にありうることを証明するためにトロイヤ戦争の英雄アキレウスの死をも恐れない生き方に言及する。ここでソクラテスはアキレウスのことを女神の「テティスの息子」（28c2）と呼び、「半神たち（hēmitheoi）」（28c1）のひとりとして紹介するが、これは自分をそうした存在になぞらえるためではなく（cf. 30d5-31a7）、人間たちの典型、本来の人間の美しい生き方を体現する者が生死の境に立ってどのように行動したかをアテナイの人々に思い出させるためである。人々はそうした話から人間のあるべき生き方を学んできたであろうからである。

もう一点注目することがある。それはソクラテスがアキレウスの発言を自分の意に添うようにすこし変えていることである。それは、母親のテティスの「わが子よ、お前が友のパトロクロスの仇を討ってヘクトールを殺せば、お前も死ぬことになる」という言葉に、アキレウスが「死や危険を軽く見て、悪人（kakos）として生きながらえて友のために敵討ちもしないことのほうをもっと恐れて」、「私はあの不正な者（adikos）［ヘクトール］

に罰を与えさえすれば、すぐに死んでもいい。舳《へさき》の曲がった船のかたわらで、土地の厄介者になって、嘲笑を買いながら、この世にとどまらないためである」と言うところである（28c5-d4）。問題は「悪人（kakos）」や「不正な者（adikos）」という言葉が使われていることである。これらはホメロスの『イリアス』の元の文章にはない言い方であり、ソクラテスの言い換えである。ソクラテスはアキレウスが生きるか死ぬかの危険を考慮するまえに、善悪、正・不正の価値判断をしているとみなし、彼の反論の証拠としているのである。

とはいえ、アキレウスはソクラテスと同じではない。彼の発言は半ば不透明なところがある。それは彼が他人《ひと》から「土地の厄介者となって、嘲笑を買う」ことを気にしているように見えるところである。たしかに、アキレウスの発言の全体を見るとき、それは死をも顧みずに（不正な者を罰する——ソクラテスの言い換えを括弧に入れる）ということと結びついているかぎりで、純粋に名誉を重んじて「美しく生きる」ことをおのれの生の根幹にしていることを意味するといってよいであろう。しかし、いま言及した「土地の厄介者」や「嘲笑」を恐れるようなアキレウスの発言は、他人の眼を気にする、つまり世間の「評判（ドクサ）」を気遣っていることを意味するとも思われるのである。もちろん、このアキレウス的な在り方は世の評判をえて世の中を生きのびることをおのれの生の根幹にしている人たちの名誉愛好とは違っているが、まだソクラテスが言おうとするところのソクラテス的在り方、つまり彼の哲学的生から見れば、中途半端であるということになるだろう。

しかしそれでもなお、ソクラテスはこのアキレウス的生き方が人の生き方の大きな分かれ目であるとみなしているようである。なぜなら、やはりなんといっても、死に直面したときの身の処し方、つまり全体としての生の選びが価値的に問題化しており、そのことが「人がどのような生を生きているのか」にとって決定的な試金石となるからである。また、この場面はソクラテスの哲学的生と人々の生き方とが接するところといっていいだろう。

ソクラテスはその両者の掛け橋として「恥（aischunē）」というお互いが了解可能な言葉を使い、自分の哲学的生が何であるのかを人々が納得できるように人々に語りかける。いうまでもなく、いま、このそれぞれの生き方を価値評価する恥ということをめぐって架空の対話者とソクラテスのあいだに厳しい対決が行なわれているのである。

(2)　ソクラテスの「部処《ぶしょ》（taxis）」（加藤信朗）の話はアキレウスの話に連続するように行なわれる。しかし、この部処の話はアキレウスの話から一挙に前進して、ソクラテス自身の理解する人間的生の構造一般にかかわる話となる。それはアキレウスの話の不純な部分を除いて大事な要素だけ残し、かつ一つの新しい要素（統治者の存在）もさりげなく加えて、しかも大胆にそれが人間の生き方の真実の在り方であるとして、「というのは、真実はつぎのようになっているからだ」（28d6）といって語り始められる。そして、この同じ部処の話の脈絡のなかで、じつに巧みに切れ目がないように、その一つの部処（タクシス）として彼自身の哲学的生の話が導きだされるように組み立てられて話されるのである。

ソクラテスが「部処」というとき、この名詞形taxisは一箇所でしか使われない（29a1）。他はすべて動詞形「配置する（tattō）」（28d7, 8, e1, 3, 4）であり、その用語としては「そこに配置する」や「そこに配置される」という他動詞の能動態か受動態で用いられる。これが意味することは、この言葉がもともと場所的な概念ではなくて、だれか人がそこにいて、なにかのために、なにかをしている、という仕方で、いわばそこで踏みとどまってそこを守っている、その人の行動そのものを問題にしているということである。その行動がはじめて場所的な意味あいをもつ部処を生み出す。このような行動の形態は、当事者の自覚なしには成り立たないから、必然的に、そうすることが善であるとか、正しいとか、行為によってなされるものを自分が「よしと思って」選ぶとか、受け入れる、という価値判断や選択がなければ成り立たないであろう。それゆえ、ここでソクラテスの言うように、「人が最善であると思って自分自身をそこに配置するとか、あるいは統治者によってそこに配置されるとかした場合、そこに踏みとどまって、云々」(28d6-8) という価値的―行為的現実がそこに現出することになる。「そこ」という場所がどこかにあらかじめあるわけではない。他方、当の行動する当事者のほうもこのようにそこにおのれを配置する、あるいはそこにおのれが配置されるかぎりで、その価値的―行為的現実のなかでその存在をもちうるのである。したがってここには、他の動物と同じように人間という種があり、その人間という種の自然にあるがままの人間の生とか死がその根幹にあるという考え方は入る余地がない。

(3) 以上のような「部処」や「配置する」という言葉で捉えられる人間的生の在り方の説明は、いまや例の架空の質問者に対するソクラテスの応答の根拠となる彼の人間存在の理解がどのようなものであるのか、ということを明らかにしてくれる。彼の人間理解にしたがえば、人間存在の真実な在り方とは人間みずからが創りだす、あるいは統治者の命令にしたがうことによって創りだされる、価値的―行為的現実のなかに生きるということである。そして、このような在り方が人の真実の在り方であると了解されるときにはじめて、なぜソクラテスが「……そこに踏みとどまって、危険を冒さなければならないと私は思う。その場合、死やその他のことを恥よりも先にけっして考慮してはならない」(28d8-10) と主張するのか、ということも理解できるようになる。恥と言われるのは、それが、ソクラテスにとって、価値的―行為的現実としての部処からの逃亡であり、真実の在り方からの落伍になるからである。

そのよい実例は戦場にある。ソクラテスはペロポネソス戦争の際のおのれの三度の従軍の例を挙げて、まさに自分の行動がいま明らかにしたような在り方であったということを指摘する。「諸君が私を指揮させるために選んだ、その司令官たちがポティダイアでも、アンピポリスでも、デーリオンでも、私を部処に配置した（etat-ton）、そのときには、かの人たちが配置したそのところに、他の人たちと同様に、踏みとどまって、死の危険を冒しながら、云々」（28e1-4）。「部処に配置する（tattō）」はもともと軍事用語である。重装歩兵が戦列を組んで戦う当時の歩兵戦にあっては、司令官によって配置された一人の兵士が死の危険をも顧みずに踏みとどまって戦っているところが部処であり、この部処はその一人の兵士の戦う行動なしにはありえないし、またその部処を守るかぎりで兵士は兵士たりうる。一つの部処に配置された兵士が死を恐れて逃げれば、戦列はそこから崩壊し敗北の危険にさらされることになるであろう。まさに、戦場における兵士（人間）の真実の在り方はソクラテスの言うとおりなのである。

三　ソクラテスの守る部処、哲学的生について（28e4-29a5）

（1）　この箇所はいよいよソクラテスが彼自身の本領である彼の哲学的生を語り明かすところである。ソクラテスはそのような生を部処（タクシス）という言葉に託して構造的に語る。ここでソクラテスの言いたいことは、自分が戦場において部処を守る兵士であったように、「日常の行ない（epitēdeuma）」においても彼自身の部処を守る兵士であるということである。それゆえ、彼は戦場から平和な市民生活に戻っても、「他の人と同様に」

普通の生活者に戻って、日々の生活を享受する普通の生活をしたわけではけっしてない。というのは、ソクラテスは同じ「部処」という言葉を、戦場においても、日常の行ないにおいても、まったく同じように使っているからである。このことは驚くべきことでも何でもない。というのは、いずれの場合においても価値的‐行為的現実を生きることには変わりないからである。ただしかし、ソクラテスにとって日常の行ないにおいてそのような生きることは哲学的生にならざるをえないのである。とまれ、ソクラテスがどのように語り明かすのかを見てみよう。

（戦場においては配置された部処に、）「他の人と同様に、踏みとどまって、死の危険を冒しておきながら、いま神がそこに配置することによって——と私は思い、また受け入れたのであるが——私自身でも他の人でもよく吟味しながら、私は知を愛し求めながら生きていかなければならないことになっているのに、そこにおいて、死とか何であれその他の事柄を恐れて、その部処を放棄するとしたら、そのときこそ私は恐ろしいことをしたことになるだろう。」（28d10-29a1）。

この一文は、構文的には、主文が希求法で言われる「私は恐ろしいことをしたことになるだろう」であり、副文がmodus（法）の異なる二重の文からなる、全体として「実際は確信しているのに、控え目に不確実な口調で語られる」（田中美知太郎『ギリシャ語文法』一五六頁）可能の希求法の文である。ソクラテスはおのれの確信を言い表わす非常に強いテンションをもつ言明を聞き手のために和らげた控え目な調子で話している。副文については、一方では、さきに引用した（28e1-4）、戦場において司令官の命令によって配置された部処を守った話が過去の事実として直説法で語られ、他方では、gen. absolutus と希求法が用いられ、この副文の直接の内容となる、

「私が……（いま述べたような哲学的生という）その部処を放棄するとしたら」という仮定の話が語られているが、この仮定の話が主文の表明を支える主たるprotasis（条件節）となっている。そして、ソクラテスはこの一文によってどのような状況においても自分がつねに同じ生を生きていることを表明しているのである。

ちなみに、ソクラテスはこのことの自覚的表明を「私は全生涯をつうじて、公けにおいても、……私生活においても、この同じ人間であることが明らかになるだろう」（33a1-3）という言葉で言い表わしているが、いついかなるときにも「この同じ人間である」という在り方こそがこれから考察するソクラテスの哲学的生の本当の有《あり》様《よう》なのである。

ここではじめて明言されるソクラテスの哲学的生というものはなにかそれだけ切り離されて理解されてはならない。なによりもまず、それは配置された部処を守るという話の脈絡のなかで語られているのだから、それにもとづいて構造的に理解されるべきものであろう。その場合、最初に言われることは「神が自分をその部処に配置した」ということである。もちろん、このことはソクラテスの「私がそう思い、それとして受け入れた」ことである。だからこそ、ソクラテスは、神が配置し、みずからが受け入れた、その部処に踏みとどまることが彼にとって必然的であると思うのである。つぎに、その部処でソクラテスがなすべきことは、自他の吟味であり、知を愛し求めることである。ソクラテスが必然的であるとみなしているのは、このような自他の吟味をする哲学的生である。そして最後に、そのためには死やその他のものを恐れてその部処を放棄してはならないということである。なお、このあとでソクラテスの話は、われわれがすでに論じたような、不知の知の脈絡で語られる死の問題に向けられることになり、死に直面しても変わることのない彼の哲学的生の在り方がくっきりと示されるのである。

(2)　ここまで見てきたとき、われわれは一つの見逃すことのできない事実に気がつく。それは、ソクラテスにとって哲学的生を生きる生き方というのはここではじめてなにか突然に提示されたのではなくて、もうすでに別の箇所で、その話題の展開に限定されて示唆的にではあるが、明らかにされたこととして語られていることである。その箇所とは、いうまでもなく、ソクラテスがデルポイの神の証言を持ち出して彼の不知の知を語るところである（cf. 21b1-24b2）。そこでは、不知の知とともに人間における知の所在が示された。すなわち、その知の所在とは、人間の生と知がいわば等根源的にそこにある生の根源層として、「生とともに知もそこにある」ところである。ソクラテスは不知の知を自覚することによってそのような根源層にまで降り立ったのである。

ただしかし、ソクラテスはそこではそれ以上のことは語らなかった。すなわち、そこがじつは知がそれ自身の本来の在り方で純粋に働くところであり、そうした生と知の根源層における知の活動、つまり知を愛し求める「哲学」が彼の「仕事」になったということまでは語らなかった。その代わりに、その不知の知を核にした仕事の別の面については明確に語った。それが自他の吟味（生の吟味）ということである。というのは、ソクラテスが自分自身の本当の姿を理解してもらおうとするこの弁明の最初の場面では、とにかく古くからの告訴者の告訴にあるような彼の仕事に対する誤解を取り除かなければならず、そのために必要な説明しか彼は行なっていないからである。すなわち、両替商の店先かどこかで日常的に行なわれる彼の行動、そこで出会う人に問い掛けたり、問答したり、問い質して調べ上げたり、説得したりする、そうした人の目に触れる彼の行動が、じつは自他の吟味（生の吟味）をする仕事であったのだ、という説明にとどめられていたからである。ここで自他の吟味（生の吟味）とは、不知の知によって発見された「生と知がともにそこにある」根源層を「知らないのに知っていると思っている」者にも気づかせるようにすることであるが、その自他の吟味の実体であるはずの哲学をそのものとして語ることはまだこの段階では必要ではなかったし、また時期尚早でもあったのである。

さて、以上のように、不知の知の話に含まれていた問題が哲学的生の問題へ展開されるべきものであったと捉えられるとすれば、いまこの場面で、ソクラテスが「私は知を愛し求めながら生きていかなければならない（philosophounta me dein zēn）」（28e5）と語るとき、それはソクラテスにとってそうした彼の根本問題をいよいよ真正面から話すことができるようになったことを意味するであろう。すなわち、「生と知がともにそこにある」哲学的生の根源層がどのようになっているのかということは部処の話の脈絡のなかで提示されうる、とソクラテスは考えているということである。

この言明で示されたソクラテスの認識は、哲学が彼自身の生の知性的部分の活動であるといったことではなくて、哲学が生そのものに直接結びついている、ぎゃくにいえば、その生が必然的に哲学を必要とするということである。これはソクラテスの「人間にとって吟味されない生は生きるに値しない」（38a5-6）という、ソクラテス的言明によって言い表わされていることである。つまり、ソクラテスの認識では両者は不可分であり、自分は「生と知（いまや哲学）がともにそこにある」ところで生きなければならないということである。ソクラテスの部処の話は自分が神によってこの生と知の根源層において哲学しつつ生きるように配置されているということを語り明かそうとしていたのである。

(3)　この点に関連してソクラテスの哲学的生の全体を見渡すために、いま一度、死の問題が彼によって不知の知の問題の脈絡で捉えられていたことを思い出してみよう。その考察で明らかになったことは、ソクラテスの自覚した不知の知が生と死に対して異なる二重の働きをしているということであった。すなわちそれは、一方で、生に対しては「善美の事柄」の不知のなかで、その不知を自覚しつつ、そうした善美の事柄をおのれの生の存立にかかわるかぎりにおいて、可能なかぎりその知を愛し求める哲学の活動場所を開きながら、他方で、死に対しては「知らないからそのとおりに知らないと思う」ところに完全にとどまり、死を哲学的探究の外に置き、そのようにして死を生のなかに侵入させないという、二つのまったく異なる態度の取り方をソクラテスにとらせているのである。とすれば、不知の知が開いた「生と知がともにそこにある」根源層とは、同じ不知の知が死に直面してもその死の生への侵入を退けることによって、生が知の働きによって純粋に生そのものとして存立しうるようになるところであるということができよう。

(4)　この考察の最後に、以上の要点をまとめておこう。筆者は、さきに不知の知の箇所の考察のなかで、ソクラテスの不知の知の発見は「生と知がともにそこにある」生の根源層を抜くという見解を述べたが、いまここで問題にしている箇所はその不知の知によって開かれた生と知の根源層が実際にどのような事態としてあるのかを語り明かそうとしていたのである。ソクラテスはその事態を明らかにするために、死の問題、あるいは死に直面した生の問題をたえず念頭におきつつ、おのれの日常の行ないと部処の話をしたのである。そして、いま明らかにされたことは、ソクラテスが「生と知がともにそこにある」生の根源層をおのれの哲学的生において日々生きていることである。しかも、そのような生き方が神によって配置された部処として信じられ、おのれの生として受け入れられることによって、「私は知を愛し求めながら生きなければならない」という必然性において生きられていることである。したがって、死に脅かされることになっても、部処を死守する戦士としてそこに踏みとどまらなければならないのである。

しかし、以上をもってソクラテスの哲学的生の全容が示されたわけではけっしてない。もしこれだけのことなら、所詮、彼の哲学的生は一つの信念にもとづき、いわば実存的選択によって支えられた生き方でしかないのではないかという疑いが残るであろう。われわれは、これまである程度考察してきた、この哲学的生が善美正の価値とのかかわりのなかでのみ存立するというソクラテスの認識についてさらに見ていかなければならない。それは魂の気遣いを語る箇所の問題に踏み込むことを意味する。

四　魂の気遣いの問題へ至るまでの序奏

(1)　29a6-b9　さきの(b)の問題のなかで、ソクラテスにとって生の問題と死の問題とは不知の知の観点から見られることによってまったく別の意味合いをもつという指摘をした。それは、生の問題については「善美の事柄」の不知のなかにあって、その不知の知を核にして哲学しながら生きていくことの必然性が語られているが、死の問題に対しては「知らないからそのとおりに知らないと思う」という不知の知をそのまま堅持することの重要性が語られているという指摘であった。
だがしかし、その際さきに引用した29a6-b9の箇所のソクラテスの言葉（Ⓐ―3）は、あらためてよく見てみると、そうした対比のニュアンスがだいぶ違っているように思われる。というのは、ソクラテスは、一方では、死を恐れることは、要するに「知らないのに知っていると思う」、「無知（amathiā）」（29b1）にほかならないと言い、それに対して自分は「あの世のことについては十分には知らないので、そのとおりにまた知らないと思っている」（29b5-6）といって、死を恐れる者の無知と彼自身の不知の知を対比しつつ、他方では、「不正をしたり、神であれ、人間であれ、自分よりすぐれている者にしたがわないことは、悪であり、醜いことだということを私は知っている」（29b6-7）と言って、善美の事柄に属しているというべき或る種の事象について「私は知っている（oida）」（29b7）と主張しているからである。とするとここで、ソクラテスはまた無自覚のままに新しい主張をしているのであろうか。そして、そのなかには善美の事柄の不知と矛盾するような善美の事柄の知をもっているという首尾一貫しない主張が含まれているのであろうか。ここにはなにか大きなアポリアがあるのではなかろうか。それはそうではない。そうした疑問は言葉の表面しか見ないおよそ的外れな疑問であろう。

この問題は、哲学的には、たしかに重大な問題な問題に見えるかもしれないが、この場面ではごく常識的に考えるべきだと思われる。というのは、ソクラテスが「私は知っている」と言っていることはそれだけ聞けば誰もが同意せざるをえないような内容であるからである。それも、その彼が知っている内容は「不正をなすことは悪であり、醜い」という分析的な意味合いだけではなくて、実際の行動において「正義に反した行動はしない」という実践的な意味が含まれるとみてよい。そればかりか、当然といえば当然であるが、ソクラテスはいわゆる広い意味での倫理的事象の存在とか、よき習慣の形成とか、すぐれた人の存在とか、そうしたことの重要性を認識していたということもできる（『クリトン』第二部）。この点について単純につぎのように考えればよいのではないかと思われる。ソクラテスは戦場に出れば勇気ある兵士であったように、政治の場で公職につく場合であれ、普段の生活であれ、正義（法）に反しては行動しなかった。彼の存在の全体に即していえば、ソクラテスにとっては正不正、善悪、美醜に限定された価値的現実が人間の生きる現実であり、それゆえに、彼は、一方では、日常の行ないとして善美の事柄にかかわる不知の知にもとづく哲学を行ない、そのようにして、後に見るように、思慮・知（プロネーシス）を気遣い、他方では、公私いずれであれいったん行動を起こす場合には、おのれに備わるかぎりの思慮・知（典型―『クリトン』の「原則（ロゴス）」（*Crito*, 46b-c）にもとづいて行動したのであり、そこにはいつも変わらない「生に俟つ」ソクラテスがいるだけなのである、と。このことは、後に見るように、ソクラテスは全体として魂の気遣いをしつつ行動的に生きていたのだということになろう。

不知の知と「私は知っている」の表面的な不整合のゆえにソクラテスのなかに彼の存在の全体にかかわるなにか重大な分裂が存しているかのように思うのは誤解である。むしろ、実体はぎゃくであろう。『弁明』のソクラテスは見事なまでに生と行動と知が統合されている。しかし、それぞれの働きを見れば、ベクトルはまったく別である。知は哲学することにおいて複雑になり、繊細になり、深く豊かになる。それに対して、生と行動はかぎりなくシンプルになる。このようなソクラテスの存在の全体（魂）を注視すべきであって、それがどのような意味をもつのかを考えるべきなのである。

(2)　29b9-d2　ソクラテスが架空の質問者を登場させてソクラテスに対して批判的な質問をさせるのは、分かりやすくいえば、彼の死生観の観点からおのれの哲学的生の実体を開陳するためである。しかしそれは彼が現実に死の危険にさらされているなかで、したがって弁明に失敗すれば死刑がまっているような状況のなかで、おのれの生死を賭けて行なわれている。ソクラテスはこの厳しい現実をはっきり認識しており、いまが正念場であることを自覚している。すなわち、ソクラテスはこの場面でメレトスの背後にいる現在の告訴の真の首謀者であるアニュトスを名指しにして、彼の敵意に満ちた意図を指摘し、自分を合法的に殺そうとする元凶を表舞台に引き出し、裁判員の前にはっきり示す。生死を賭けた戦いはソクラテスとメレトスのあいだではなくて、ソクラテスとアテナイの有力な政治家アニュトスのあいだで行なわれているのであり、それゆえ両者のあいだには妥協の余地はないのである。

しかしここで、非常に興味深いことに、ソクラテスは、彼の想定する架空の人物ではなくて、現実に目の前にいるアテナイの市民裁判員たちの可能な判断についても言及する。彼らがアニュトスの言うことを全面的に受け入れる可能性はそれほど高くはないように見える。というのは、アニュトスの主張する「もし私［ソクラテス］が放免されるならば、諸君の息子たちはソクラテスの教えることを日々行なうようになって、すべてのものがすっかり堕落してしまうだろう」（29c3-5）という言葉は事態をいちじるしく誇張しているように聞こえるからである。ソクラテスの態度如何によっては、「アニュトスの言うことに従わないで、君［ソクラテス］を放免する（aphiemen）」（29c6-7）余地はかなりの程度残っているように思われる。

ところが、ソクラテスはその自分が放免される可能性に言及しながら、自分の方からその可能性をあらかじめ封じてしまう。というのは、ソクラテスは裁判員たちの自分を放免する条件が「そうした探究に時を費やし、哲学することをもうこれ以上しない」（29c7-8）ことになることを想定して、この放免の条件を即座に拒否してしまうからである。

ソクラテスの想定は彼ら裁判員たちの多数が世の中の道理を弁える思慮分別（prudence）を備えている場合には妥当なものである。そうでないとすれば、すなわち、裁判員になる市民の質が悪く公正な裁判は最初から期待できないとか、アニュトスの息のかかった者たちが多くいて裁判が党派的利害に左右される可能性が高いとか、そういう不公正な状態しか考えられないとすれば、ソクラテスの想定は非現実的である。彼がここでそういう条件に言及することは架空の想定にすぎず、架空の質問者に質問させる場合のように、自分の言いたいことを言うためのレトリックにすぎないということになろう。しかし、これはソクラテスに関してはありそうにないことである。というのは、もしそういうことならソクラテスは死の危険にさらされた裁判の現実のなかにいながら、裁判員たちになんとか自分の生き方を納得してもらおうともせずに、自分一人の世界に没入して孤高のなかで弁明していることになるからである。しかし、そうした孤高の態度をとることは、裏を返せば独善的であるということであり、ソクラテスがこの期に及んでそうしたすこしでも独善性を含むような態度をとるとは考えられない。というのは、ソクラテスは日頃からつねに他者との交わりのなかで問答しながら、さまざまの問題事象の真実を相手とともに究明し、それを明晰化するための「言論をつくること（tous logous poieisthai）」（38a3）に心血を注いできたからである。またこの点について、その彼の弁明の冒頭部で「作為せずにちょうどこころに思い浮かんだ言葉」（17c2）を話すだろうとか、「私が普段使い慣れている言葉であり、市場（アゴラ）にある両替屋のテーブルのところや、その他のところで、諸君の多くが聞いたことのある、それと同じ言葉」（17c7-9）で弁明するつもりだとか、弁明の言葉がいつもと変わらない同じ言葉であることをあらかじめ断っているからである。

それどころか、事情はむしろぎゃくであるというべきである。『弁明』のソクラテスの場合、彼が「真実のすべて」を一人称で語るといっても、それは聞き手の存在を考慮しない自分の目的や関心だけによって語られるものではなく、本質的には、問答の場合と同じように、レトリックの入る余地のない、真実を明らかにするのに必要なだけの言論をつくりつつ、かつそれを裁判員たちに納得してもらうことに全力が挙げられていると考えるほうが理に適っているのではなかろうか。つまり、筆者が言いたいことは、ソクラテスの弁論は聞き手をつねに意識した冷静な現実認識のなかでなされており、自分はアテナイの法廷の市民裁判の場で弁明しているのだというリアリズムに貫かれている。したがって、ソクラテスは裁判員たちの思慮分別や思惑もだいたい推し量ったうえで、そうした彼らの考えつきそうな条件つき放免も十分ありうると想定しているということである。むしろ問題は、それなのに、すなわち、その条件を受け入れれば、この段階では放免されてまだアテナイのポリスのなかで家族や親しい友だちに囲まれて生活していくことができるはずなのに、なぜソクラテスはそうした条件つき放免を拒んでいるのかということである。

(3) このソクラテスの話を進めるまえに、なぜ放免の条件がソクラテスの想定するようになる可能性が高いのか、その背景にあるアテナイの裁判員たちの思慮分別や思惑についてその中身をすこし推測してみよう。それはおよそつぎのようになると思われる。

今回の裁判沙汰が生じた原因がとにかくソクラテスの従事している自他の吟味を含む哲学にあることは確かなのだから、ソクラテスがそうした哲学活動をやめさえすれば、すべては穏やかに済まされるにちがいない。その場合、なぜ彼がいい年をして役にも立たない哲学にうつつを抜かしているのかとか、またなぜ彼が哲学をデルポイの神託を受ける以前のような個人的な活動にとどめずに、わざわざ世の中に出てきて、自他の吟味と称して、知者の評判の高い者たちを巻き込み、彼らの知恵の有無を調べ、無知を暴露するようなことをして、世間を騒がせているのかといったことについて、彼はそのような哲学を正当化するためにいろいろ難しいことを言っているが、その本当のところはよく分からないし、そこまで立ち入って詮索するほどの関心もないから、それはそのままにしておこう。その代わりに、有無を言わさずに哲学を続けているところを見つけたら、「君は殺されることになるだろう」(29d1)と脅しておけば済むだろう。他方、アニュトスのほうもおかしい。胡散臭い年も若い未経験なメレトスを表に出してソクラテスを告発させ、死刑を主張しているが、その主張は大袈裟なわりには実体がない。二つの訴因は漠然としており、ソクラテスの具体的などの行為が国法を犯した犯罪になるのか、一言も言われていない（I・F・ストーン『ソクラテス裁判』永田康昭訳、法政大学出版局、二九二頁（第四章、補説を参照））。むしろその背後に昨今の内乱（21a1-2）後の和解協定のなかに含まれる大赦（アムネスティー）の条項があっても水に流そうとしない、個人的な恨みだとか、党派的な政治的復讐といった、なにかそうした陰湿な動機があるとしか思われない（二二六頁）ので、そのまま認めるわけにはいかない。また、その程度のことで大赦の条項にひびを入れるような、ソクラテスに対する死刑の票決をすれば、われわれも後味が悪いし、結果的に法治国家であるアテナイの国法の信頼性を損ない、人々に不信や不和や、外国人たちからの軽蔑をもたらしかねないので、アニュトスに加担しないほうが賢明であろう、と。

さて、このような推測から窺われる裁判員たちの考え方はソクラテスとアニュトスのどちらにも与せず、両者の折り合いそうな落としどころを見極めて調停している点で、思慮分別のある大人の解決策であるように見える。普通世のなかはこのようにしてうまく事態がこじれないように、つじつまを合わせながら運ばれていくのである。ところが、本当はこのようなやり方が通用するところではなにも大事なことは決まらない。なぜなら、彼らの考え方は基本的には相対主義、普通の言い方に言い直せば、政治的判断だからである。原則がないので、状況が変われば考え方も簡単に変わるからである。彼らは生きるうえで何が本当に大事なのかを真剣に気遣っているわけではない。この点で、大きく言えば厚顔無恥なメレトスの生きている世界とそれほど変らないところにいるのである。その証拠は以下のようなソクラテス裁判の進行のなかでしだいに明らかにされる。

ソクラテスが想定したように、この時点（29b9-d1）では無罪放免とまでは行かなくても、条件つき放免の可能性が十分にあったはずである。ところがその後、ソクラテスが妥協も迎合もしない傲慢にも見える弁明（クセノポンの記述では megalēgoria, big talking（大言壮語）という言葉が使われる）を続けたため、裁判員たちの心証をいちじるしく害し、その結果、有罪の票決が下されることになる（35d9）。それでも、その票決における有罪・無罪の票差はソクラテスが思っていたほど大きくはなく、むしろわずかの差であったので、彼は驚きを口にする（35e1-b2）。そしてつぎの段階で、今度は有罪票決後の刑量の申し出において、ソクラテスは一つの刑量の可能性として自分が「国外追放の刑」を申し出た場合を挙げて、「というのは、おそらくこの刑を諸君は私に裁定するだろうから」（37c4-5）という。これは明らかにソクラテスにとって事態が以前より悪化していることを物語っている。しかしそれでもまだ、ソクラテスのここでの状況認識にしたがえば、裁判員たちはこの時点でもアニュトスの主張する死刑の票決がよいとまでは判断していないわけである。ところがここでも、ソクラテスは、彼らの「国外へ追放されたら、どうかわれわれのために沈黙して、おとなしく生きてもらえないだろうか」（37e3-4）というおおいにありうる要求を、それこそ自分にはできないことだと言って、拒む。この要求拒否の脈絡でソクラテスはかの「吟味されない生は人間の生きる生ではない」（38a5-6）という非常に重要な発言をするわけであるが、それは文字どおり命を賭けた発言になる。そしてそれに続く、最後の罰金刑の申し出も虚しく、刑量の票決で死刑の票決が裁定されるのである。票差は有罪か無罪かの評決のときよりももっと開いたといわれている。

とまれ、条件つき放免の可能性からついには死刑票決へ、石が坂道を転がり落ちるようにたちまちのうちに人を殺すことへ下降していくこの驚くべき変化を無原則の相対主義といわなくて何と言うことができるであろうか。裁判員たちの思慮分別（prudence）と思われるものも相対主義を越える確固としたものではなく、それゆえその思慮分別が彼らの行動を一貫して限定するほどの力をもっているわけではなかったのである。

(4)　ここでソクラテスにとってアニュトスは恐るべき敵であるにもかかわらずほとんど彼の眼中にないといってもいい。問答無用に人を殺そうとするアニュトスは、唆されて軽々しく裁判沙汰を起こすメレトスと同様に、人間同士の「同意（homologiā）」（『クリトン』の問題、48b11, 49a7, d1, e6, 50a2-3, 51e3, 52c2, d4-6, e1-2, 54c3, etc.）をもちえない存在であり、それゆえ、語りかけ、言葉を交わす対象にはなりえないからである。これとは異なり、条件つき放免という考え方をもっていると思われるアテナイの市民裁判員たちに対しては、ソクラテスはなぜ自分がそれを拒否するのかをきちんと説明しなければならない。なぜなら、彼らはソクラテスの弁明をよく聞き、それが正しいかどうかを公正に判断することが期待される裁判員であるからである。とはいえ、彼らにとってソクラテスがいう「知を愛し求めながら生きなければならない」生き方とは何を意味するのか、それが戦場ならいざ知らず、死の危険にさらされても貫かれるべき日常の行いになるとはどういうことなのか、そうしたことは理解しがたいのである。またそれと不可分に彼がいう「なぜなら人は本来価値的な生を生きているからだ」ということもよく分からないままである。そしていまやなぜ彼が「知を愛し求めないで沈黙して生きる生き方はできない」と哲学を離れて生きる生の可能性を拒否するのかということも分からないのである。ソクラテスはこうした疑問にどのように答えるのか。

ところが、ここで事態は急転する。というのは、ソクラテスがこれらの疑問についてこれまでと同じようにただ自分のことを説明するのではなくて、一挙に使命感を帯びた高揚した調子で魂の気遣いの勧告をアテナイの人々に向けて行なうからである。J・バーネットが28a2以下のソクラテスの話を「ソクラテスの神から授けられた使命（The divine mission of Socrates）」という小見出しをつけたのも、この箇所のソクラテスのミッション風の語り方にもとづいていると思われる。もちろん、だからといって彼の『弁明』理解に一理があるというわけではない。それは現象面に眼が向いているにすぎない。なぜなら、すでに指摘したように、彼の読み方は28a2を境に「弁明からミッションへ」と『弁明』が大きく転換しているというものであり、そしてそれは『弁明』全体の有機的な統一をほとんど理解していないことを意味するからである。ともあれ、それはつぎのようにはじめられる。

五　魂の気遣いの勧告（29d1-30c1）

1　ソクラテスの勧告

「ソクラテスよ、いまわれわれはアニュトスの言うことに従わないで、君を放免することにしよう。それにはしかし、そうした探究に時を費やしたり、哲学したりすることをもうこれ以上しない、という条件があるのだ。だがもし、君がそのようなことを依然としてしているところを見つけられたなら、君は殺されることになるだろう。――それでは［私のほうから言うべきことを言おう］」、もし諸君が、私がいま言ったような、そのような条件で私を放免してくれるとしても、私は諸君につぎのように言うだろう。私は、アテナイ人諸君、君たちに対して切なる親愛の情を抱いている。だが、私は君たちに従うよりも、よりいっそう神に従うだろう。すなわち、私の息の続くかぎり、そして私にそうすることができるかぎり、私は知を愛し求めながら、諸君に勧告し（parakeleuomenos）、諸君のなかでたまたま私が出会う人があれば、その人にそのたびごとに自分の所信を明らかにすることをけっして止めないだろう。それは私がいつも言っている、つぎのようなことだ。」(29c6-d7)

ソクラテスの話はこの「それでは「私のほうから言うべきことを言おう」」以下で一挙にエスカレートする。「それでは(oun)」という言葉は「殺すぞ」という脅しに反発するというよりも、「そういうことならそれはそれでよい」というニュアンスでその警告を受け流し言うべきことを言うという感じである。それにまた、条件つきの放免という提案に対しても言及はするけれど、直接応答することなしに、まさに「人が生きることで何が真に大事な問題であるのか」ということに話をまっすぐ向けるという態度をとる。そのために、彼は急になにか一段高いところから人々に真実の生き方を明らかにし、そのような生き方を勧めるという語り方をする。ソクラテスはこれまで制約されていた裁判の被告の立場で、架空であれ、現実であれ、想定される一々の疑問に答え、自分の「日常の行ない(epitēdeuma)」(28b4)について同じ調子で弁明していくのではない。彼は人間のなかでただ一人なにか人間的生の真実を知った最高の知者であるかのように勧告するのである。

ソクラテスの話のこのようなエスカレーションはおのれの使命を果たすための生死を賭けた高揚感をともなう個人的決断によるとは考えにくい。ソクラテスにとっていまが裁判の進行のなかで彼が生きのびることのできる実質的には最後のチャンスであるにもかかわらず、彼はそれを拒み、退路を断って、おのれの生死を本当に賭けて哲学的生という部処に踏みとどまろうと決断したのであり、だから高揚した語り方になったのだ、といった一種の心理学的な説明では捉えきれないように思われる。

筆者の見るところでは、そのようなエスカレーションはここに至ってソクラテスが「私は知を愛し求めながら生きていかなければならない」という彼の哲学的生の実体とその全貌を露わにするための不可欠的な語り方であるということである。そしていま、『弁明』においてここではじめて使われる「ソクラテスの勧告（parakeleusis）」という非弁明的な語り方に着目していえば、その彼の哲学的生とはおのれ一人の個人的な生死のことをはじめに気遣うことなく、人々とともに、さらには人々のためにあることをいちばん大事に思う生き方を意味するということである。したがって、それは行動としてはつねに自他の吟味を仕事として行ない、これから勧めることになる魂の気遣いということだけを配慮するように、人々に勧告してまわる生き方をするということができるであろう。

かくして、ソクラテスの話は彼の生から哲学を奪おうとするアテナイの人々に対しては真実に生きる者の立場からの逆批判という意味合いを残すとしても、しかしそれ以上に、彼らに対する切なる親愛の情のゆえに、彼らのためになるように魂の気遣いの勧告という語り方になるのである。というのは、ソクラテスの話はつぎのように展開されているからである。すなわち、ソクラテスは最初（28b3-5）、架空の質問者から「君は結果的に死の危険を招くような生き方をして恥ずかしくはないのか」と批判された。しかしこれに対して、ソクラテスは反撃し、「君の言うことは美しくはないよ」といい、「真実はこのようにあるのだ」と配置された部処に生きる人間的生の話を説いて聞かせ、反論したのである。しかしいまや、彼が反撃する相手は架空の質問者ではなくて、哲学を止めれば放免すると提案してくる、思慮分別のある、現実に目の前にいるアテナイ市民である。そこで、彼らに対してソクラテスは「君のほうこそ恥ずかしくはないのか」（29d9）と批判しながら、むしろそれを上回るように、彼らに親愛の情を表わし、人間としての本当の生き方を勧告する（29d2 sqq.）。それは、まったく驚くべきことに、ソクラテスの想定する彼らの哲学の禁止という条件つきの放免という考え方のなかに、すでに触れたように、「もし続けているところが見つかれば、殺されるだろう」(29c8-d1) という現実のなまなましい脅しが含まれているにもかかわらず、真実味をもって勧告するのである。

2 魂の気遣いとその頽落形態

(1) 序

ソクラテスの魂の気遣いの勧告は、不知の知の話の場合以上に、それが語られる文脈を正しく把握することができなければ理解できないであろう。しかもそればかりではなく、不知の知の問題を含めて『弁明』のソクラテスのすべての話が統一的全体として展望できるかどうか、そのことの成否がまさにこの箇所に懸けられているといっても過言ではない。したがって、ソクラテスが冒頭で「諸君は私から真実のすべてを聞かれるだろう」(17b7-8) と言明したとき、それは、或る意味ではもちろん、不知の知の話が終わる24b2までを指しているとみなしてもよいのであるが (cf. 24a4-b2)、しかし、その「真実のすべて」は、これから明らかにしていかなければならないことだが、本当はこの箇所で語られる魂の気遣いの勧告内容まで視野に入れなければ理解できないことなのである。なぜなら、われわれはまだソクラテスの哲学的生の実体とその全貌についてはほとんど知らないからである。それでは、論考に先立ってこの箇所の主要部分の引用から始めたい。

「世にもすぐれた人よ、君はアテナイ人という、知恵と力においてもっとも偉大で、もっとも評判の高い国の人でありながら、一方で、金銭をできるだけ多く自分のものにしたいということには気を遣い、また評判と地位・名誉のことは気遣っていながら、他方で、思慮と真実と魂をできるかぎりよいものにしたいという

ことには気遣いもせず、よく考えて見ることもしないでいて、恥ずかしくはないのか。」（29d7-e3）

おそらく人は魂の気遣いの勧告が行なわれているこの主要部分を読んでも、とりわけ翻訳でただ一読しただけのような場合、それがなぜ、またどのような意味で、重要であるのかを理解することはまったく困難であろう。ところが、ソクラテスは、すでに指摘したように、たしかに裁判における被告人の弁明という態度から逸脱して勧告という語り方でこのような内容のことをアテナイの人たちに語りかけている。しかもその場合、「世にもすぐれた人よ、君はアテナイ人でありながら、……恥ずかしくないのか」という批判的な語りかけ方は、ソクラテスが想定した架空の質問者の「ソクラテスよ、君は恥ずかしくないのか、そのような日常の行ないを日々過ごして、そのためにいま君は死の危険にさらされているというのは。」（28b3-5）という批判に対する逆批判にもなっている。ということは、その最初の批判に対してこの箇所になってようやくソクラテスは全面的に反撃し、応答するに至ったということである。しかしさらに、その逆批判を、批判というよりも勧告として語りかけているというのがこの箇所の特徴なのである。そして、この勧告という話し方はソクラテスのアテナイの人々に切なる親愛の情を表わすとともに、彼自身の考え方の全体を闡明するのに不可欠の語り方として選ばれたのである。このことは以下で分析するこの箇所の内容から明らかである。

(2) 魂の気遣いの勧告のキアスム構造

それでは勧告の内容の分析をしてみよう。まず「気遣う（epimeleisthai）」という言葉がキーワードになっていて、人が気遣ってはならないものと人が気遣わなければならないものの二種類が分別《ぶんべつ》される。そして、前者には「金銭（khrēmata）」と「評判（doxa）」と「名誉・地位

(tīmē)」の三つの項目が挙げられ、後者には「思慮・知（phronēsis）」と「真実（alētheia）」と「魂(psūchē)」の三つの項目が挙げられる。これらの事柄の語られ方は交差（キアスム）構造になっており、それぞれの項目が相対するように並べられている。すなわち、「金銭」――「魂」、「評判」――「真実」、「名誉・地位」――「思慮・知」という対立する関係がそこにはある。また、これらの対立関係の真ん中にある「評判」――「真実」が中心項であるということができる。これを図式化すればつぎのようになる。

人が気遣うべきもの	人が気遣うべきでないもの
魂（プシューケー）	金銭（クレーマタ）
真実（アレーテイア）	評判（ドクサ）
思慮・知（プロネーシス）	名誉・地位（ティーメー）

なによりもまず、このような相対立する二組の三位一体的な構造的理解、およびそれぞれがきわめて重要な意義をもつと思われる各項目の内容、そしてそれらが相互に有機的に関連付けられてあるその配列から見て、ソクラテスがきわめて自覚的に魂の気遣いの勧告内容をとおして人間的生の在り方の全体を一つの原理的な相関構造と対立構造のなかで把握しようとしていることが理解されるであろう。

つぎに、より詳しくその図式の中身を見てみよう。まず気がつくと思われるが、「真実（アレーテイア）」の項目がこの構造において中心となっていることである。この「真実」の項目を起点に考えると、同じ人が気遣うべきものの側に「魂（プシューケー）」と「思慮・知（プロネーシス）」があり、それらは明らかに「真実」との関わりのなかで存立するものであることが了解される（相関構造）。他方、「真実」と対立する項目には「評判（ドクサ）」があり、これが人が気遣うべきでないものの中心であることが了解される（対立構造）。そして、この「評判」との関わりのなかで「金銭（クレーマタ）」と「名誉・地位（ティーメー）」が存立しうることも読み取ることができる（相関構造）。さらにまた、この図式から「真実」と「評判」を対立軸にして「魂」と「金銭」、「思慮・知」と「名誉・地位」がそれぞれひとつにはまとめられない対立項として、それぞれに固有の役割を担わされて配置されていることが分かる（対立構造）。かくして、図式の全体は人間的生の在り方の全体を三位一体的な構造において、またその本来的な在り方と非本来的な在り方の両方を視野に入れて、各項目のそれぞれの有機的な連関（相関構造と対立構造）をとおして描き出しているのだということができるだろう。

(3) 気遣いについて　それでは、いよいよこの図式が意味するところをその具体的な内容に立ち入って見ていきたい。まず、「気遣う（epimeleisthai）」という言葉が注目されなければならない。というのは、各項目は人がそれらを気遣うとか、気遣わないということによって意味づけられ、存立させられており、また相互の有機的な連関を形づくるようにさせられているからである。しかし、ソクラテスが本当に注目していることはその底にあることである。すなわち、人がそれら各項目に挙げられた事柄を気遣うとか、気遣わない、というそれらの事柄への関わり方において、「君は何に心を向けて生きているのか」、「君は何を本当に大事に思って生きているのか」、「君の生きがいとは何か」ということが問題となるという意味で、各人の生き方のほうがそれらの項目によって決められているということである。つまり、それらの項目はそれらを気遣う人の生のかたちを決めているのである。単純化していえば、たとえば、「名誉・地位（tīmē）」を気遣う人が「名誉愛好者（philotīmos）」（23d

9）と呼ばれるということである。ちなみに、この者たちが「知らないのに知っていると思っている」という無知を指摘されてソクラテスを猛烈に中傷、攻撃する者になるのである。

さて、この「気遣う」という言葉がこれらの項目と結びつけられてどのような使われ方をしているのかという問題は『弁明』全体におよぶ問題であり、その意味で『弁明』のソクラテスが注視しているものを理解するための鍵になる言葉であるということができる。すでに詳しく見たように、そのことはソクラテスの弁明のごくはじめの段階で人間教育の問題をめぐるカリアスの話において示唆されていた。それによれば、大金持ちのカリアスは自分の息子たちを「徳をそなえた善美なる人」（20b1-2）にするために、彼らの人間教育をエウエノスというソフィストにたった五ムナの報酬で託したということであった（cf. 20a2-c3）。ソクラテスは、そこで、人間教育も金銭しだいでどうにかなると考えて、自分の息子たちの教育に安易な気遣いしかしていない心の貧しいカリアスという人物がいることを告げていたのである。

気遣いの問題がもっとはっきり視野に入るのはメレトス論駁の箇所である。ここでソクラテスは告発者メレトスの青年の教育に対する無関心を暴露する。そこではたびたび「関心をもつ・心を向ける（meleisthai）」という言葉が否定文のなかで「青年を堕落させたかどで私を犯罪者であると主張する、そのメレトスのほうこそ青年の教育にこれまでまったく関心をもったことのない犯罪者である」（cf. 24c4-8）というように用いられるのである。それとともに、ソクラテスはこのメレトスが「破壊されて駄目になった」（cf. *Crito*, 47c3-7）魂の持ち主であることも暴露する。メレトスはまだ若いのに魂の気遣いに無縁な憐れで劣悪な人物なのである。この指摘は、当然のことながら、それでは人は本当のところ何に関心をもち、何に心を向けるべきなのか、という問題を投げかける。しかし、この問題はネガティブな仕方でしか気遣いの問題を論じることができなかったメレトス論駁の範囲を越える問題であった。それがいよいよここで、28b3以下で主題として取り上げられることになったのである。

28b3以下で架空の質問者が登場してきて、「ソクラテスよ、君は死の危険にさらされるような日常の行ないをしてきて恥ずかしくはないのか」と批判する。これに対して、ソクラテスは魂の気遣いの勧告のなかでアテナイ人たちに対して「君はそのように金銭その他のことに気遣っていて恥ずかしくはないのか」と逆批判する。この「恥ずかしくはないのか」というお互いの応酬において、いまやソクラテスが論点として明確にしたことは、「人の生き方がどのようにあるか」ということは「その人が何を気遣って生きているのか」によるということである。そして、ソクラテスはこの観点からその「何」について上述したような六つの項目を挙げるのである。

(4) 生の気遣いと死の気遣い

ところで、われわれはここにきわめて重大な問題があることを見過ごすわけにはいかない。それは架空の質問者が登場する28b3以下で話の表に出てきた死の問題である。というのは、ソクラテスの哲学的生はいま裁判にかけられ死の危険にさらされているわけで、相手はこの点を突いてきて彼の生き方を批判するわけであるが、この死に直面して、いわば死を試金石として、そのうえで人は本当に「何」を気遣って生きたらいいのか、という問題が残っているように思われるからである。

しかしじつは、この死の問題はソクラテス自身の場合にはほとんど深刻な問題としてはみなされていない。なぜなら、彼にとって死は「知らないからそのとおりに知らないと思う」という不知の知の対象であり、しかもそれ以上問題として探究すべきことではなく、この点で、まさに「いかに生きるべきか」が問題になる生とは区別されなければならないからである。この生と死の区別によって、ソクラテスは死が生の問題へ侵入することを拒否し、「死を恐れることなく生きよ」という彼の哲学的生の在り方を確立するのである。他方、このように見なされる死の問題に対して、生の問題は28b3以下においてソクラテスの弁論の主題となる最大の関心事である。ソクラテスはその死を恐れない生の本体（純粋に生だけである生）を哲学的生とし、その生を神に命じられたおのれの在り方（部処）として担う。すなわち、彼はそのような哲学的生を生きてきたこと（言論の活動）を明らかにするだけではなく、行動しなければならない現実の状況にあっても変わることなく、正不正や善悪、美醜といった事柄との関わりのなかでだけで存立している、その意味で価値的—行為的現実にある生のなすべき行動を行なう。そしていまや、このような生全体の実体を、死の影がない純粋に生だけである生の在り方を軸として、魂、真実、思慮・知という「気遣うべきもの」を気遣うという生の在り方として示し、その生き方を勧告するのである。

ところが、このソクラテスの態度と比べると、彼を非難する者たちにとって死の問題は深刻であり、かつ複雑である。というのは、彼らは生に死がたえず侵入してくるところで生きているからである。ソクラテスに対する架空の質問者の「君はそのような生き方をして恥ずかしくはないのか」という批判には、死の危険にさらされ、死に脅かされながらも、死から生を守りぬくことに人間のあるべき生き方があるのに、それをしない、あるいはできなかったソクラテスの生き方は恥ずべきであるという意味合いが含まれているように思われる。というのは、このような人間の生の理解の仕方は、非常に広い範囲にわたって人々に受け入れられており、ソクラテスの理解者であり、彼のことを親身になって気遣っているはずのクリトンでさえ例外ではないからである。それはクリトンがソクラテス裁判を振り返って牢獄のなかでソクラテスに言うつぎのような後悔と反省の言葉から窺い知ることができる。

「私としては、君のためにも、また君の親しい友であるわれわれのためにも、君に関する今回の事件のすべてがわれわれの側で男らしさを欠いたために起こってしまったのだと思われはしないかと、恥ずかしく思っているのだ。……いまやこの事件を嘲笑うかのように起こった、この事件のこのような結末［死刑票決］のことなど、これらすべてを、われわれがなにか役立たずで、男らしさを欠いていたために、われわれは取り逃がしてしまったのだと思われはしないかと、恥ずかしく思っているのだ」(*Crito*, 45d8-46a1)

このクリトンの後悔と反省の言葉についてあらためてコメントするまでもないと思うが、一言だけ付言しておきたい。それはこの言葉の背後にある死生観がいわば人間にとって太古の昔から抱かれていたと思われる原始的な生の自覚の仕方であり、原始宗教が生まれる原動力になるものであったと言いうるということである。その死生観とはおよそ「男らしく死と戦い、生を死の侵入から守り、力強く若々しく生き抜くことが、人間が生きるということだ」というほどの内容になるであろう（フレイザーの『金枝篇』の冒頭にある「ネミの森の祭司王」の話。第一章、付記参照）。この点から見ると、クリトンの発言はこのような死生観を、自分たちが世間からどのように思われるのかという世間の評判を気にしながら表明しているので、その死生観の焦点がかなりぼやけてしまっているきらいがある。それゆえ、彼の発言はこの死生観の表明としてはかなり割り引かなければならないであろう。ちなみに、アキレウスの場合も基本的にはこの死生観の外に出るものではないが、クリトンとはぎゃくに、むしろその死生観を純粋に体現した者として、その死に縁どられた生の輝きにおいて一つの究極の美を示すものであると思われる。ただ、このアキレウスの場合も、「友のあだ討ちもしないで生き残って笑われたくはない」と言われていることからして、クリトンと同じようにどこかに他人の眼を意識しているところがあり、この死生観と評判の深いつながりを指し示しているようにも思われるのだが、この問題はここでは立ち入らない。

(5) ソクラテスの哲学的生

さてしかし、ソクラテスが28b3以下で行なったことは、彼自身の哲学的生という生き方を示すとともに、彼の哲学的生を批判する架空の質問者のこのような死生観の正体を露わにすることであったということができる。彼がそれを実際に行なったのは、29a1以下の「死を恐れるということはどういうことか」という問題に対する不知の知の観点からの考察である。ソクラテスが指摘したことは、多くの人々は死が「悪のなかでも最大の悪である」と思って恐れているが、しかし誰も本当は死が善であるか、悪であるか、「知らないのに、悪であると知っていると思っている」という無知がそこにはあり、その無知のゆえに恐れているということである。これはしかし、換言すれば、死への恐れというのはソクラテスのように不知の知を自分自身の生き方の原理にすることができなければ取り除かれないほどに、われわれの生に深く根ざした恐れであるということを意味するであろう。それゆえ、多くの人々は死に対する恐れを生に備わる本能的な恐れであると自明のごとく思い込んでしまっているのである。

ソクラテスの哲学について「主知主義（intellectualism）」というレッテルがよく貼られるが、それは彼の哲学的生が「生と知がともにそこにある」人間存在の根源層において存立しているということ、そしてそこにおいて自他を吟味しつつ、知を愛し求めて生きているということを理解しているのでなければ、ほとんど意味がないレッテルであるというべきであろう。またそのような根源層で哲学をしているからこそ、ソクラテスの哲学的生はカリアスであれ、メレトスであれ、他の誰であれ、一人一人のひとの魂の佇《たたず》まい（生のかたち）というものを問答のなかでおのずから示す力を有しうるのである。しかしいまの場合、これとは別に、彼の哲学的生は、誰のものでもない、人称性ももたない、人間の自然のままの生といった一般的なものが現実のどこにも見いだせないただ思いなされただけの観念に過ぎない、したがって「すべての人間は死を恐れている」という一般命題は一つの観念でしかない、ということも示してくれる。とすると、驚くべきことに、多くの人は観念に取りつかれて、観念のなかで生きているということになるのである。

話を元に戻そう。ソクラテスの批判者に対してソクラテスの言いたいことをまとめればつぎのようになるであろう。すなわち、「男らしく死と戦い、生を死から守りぬくのが人間の生き方というものだ」という死生観はその見かけの勇ましさとは裏腹に、無知のゆえに、死を恐れているからそうしているのだ、と。これが28b3以下の架空の質問者のソクラテス批判に対して29a1以下でソクラテスが行なった反撃の主旨であろう。それでは、この本当は死を恐れる死生観からどのような生き方がでてくるのであろうか。それを明らかにするのが魂の気遣いの勧告における「気遣ってはならないもの」の話である。

(6) 気遣ってはならないもの——金銭、評判、名誉・地位

これまでの考察から明らかなように、死の影がソクラテスの批判者の生き方を蔽っていることは確かなことである。なにも死について触れられていないからといって、「気遣ってはならないもの」の項目にそれが反映していないように見ることは誤りである。たしかに、戦場で死の危険にさらされるとか、死病に取りつかれるとか、自殺したいと思うとか、そういう場合には死がリアルに迫るので、否応なしに死の気遣いをせざるをえないであろうが、それは人が生きるうえで特殊なことであり、普通人は死を直接に気遣うようなことはしない。普通の生活では、人は生きることを第一に気遣うのであり、そ

れも死の危険にさらされないように生きのびようとして生きることを気遣うといえるだろう。それが「気遣ってはならないもの」に反映しているのである。

⑺ 金銭1 この観点から、「金銭（khrēmata）」について見てみよう。khrēmata は khrēma（クレーマ）の複数形であり、そのもとのクレーマは a thing that one uses or needs、すなわち、所有物、有用なものという意味をもつ。この語義から考えれば、金銭は人が生きるために必要な所有物であり、生きるために使われる有用なものということになる。「人はパンのみに生きるにあらず」（マタイ福音書4・2）という聖書の言葉の暗黙の了解、「人はパンなしには生きられない」を念頭においていえば、また文明社会ではすべての所有物や有用物が金銭に換算されうることを考慮に入れると、金銭は人が生きるための必要不可欠の条件であるということができる。人が生きるうえでお金の有無は切実な問題である。お金がなければ衣食住を満たすことが困難になり、家族も養えないばかりか、貧乏のゆえに健康を保てず、病気になっても治療ができないので、人は生きるために何らかの仕事をして一生懸命お金を稼ごうとするのである。人が金銭のことを気遣うのはむしろ当然なことというべきであろう。（なお、同じ観点から、名誉・地位についても同様のことが指摘できるであろう。より高い名誉・地位をもつ人のほうが、一般的に見れば、権力の保持や人脈や情報などの社会生活の点で有利であり、より安全なところにいることができるからである。）

さて、以上の簡単な考察からだけでも、人がなぜ金銭を尊重し、気遣うのか、それは明白である。それは死の危険から遠ざかり、生を健やかに保つために金銭が不可欠だからである。しかしそれでは、なぜソクラテスが「金銭をできるだけ多く自分のものにしたいということには気を遣い、恥ずかしくはないのか」（29d8-9）というのであろうか。この発言は、「できるだけ多く自分のものにしたい」という言い方に注目した場合、生活を支えるのに必要なだけの金銭の獲得ではなくて、贅沢な暮らしをしたいための必要以上の金銭を獲得しようとすることを批判しているのか、それとも金銭の獲得自体が関心事になっていることを批判しているのか、そのいずれかに対する批判のように見える。しかし、もしそれだけのことなら、ソクラテスの言うことは誰でも言いそうな批判になるのではなかろうか。それとも、ソクラテスは生存に必要な金銭の獲得そのものも気遣うなと言っているのであろうか。キュニコス派の人々がソクラテスの清貧の生き方を人間の本来の在り方だと思い、彼を真似して、無所有の生き方を実践したように。しかし、それもまたソクラテスの言いたいことではないであろう。

このような場合、大事なことはソクラテスの言葉をそれだけ切り離して捉えずに、その言葉が発せられる脈絡、あるいはその言葉が置かれている構造全体から理解しようとすることである。そしてこの点で、すでに見たように、魂の気遣いの勧告が構造的に語られていることは明らかであり、金銭の問題もひとまずその構造のなかにおいて理解することが大事であるといえよう。

(8) 気遣ってはならないものの中心――評判

「人が気遣ってはならないもの」として挙げられる金銭（クレーマタ）、評判（ドクサ）、名誉・地位（ティーメー）の三項目に注目した場合、どのようなことが分かるのであろうか。さきに形式的に考察したことの要点をいえば、これらの三項目は三位一体的な相関構造をしているということ、その中心は評判であり、他の二つの項目は評判とのつながりで意味づけられていること、そして評判は真実（アレーテイア）に対立するところに位置づけられるということであった。であれば、まず「気遣ってはならないもの」の中心項である評判について考察することが先決であろう。

評判（ドクサ）という言葉そのものはこの箇所で何の説明もなくはじめて出てくる言葉である。しかし、評判の問題はすでにつぎのような話題として十分論じられていたということができる。その話題の一つは、ソクラテスが『弁明』のいちばん最初のほうの箇所で問題にしていた噂である。「噂（ペーメー）」という言葉はソクラテスが弁明の手順を説明するときに、アニュトスやメレトスといった現在の告訴者の背後に古くからの告訴者がいることを想定し、彼らがどういうことを言って自分を中傷非難しているかを語るときに使われる言葉である。世のなかに広まっている噂がソクラテスを「妙な知恵を持った奴だ」（18b7）というふうに、彼の本当の姿とは関わりなく、彼がどういう人間であるかを決めつけているわけである。ソクラテスはそういう噂を撒き散らす者をアニュトスなどよりも「もっと恐るべき存在だ」（18b4）という。われわれはこの噂がここで言われている評判と同じものであると考える。その噂の話は評判の問題に直結するつぎに指摘するようなより根本的に重要な話題へと連なっていくからである。

そのもう一つの話題は、ソクラテスが不知の知を語る箇所でデルポイの神託の謎を解くために「知者であると思われている者たちのうちの一人」（21b9）のところに出かけていき、そこで経験した話をするところで問題となる事柄である。ここで問題として浮かび上がってくるのは「思われている」ということの働きである。この言葉は「思う（dokeō）」という動詞の現在分詞であり、「人々にしかじかであると思われている」という意味で使われている。したがって、「知者であると思われている人」というのは「人々によって知者であると思われ、その評判の高い人」のことであり、世のなかでは、この「人々に思われること・評判（ドクサ）」によって、この者が知者であるとみなされる。つまり、評判がその者の「…であること・存在（einai）」を決める働きを担っているのである。

ところで、ソクラテスがこの評判（ドクサ）の正体を明らかにしえたのは、すでに第一章「不知の知」で詳しく見たように、彼自身が不知の知を自覚することによって或る前人未到の次元を開示することができたからである。その次元とは人間の「生と知がともにそこにある」われわれ人間存在と知の根源層であり、神と人間が出会う根源的な次元である。そこにおいて、ソクラテスは人間存在の在り方が二つに分別されることを発見したのである。すなわちそれは、一方において、ソクラテスのように、善美の事柄について自分は「知らないからそのとおりに知らないと思う」（不知の知）という在り方であり、他方において、そうした事柄について「知らないのに知っていると思っている」（無知）という在り方である。いま問題になるのは、この後者の方であるが、その後者についてソクラテスはつぎのような経験をしたことを語る。

「そして犬に誓って、アテナイ人諸君、諸君に真実のことをいわなければならないから、誓っていうが、私は何か次のようなことを経験したのだ。すなわち、もっとも評判の高い人たち（hoi eudokimountes）は、神の命令によって調べて見ると、思慮深さ・賢明さがある（phronimōs echein）という点では、ほとんどもっとも多く欠けているように私には思われた。これに対して、つまらないと思われている他の人たちのほうが、その点で、よりすぐれた人たちのように思われたのだ。」（22a3-6）

この文のなかに phronimōs echein という言葉が使われているが、これは「人が気遣うべきもの」の三番目に出てくる「思慮・知（phronēsis）」と同族の語である。とすれば、ここでソクラテスはすくなくとも評判の高い人たちの世界、つまり評判の世界にはこうした思慮・知が欠けていることを経験したと証言しているのである。

このことは「気遣うべきでないもの」の側に知に関わる項目が欠けていることに反映しているといえよう。それでは、ここから翻って見れば、評判とはどのように理解されるであろうか。評判には知が不在である以上、評判は真実への関わりをもたず、真実ではないもの、つまり虚偽に関わっているということになる。ここで評判が真実でも虚偽でもないものに関わる余地はない。なぜなら、評判の高い者はおのれの無知にもかかわらず評判のゆえに善美の事柄を知っていると思うという虚偽に陥っているからである。

この点は「人が気遣うべきもの」と「気遣うべきでないもの」のキアスム構造の図式に照らし合わせれば一目瞭然である。前者は、真実（アレーテイア）―思慮・知（プロネーシス）となっていて、真実のあるところ知もあることが示されていたが、後者は、評判（ドクサ）―名誉・地位（ティーメー）となっていて、評判があるところ知が欠けているからである。これは対比関係でみれば、評判と名誉・地位は虚偽と無知の位置に置くことができるので、この全体は真実―虚偽（評判）、思慮・知―無知（名誉・地位）と表わすことができる。以上まとめていえば、評判とは虚偽のところに位置するがゆえに、評判によってその存在を認められている人は知への関わりをもちえず、phronimōs echein という点では、ほとんど欠けている状態にあるということである。(＊)

（＊）ところで、この考察の結果に驚く人がいるかもしれない。それは普通われわれが生きている世界とはあまりにも様子が違い、現実に活躍している知者と思われ評判の高い人を見るにつけても、評判はほぼ正しく評価しているように思われ、ソクラテスの語った経験はにわかに信じられないからである。しかし、この点で思い起こしてほしいのであるが、ソクラテスさえもデルポイの神託の真意を解き明かすために、最初は評判にしたがって、「知者であると思われている人」のところに出かけている。彼も神託を受けるまでは世のなかに知者はいると思っていたわけである。誰も最初から、評判の世界がわれわれ人間の生きている現実であり、その外に出ることなど思いもよらないことなのである。それゆえにこそ、評判の実体を露わにしえたソクラテスの開いた不知の知は前人未到の次元であったことがぎゃくに分かるのである。とはいえ、ソクラテスのこの発見（不知の知の自覚）が自明なものとしてわれわれが生きている実社会、政治的現実のなかでは非常に危険な思想になることも忘れてはならない。ソクラテスにほんの少しでも評判を意識した政治的なところ、人を動かすカリスマ的（権力的）なところがあれば、魂の気遣いの勧告の全体はつぶれてしまうであろう。当然のこととはいえ、『弁明』だけでなく『クリトン』においてもなおソクラテスが政治的に振る舞うことは一度もないし、あるはずもないのである。

さて、以上の評判の話は、誰でもすぐ気がつくであろうが、不知の知の話の中核部分が内実となっている。つまり、「人が気遣うべきもの」と「気遣うべきでないもの」の中心的な対立軸となっている真実（アレーテイア）と評判（ドクサ）は、ソクラテスが不知の知において明らかにしえた、各人が真実に生きるか、虚偽に生きるか、という二つの在り方に分別されるようになること、そしてそれとともに、真実と虚偽のほうもまた根源的にどのような仕方で存立するのか、ということを図式的に明示化したものであるということである。虚偽についてみれば、虚偽はその人間たちが生きる世界において、現象としては、人間が無知のままに自分たちの思いなしで作り出す評判として存立し、人間たちの行為的—価値的現実を現出せしめているのである。

(9) 名誉・地位　それではここで、評判（ドクサ）の側には知が不在である代わりに、知があるべき位置に名誉・地位（ティーメー）が挙げられているが、これはどういうことであろうか。それは名誉・地位が評判の世界の具体的な現実を、すなわち、評判の世界とは具体的にはどのような人間たちが幅をきかせている現実世界であるのかを表わしているということである。ソクラテスは彼らのことを「名誉心の強い者たち」（23d9）と呼び、つぎのようにいう。（ソクラテスや彼に追随する若者に無知を暴露されたとき）「彼らは名誉心が強く、気性も激しく、多数いるので、また彼らは組織的にかつ説得的に私について語るので、彼らは昔から猛烈に私を中傷することによって、諸君の耳をいっぱいにして来たのだ。」(23d9-e3)。

筆者の見るところでは、ソクラテスが指摘しているような「名誉心が強い」という在り方が「知者であると思われている者」、「世の評判（ドクサ）の高い者」の正体である。より正確を期していえば、知者として世の評判の高い者とはその評判の高さが彼の最大の関心事であり、そのような評判のなかに自分があることに対して強い自意識をもっている、つまりそのような意味で「名誉を愛する者」のことである。というのも、「彼ら（知者の評判の高い政治家・詩人・作家・技術者）は、高い世の評判を得ることができるような、政治的言動を行なったり、多くの美しいことども（ta kala）を言ったり、あるいは作りあげたりすることができるゆえに、自分が世にもすぐれた知者であると思い込んでいる」(cf. 21c, 22c-d) からである。

ここで注意すべきは、政治家と詩人・作家と技術者とを並べてみれば分かることだが、知恵の有無が彼らを「知者」として規定しているわけでもなければ、彼らが「知者」であるという自意識をもつようになることを生み出しているわけでもないということである。あくまで評判が彼らの存在の規定に決定的な役割をもっているのである。それゆえここで言われる「知者」をその内実に即して言い直せば、何か評判に適う何事か、ゆるくいえば、「美しいことども（ta kala）」をなすことができる「力（デュナミス）」のある者というべきである。すなわち、その実体においては、彼らは何らかの実行力や知識や技能や才能（eg. 神がかりの言語能力）などのすべてを自分の力として使い、世の賞賛を浴びる美しいことを成し遂げ、他者との競争にも勝ち抜き、世の評判を勝ち取ることに成功した者という、それゆえに彼ら自身の自意識という点から見れば、プライドに満ちた者たちであるといえよう。このような特徴づけでいまとくに重要なことは、彼らにとって知は彼らの力となる所有物ではあっても、彼ら自身の存在を規定するものではないということであり、その意味で彼らには知が不在である、ソクラテスが指摘する「思慮深さ・賢明さがある」という点ではほとんどまったく欠けているということである。

⑽ 金銭2

それでは、金銭（クレーマタ）についてはどうであろうか。言うまでもなく、高い評判は高い報酬をもたらすので、金銭はもう一方の評判（ドクサ）の目に見える具体的な獲得物であるといえよう。評判の高い者は多くの金銭を得て、より安全な生存の必要条件を満たすことができるだろう。とはいえ、評判と名誉・地位（ティーメー）の関係と評判と金銭の関係は同じではない。というのは、名誉・地位が人間世界における評判の直接的で具体的な現象であり、評判の高い者は「名誉心の強い者」という具体的な在り方をするのに対して、金銭はそうした者に所有されるもの、その者自身ではなくて、その者の付属物でしかないからである。しかも、金銭には名誉・地位とは違った或る隠微な問題が存していると思われる。というのは、「名誉心の強い者」というのは多くの金銭を欲するとしても、それを当然の報酬と見なすにとどめ、あからさまにより多くの金銭を獲得しようとはしないし、所有する金銭の多さを誇ったりはしないからである。どちらかといえば、彼らにとって金銭の問題は人目につかないところに隠しておくべきことであり、ぎゃくに金持ちであることを自慢する者がいれば、その者を軽蔑する側に立つからである。このことは世間一般も同様であろう。世間も名誉・地位よりも金銭を低く見て、金持ちというだけでその者に「名誉心の強い者」より高い評価を与えることはない。それどころか、成金や守銭奴や吝嗇という言葉が表わしているように、そこには何か金銭にだけ関わる者を普通の人間以下に見るような評価さえ見られるのである。ここにはどのような問題が伏在しているのであろうか。

その基本的な問題はつまるところ「君はどこを向いて生きているのか」という気遣いの在り方の問題になると

思われる。金銭の気遣いが生存の必要条件を満たすためのきわめて大事なものであるにもかかわらず、こうしたネガティブな評価がなされるのは気遣いの仕方に或る種の卑しさがつきまとうからである。この卑しさは食欲や性欲や物欲に似ているかもしれない。というのは、いずれも同じように「もっとより多く」欲する、つまり欲望が過剰であるときに「卑しい」とか「浅ましい」といった非難が浴びせられるからである。われわれはむしろ金銭の気遣いを「欲望（epithūmiā）」、より正確にいえば、「眼に見える欲望」と名づけたほうがよいかもしれない。そうすれば、なぜソクラテスが「金銭をできるだけ多く自分のものにしたいということには気遣うべきではない」という批判をするのか、その意味が分かりやすくなるからである。ソクラテスが批判しているのは食欲や性欲や物欲そのものではない。それらはごく自然なものである場合、あるいは節度がある場合、生存に備わる当然の欲望である。彼が批判しているのはそれらを「もっと多く」望むその度を過ごして欲望する人自身の在り方なのである。

⑾　魂の気遣いとしての金銭の気遣い

それでは、欲望は「人が気遣うべきでないもの」のなかの金銭（クレーマタ）、あるいは所有物・有用物（クレーマ）のレヴェルでのみ働き、欲望する者は欲望とその対象のあいだの動きのなかにいるということなのであろうか。それはそうではないように思われる。というのは、この『弁明』の魂の気遣いの勧告においては、金銭の気遣いの項目が『国家』のいわゆる「魂の三部分説」の欲望的部分のように、それだけで魂全体から切り離されて考察できる理論的産物ではないからである。また『弁明』のソクラテス自身はそうした理論化以前のところで、現実のアテナイ人裁判員たちを念頭において問題を考えているからである。『弁明』のソクラテスはつねにわれわれ人間の生の全体としての現実的な在り方だけを、すなわち、われわれの現実の魂の全体（一つの魂）を、「その魂の全体が本当に何を気遣って存在しているのか」という点において、注視していたということである。

さてしかし、ここにおいて問題は一挙に難しい局面に入るように思われる。というのは、「魂（プシューケー）」の問題を視野に入れざるをえなくなってきたからである。すなわち、金銭それ自体は誰か或る人に獲得されたり、所有されたりする付属物にすぎず、また価値的には中立であるとみなされる（cf. 30b2-4）が、金銭を気遣う者にはたんに彼の存在（魂）の一部分で金銭を気遣っている（欲望する）だけではなく、根本のところでは彼の魂全体の或る傾向性のなかで、それもいわば歪んだ魂全体の在り方とともに、金銭を気遣うようなことが生じているからである。

さらに話を進めるまえに、ここで「魂（プシューケー）」という言葉を断りもなく用いた理由について釈明しておかなければならない。その理由は、金銭の問題はそれだけで独立に論じられるべきものではなくて、その対立項の魂との何らかの内的な関連のなかで、さらにいえば同じレヴェルにおいて考えなければならないということである。しかし実をいえば、筆者にとって、魂の気遣いの勧告において「人が気遣うべきもの」の三項目（魂、真実、思慮・知）と「気遣うべきでないもの」の三項目（金銭、評判、名誉・地位）との対立関係のなかで、いちばん分かりにくかったのは「魂（プシューケー）」――「金銭（クレーマタ）」の対立関係であった。というのは、それらの対立関係を、誰でも容易に気づくような、「心と物の対立」というふうに考えることは、その事態を理解するのにほとんど役に立たないからである。というのは、その対立図式によってソクラテスが「心を大事にしなさい、物（お金）のことばかり考えてはいけません」という主旨の、誰にでも分かるような勧告しているのだとすれば、真実と評判（虚偽）という中心軸から三位一体と見られるそれぞれの項目を見た場合に、この部分だけが非常に浅い意味内容になり、他の項目と不調和になるからである。

それでは、何に着目してこの魂と金銭の対立図式の意味を考えたらいいのであろうか。そのためにはすこしくどくなるかもしれないが、28b3以下のこれまでの展開を思い出す必要がある。そこで問題として浮かび上がったことは、人としての「日常の行ない（epitēdeuma）」のことであり、そしてつぎのことが決定的に重要になると思われるのだが、人は何を考慮に入れて日々のつとめを行ない、生きるべきなのか、という人が生きるうえで考慮すべきことへのその人自身の魂の向き、いわば各々の人の志向的な魂の在り方であった。この点をめぐって、ソクラテスと架空の質問者やアテナイ人とのあいだに考え方の根本的な対立関係が生じ、いま問題となっている魂の気遣いの勧告にまで至ったのであった。このようなこれまでのソクラテスの話の脈絡から考えると、魂の気遣いという問題は「人が気遣うべきもの」と「気遣うべきでないもの」との対立図式とそれぞれの項目の相関関係のただの一部分ではなくて、その全体を被う問題であったということが分かってくると思われる。であれば、いまここで金銭の問題が出てくるとすれば、それは何か唐突に出てきたのではなくて、ソクラテスを批判する者たちのそうした志向的な魂の在り方、つまり彼らの「魂の気遣い」の根本的特徴を言い表わすものとして選ばれたのであると考えることができるであろう。それではその根本的な特徴とはどういうことなのか、つぎに見てみよう。

⑿ 死を恐れる魂の気遣い

結論からいえば、彼らの魂の気遣いの根本的な特徴とは、それが「死を恐れる魂の気遣い」であるということである。彼らは「死を恐れる魂の気遣い」のなかで生きているのである。そして、その「死を恐れる魂の気遣い」が金銭をできるだけ多く自分のものにしたいという気遣いの正体なのである。ともあれ、金銭にかかわるこれまで積み重ねてきた考察を参照しながら、この筆者の見解が本当に妥当かどうかを検討することにしよう。

すでに考察したように、人が死の危険にさらされないように生きのびようとするとき、金銭はそのように生きるための必要不可欠の条件である。「人はパンなしには生きられない」。しかし、このような事態は普通の生活のなかでは表面化しない。なぜなら、大方の人はいわば表の生活のなかでは評判の世界に身をおいて名誉・地位を求めて生きているからである。なぜそのように人は生きるのか。それはソクラテスばかりでなく彼を批判する者たちも含めて、ソクラテスの言うとおり、誰もが価値的現実を生きているからである。人は誰であれ「パンのみに生きるにあらず」というように生きているからである。ただし多くの人の場合、この価値的現実が評判によって担われており、彼らにとって評判による高い評価を得てはじめて、生きるに値する生を生きられる、つまり「人間らしい」生きがいをもつことができるようになる。それゆえに、これまたすでに見たように、彼らは金銭をことさら追い求めないし、そうした行為を卑しいものとさえ見なす。金銭の獲得を生きがいにするような者や貧乏して生活に追われながらただ生きているように見える人たちに対しては軽蔑や憐れみの念さえいだく。このことが評判と金銭の関係を評判と名誉・地位の関係より何か一段と劣ったものとしているのである。

だがしかし、彼らがいったん死の危険にさらされると、たいていの場合事態は一変する。ソクラテスが指摘するように、裁判にかけられ死刑になりそうになると、それまではひとかどの人物と思われていた者でも驚くほどぶざまな態度をとるようになるからである（cf. 34e-35b）。なぜこのような醜態が演じられるのか。それは評判（名誉・地位）がその醜態を演じる者自身の存在をその根底から限定するものではなかったからである。彼はいわば評判の衣を着ていただけにすぎない。彼の評判は彼の存在となっていたわけではなくて、本当は金銭と同じように彼の付属物にすぎなかったということであり、いざ死の危険が迫れば評判の衣をかなぐりすてて、評判の影で気遣われることなく放置されたままであった死を恐れる元々の在り方が剥き出しになったということである。もちろん、なかにはそうした理不尽な逆境にもかかわらず、評判どおりに多くの人のまえで誇り高く毅然としておのれを持する者も、少数ではあるがいるにはいるであろう。彼は美的に生きようとするアキレウスの族《やから》であり、真の名誉愛好者であるが、その内実は評判の衣が彼自身の存在に張り付いた者であるというべきであろう。また、彼の生が死から分離していないかぎりでは、彼は死を恐れることなく生きる者ではなくて、死の恐れのなかで死に打ち克とうと情熱的に苦闘する者というべきであろう。しかしそれでも、そのような彼は、クリトンも驚嘆するように、牢獄にいながら死が間近に迫るなかですやすやと「気持ちよげに眠る」ことができるソクラテス（cf. 43c）とははっきりと異なる者である。なぜなら、これができるには、つまり死を恐れることなく生きることができるためには、すでに考察したように、ソクラテスのように死に対して不知の知を自覚して、死を思い煩うことをしないということができなければならないからである。

⒀　自己自身と自己自身に属するもの

以上の考察から、多くの人にとって生きがいであるはずの評判も金銭と同じように本当はその人にとって付属物にすぎず、その人自身が「どのようにあるか」はそうした付属物を取り去ったあとの元々の在り方、すなわち「死を恐れる魂の気遣い」から成り立っていることが理解されると思う。この論点は魂の気遣いの勧告における「人が気遣うべきもの」と「気遣うべきでないもの」との対立図式が「自己自身」と「自己自身に属するもの」との対立関係として捉え直される問題局面を切り開いてくれる。それはソクラテスによってつぎのような勧告としてアテナイの人々に語りかけられている。

「私の主張するところでは、私は最大の善行を個人的に一人一人のためになることをしてやれるような、そういうところへ出かけていき、諸君の一人一人を説得して、自分自身ができるかぎりすぐれた者になり、できるかぎり思慮ある者になるように気遣って、自分に付属するものをその自分自身を気遣うよりもさきに気遣ってはならないし、また国家のことも、その国家そのものよりさきに国家に属することのほうを気遣ってはならず、またその他のこともこれと同じ仕方で気遣うように、説得することを試みたのだ。」(36c3-d1)。

つい重要な内容なのでまだそれを主題化できるまでに考察が熟してないこの段階で引用してしまったが、ここではつぎのことだけに注目しておきたい。それはこの自己自身の気遣いの勧告内容から判断すれば、「気遣うべきでないもの」(金銭、評判、名誉・地位)がすべて「自己自身」ではなくて「自己自身に属するもの」の側に入るということである。そして、このことからさらに考えられることは、「自己自身に属するもの」の気遣いが何の意義ももたなくなる自己自身の生存の危機が来れば、そこにははじめから「自己自身(魂)の気遣い」が欠けていたわけだから、その後には貧寒とした「自己自身」の「死を恐れる魂の気遣い」くらいしか残らないということである。しかも、これは気遣いといっても無知によるものであり、暗く閉ざされた思いに沈みこんでいるだけのことであるから、そもそも気遣いの名に値するものではない。「死を恐れる魂の気遣い」が付属物へのかかわりを絶たれて以上のような状態でただそれだけの剥き出しの状態になると、その状態にある者はおのれが直面する死を悪のなかでも最大の悪であるかのように思いなして、死を恐れることになり、かくしてかの評判の高いひとかどの者がそうしたように、醜態を演じることになるのである。

⒁　**金銭3**　以上見たように、生きがいを生み出すはずの評判（ドクサ）がこのように生存の危機に無力なのは、評判が、存在の見かけの輝き（名望）とは裏腹に、生存そのものではなくて生存のプラスα、付属物にしかかかわりえないからである。裏を返せば、評判はそもそも生存そのものを本来の在り方に導く力にはなりえなかったからである。これに対して、金銭は評判を重んじる者から見れば卑しいもののようにみなされるが、生存の問題に対しては比べものにならないほどの重要な意義をもつ。それは金銭が多くの人にとって「死を恐れる魂の気遣い」を具体的現実的に成就する役割を担っているからである。つまり、誰しも「パンなしには生きられない」ことをよく承知しているからである。またこの点に関して、つぎのような観察もできよう。なりふりかまわず働いてお金を稼ごうとして懸命になっている人はひたすら生きようとしている人と重なる。金銭のリアリズムは倒錯しているとはいえ生存のリアリズムに直結している、と。

この点を所有という観点からみてみよう。評判も金銭もわれわれの「自己自身の付属物」であるが、それらはいずれも自己自身の生存に自然に備わるもの（eg. 健康）ではなくて、外から獲得され、そして所有されたものである。それらが所有物である以上、当然失われることもある。その場合、評判（名誉・地位）の方はそれが失われても、自己自身の生存は維持され、人は生きのびることができるが、金銭の方はそれが失われれば、自己自身の生存は危うくなる、すなわち、人は貧窮に陥り、たちまち死の危険にさらされることになる。この点で、「パン」を保証する金銭の所有の方が評判に比べてはるかに自己自身の生存に直結しているのであり、同じように所有物であるとはいっても「金銭（パン）なしには自己自身は生存しえない」のである。そしてこの自己自身の生存に不可欠であるという点では、金銭は生存に自然に備わる健康と似ているということができるであろう。

実をいえば、評判の高い者もこの事情はよく承知している。彼は生きがいとして評判をあからさまに追求するばかりでなく、それと不可分におのれの安全な生存のために金銭をさりげなく、しかし強く求めている。すなわち、評判によって生きながら、その評判によるのであれ、普通の仕事によるのであれ、おのれの権力や能力や才能を使って、便宜を図り、仕事をすることによってかならず報酬をえている。このような評判と金銭の両方の獲得によって、彼はおのれの生存と生きがいを両方とも満たしながら生きているのである。

しかし、このような指摘に対して誰も驚かないかもしれない。それはあまりにも当たり前のことであり、人であれば、評判の高い者にかぎらず、誰でもそのように生きていると思われるからである。だがしかし、この誰でもそのように生きていることは、それが人間の真実の生き方であることを保証しはしない。ここに見られる生き方は、図式的に表わせば、生（生存）＋α（生きがい）というようになろうが、そのかぎり生に分裂が生じていることが指摘できるであろう。その場合、＋αの追求といっても、それはいわば及び腰の追求でしかない。＋α（生きがい）はいざとなれば簡単に放棄され、当人には喪失した生きがいのなかでただ生きのびるための生（生存）に固執する状態のみが残ることになる。そしてこのような生存状態は、すでに触れたように、死を恐れて生きる生き方がそのまま露わになった状態でしかないのである。

⒂　金銭、評判、名誉・地位を気遣う者の魂の佇まいについて

最後に、魂全体の気遣いという観点からこれまで論じてきた金銭の気遣いの問題を締めくくるに当たって、生（生存）＋α（生きがい）というこの分裂状態が魂（自己存在）の在り方としてどのような意味をもつのかを一つのより複雑に見える事例をとおして検討してお

くことにしたい。それはソクラテスが『弁明』の最初のほうで言及した人間教育をするといわれるソフィストの話である。そこでいわれた人間教育とは青年が「しかるべき徳をそなえた善美なる人」（20b1-2）になるようにすることであるが、それが本当にできるのであれば、その人は評判が高かろうが、低くかろうが、自分のためだけではなくて、他人のためにも尽くす本当に立派な人（真の善美なる人）であるということができるだろう。ところが、ソフィストはそうした人間教育ができること――もちろん、これは世の中がそう評価するということであるが――のゆえに、「自分を美化し、自分を誇る」（20c2）とともに、それに加えて金銭的報酬までも要求する。他方、ソクラテスの方は、自分は人間教育などできないといいながら、人々のあいだを歩き回って魂の気遣いの勧告をしたり、生の吟味をしたりして、人々のために奉仕活動をしながら、世の中の評判を気にせずに、金銭的報酬の要求もしていないのである（cf. 31b1-c3）。この両者の差は単純である。ソフィストの方は、たとえ彼が何らかの人間教育をしている（気遣っている）としても、それとともに評判や金銭に対しても気遣いをしているのに対して、ソクラテスはただ一つのこと、つまり魂のことだけを気遣っていることである。

ここで問題になるのは、それぞれの場合にそのように気遣う主体（自己自身）として誰がそこにいるのかということである。そこにはさしあたり、一方は二重、三重の気遣いをしている主体があり、他方はただ一事だけを気遣っている主体があって、相異なる二つの主体があるように見える。すなわち、ソフィストの場合の気遣いがそのように分裂しているということは、分裂した気遣いの背後になにか二重にも三重にも気遣う主体のようなものがあるということである。しかし、その主体なるものは、たとえ存在するとしても、魂を気遣う主体、つまり魂そのものではありえない。なぜならその場合は、ソクラテスのように、気遣う主体は「魂が魂を気遣う」という在り方をしていなくてはならないからである。それでは、ソフィストの場合の主体はどのような在り方としてありうるのか。それは、もし人間教育が本当になされているのでなければ、実質的にはおのれの気遣いを「自己自身に属すもの」(評判や金銭)に分裂的に向け、おのれを外化し、断片化し、それゆえ当の主体自身としては何の実体もない空虚なもの(「像(Bild)」としての主体)でしかなくなるということになろう。またもし、ソクラテス的には不可能なことであるが、万一人間教育がなされているのであれば、それはソクラテスの在り方に類似したものになり、評判や金銭の気遣いは余計なものになるはずである。しかし、ソクラテスの指摘するように、ソフィストにはそれらの気遣いがどうしても伴うのである。

このことは、さきに考察した、評判の高い者は「自己自身に属すもの」の気遣いが何の力ももたなくなる自己自身の危機が来れば、彼には何もない貧寒とした自己自身の「死を恐れる魂の気遣い」くらいしか残らなくなるということと一致する。というのは、生存の危険にさらされていない普段の生活においては、この元々の自己自身の姿が表に出ないために、その代わりに自己自身が二重、三重に断片化した気遣いの根底で、それらの気遣いの映像でしかない空虚な主体として働いているかのような様相を呈するからである。本来の「自己自身」のあるべきところになにもないということに変りはない。魂が魂を気遣うことがなされていないからである。深刻なのは評判、地位・名誉、金銭の気遣いによって蝕まれた魂の気遣いが魂そのものを気遣うことを忘却してしまうときに、邪悪な虚偽が魂に巣食うようになることである。魂が白紙のようにニュートラルな空虚な主体であることはありえない。元々魂は価値的にしか存在しえないからである。ちなみに、『弁明』のなかでカリアスやソフィストたちだけでなく、メレトスやアニュトスに対するソクラテスの容赦のない評価がいくつかの箇所で見られるが、いずれも彼らの虚偽の、悪意と嘘と酷薄さで固められた魂の佇まいを的確に言い表わすものであった。このような厳しい評価はつねに魂の気遣いのことだけに関心を集中して生きてきた者だけにできることであろう。

3　真実の気遣い

(1)　真実

われわれはこれから魂の気遣いの勧告においてソクラテスが「人が気遣うべきもの」として挙げる「魂（プシューケー）」、「真実（アレーテイア）」、「思慮・知（プロネーシス）」の三項目の考察をしなければならない。その場合、なによりもまず注目すべきはこれら三項目の中心にあり、「気遣うべきでないもの」の側の三項目、「金銭（クレーマタ）」、「評判（ドクサ）」、「名誉・地位（ティーメー）」の中心にある「評判」と対立関係にある「真実」であろう。それでは、ソクラテスが「人が気遣うべきもの」の中核として挙げる真実とは何か。

この問題を考えるにあたって、われわれはまったく新たに問いの着手点を求めることから始める必要はない。というのは、これまでの考察からも示唆されていたように、この「真実（アレーテイア）」という言葉は『弁明』のソクラテスの話の全体の基調を決めるもっとも重要な言葉であるといってよいからである。というのは、『弁明』の各要所でソクラテスは「自分は真実を語るのだ」とか、「ことの是非は真実に委ねるのだ」という言い方で話をするからである。それは以下のような箇所である。

[i]　まず、その弁明の冒頭でこのソクラテス裁判がひき起こされた原因についてソクラテスは「諸君は私から真実のすべてを聞かれるでしょう」（17b8）と宣言する。

[ii]　その宣言どおりに、ソクラテスはその核心となる彼の知恵――その中核は不知の知である――を説明す

る。そしてそれとともに、彼ばかりでなく他のすべての人にも関わることとして「生と知がともにそこにある」人間存在の根源層の有様を明らかにし、彼の仕事が他の人をも巻き込む自他の吟味をともなう哲学となる所以とそのような彼の哲学に起因するソクラテス裁判の原因を説明する。そしてそうしたすべてを語り終えた後で、以上述べたことについて「自分は真実をすべて包み隠さずに語っているのだ」(24a4-6, cf. 33c1-2, 7-8)と証言し、また、「そして、今からでも、また後からでも、諸君がこのことを調べて見るならば、そのとおりであることが分かるだろう」(24b1-2)と述べて、彼の弁明の核心部分である「不知の知」の話を終える。

[iii] さらに、魂の気遣いの話のところでも、その導入部にあたる「部処」の話をする際に、ソクラテスは人間的生についてその「真実のところはつぎのようになっているのだ」(28d6)と言い、つぎのように主張する。戦場にあっては上官に命じられた部処を守って死を恐れず戦うことが戦士の生き方であり、自分も他の人と同様にそのようにしてきたが、いままさに知を愛し求め自他を吟味する哲学的生を生きることが自分にとっては「神によって命じられたことであると私には思われ、そして私が受け入れた」(28e4-5)自分の部処であるのに、死やその他のことを恐れてそこから逃げ出すようなことはできない、と。

[.iv] まだそこまで考察は及んでいないところであるが、死刑票決後、法廷で話をする最後の機会で、ソクラテスが真の裁判官と認める法廷に居残ってくれている人々へ別れの言葉を親しく語りかける箇所で、彼は「諸君にも死に対してよい希望もってもらわなければならない」(41c7-8)と言い、そしてつぎのように語り継ぐ。「善き生を生きる人には、生きているときも、死んでからも、神々によって気遣われない(ameleitai)ということは

ないという、この一事を、真実のこと（alēthes）として、心に留めておいてもらわなければならない」（41c8-d2）、と。この言葉が言い表わしていることは、ソクラテスにとって、そのような善き生を生きる人にはただ「神からの関与（theia moira）」（33c6）があるということだけにとどまらず、それ以上に「神々の気遣い」、つまり神々の恵みがあるとして信じられていたということであり、ここには善き生そのものにこそ神の恵みがあるという彼の揺るぎない確信とそのようなよき生を肯う神への信が見てとれるだろう。

［v］　なお、これら以外にも、死罪の投票をした者たちに対してソクラテスが投げかける、「諸君は、真実のもとで［あるいは、真実によって］（hupo tēs alētheias）、凶悪と不正の罰を受けてここから出て行くのだ」（39b5-6）という「災いの言葉」のなかで使われる「真実」という言葉にも注目することができるだろう。ここでは真実はソクラテスばかりでなく、他の人々もその生き方の「いかにあるか」において否応なくそれにさらされてあり、それによって裁かれてあるところのものとして確信されているのである。

さて、以上の点を考慮すれば、ソクラテスが魂の気遣いを語る箇所で「人が気遣うべきもの」として真実（アレーテイア）という項目をその中心に位置づけているのは、何の脈絡もなく突然行なわれたことではないことが分かる。この言葉はこれら［i］から［v］のような弁明の各要所で使われており、それらの用法はいずれもソクラテスがたえず真実を気遣うことに集中しながら、またおのれ自身の存在が真実にさらされるようにして、弁明していることを示している。しかもこの後者の点については、［v］の点から窺われるように、ソクラテスの弁明は彼ばかりでなく、他の人々をもいわばその真実のもとに彼らの生の本当の姿を露わにするという仕方で、彼らの自覚の有無にかかわらず否応なしに引き入れるのである。とすると、いまこの魂の気遣いの箇所で真実が「人が気遣うべき最重要なもの」として位置づけられているのは、むしろ当然のことであったといえるだろう。すなわち、ソクラテスはここで、彼がそれをこそ気遣いながら弁明している、その当の真実がわれわれ人間の生に対して最重要であることをはっきりと示した。そしてそれは同時に、本来の意味で人が気遣うという在り方のいちばん根幹が真実の気遣いであることを明示したということをも意味するのである。

ここで、この節の始めに立てた問いに戻ろう。われわれは最初に「人が気遣うべきもの」として挙げられる真実とは何かという問いを立てたが、この問いに対する答えとしてどのようなことが期待されるであろうか。この問いをプラトンの初期対話篇に見られるような、「勇気とは何か」とか、「思慮とは何か」とか、「敬虔とは何か」といった、特定の事象を探究するいわゆる「とは何か（ti estin ;）」の問いと同じように扱うことはできないであろう。というのは、真実ということで問題になるのは、人がどのような在り方（一方で勇気や思慮や正義という在り方、他方で臆病や無謀や無思慮や不正などの在り方）をするのであれ、人はその在り方のまま真実にさらされてあるということだからである。［v］に見られるように、真実のもとで、あるいは真実によって、人は善き生を生きているとか、劣悪の烙印を押されて生きなければならないとか、あるいは正しい人であるとか、不正な人であるというように、その人の存在が「真実のところどうあるのか」を前提にして規定されるとみなされるからである。われわれはこれを「真実のもとに見られた人の存在」と言うことができるだろう。

しかしさらに、［iv］においては、そこでは善き人が神々の気遣い、神の恵みをかならず受けることを「真実のこととして心に留めておく」ように言われていたわけであるが、これは人が真実にさらされてあることから信の場面にいわば反転して、神の恵みや神の罰を受けることの確信とそのような恵みや罰を与える神への信という点から語られたものであるということができる。われわれはここにおいてごく自然に、なぜソクラテスが弁明のなかで話の基調をつくる非常に大事なところで真実とともにしばしば神の気遣いのことを口にするのかということを理解することができるだろう。ソクラテスにとって真実にさらされながら、真実によって生きることは、ごく自然に人間的生の「ある」ことに対する神の気遣いのリアリティー、信実のこととして感得されていたということであり、それゆえにこそ『弁明』のソクラテスの話が真実のもとに定位しているとともに、神の眼差しを感じながら語られるという、或る不可思議で透明な明るさをもつ真実にして信実という言語空間を現出させていたのである。

それではつぎに、［iii］の点についてはどうであろうか。［iii］の人間的生の「真実のところはつぎのようになっているのだ」という言い方において、「真実のところは（tē alētheia）」という与格形の副詞句は［v］の点と通じるところがあるように思われる。というのは、この［iii］でもソクラテスは人間的生を真実のもとで見るという観点から語っているのだとみなされるからである。人間的生の根源層においてはその真実の在り方は純粋に正不正や善悪といった価値（善美の事柄）への関わりによってのみ成り立っているのであり、それゆえ人はひたすらそうした価値のことだけを考慮して生きるべきであり、死やその他の危険を勘定に入れて生きてはならない。その場合、こうした価値のことだけを考慮する生き方はさらにその現実的な在り方として自分（ソクラテス）のようにその価値のことだけを自覚的に問うものとして自他を吟味し哲学しながら、そのように哲学することをおのれの部処として生きる生き方、つまり哲学的生になるのだ、と。しかしこの［iii］は、［v］と同様に人間的生を真実の相のもとに見るといっても、［v］とは趣を異にしたところもあるように見える。というのは、［iii］ではソクラテスが哲学的生という部処に生きるおのれの生き方を神に命じられた真実の在り方として信じ、また自分自身に必然のこととして確信している、ということを自分自身の内側から語り明かしているからである。その場合、「真実（アレーテイア）」という言葉はソクラテスの生き方を副詞的に限定しているというよりも、内的客語として彼の生き方そのものの内容となっていると考えるべきである。つまり、真実は彼自身の在り方として、いわば彼の生き方に血肉化しているものとして理解されるべきである。ソクラテスは真実味のある人、真実の人なのである。（ちなみに、この真実の人ソクラテスと正反対にあるのは平気で嘘を言う厚顔無恥なメレトスである。）したがって［iii］の箇所では、人間的生を真実の相のもとに見るといっても、その内実は「真実に生きる＝真実（内的客語）を生きる」ソクラテスがそのおのれの生き方を「真実のところはしかじかである」というようにおのれの生の内側から内在的に語っているということになる。

最後に、［i］と［ii］の点について見てみよう。［ii］でソクラテスは彼の哲学という仕事の核心となる彼に備わるある種の知恵（不知の知）を説明した。そしてそれとともに、「生と知がともにそこにある」人間存在の根源層の有様を明らかにした。その根源層は人間が善美の事柄の不知にさらされて生きていることを自覚するところであり、そのような自覚（不知の知）のなかに生きているソクラテス「より知恵のある者は誰もいない」という神の証言の真であることが明らかとなったところであった。したがって、ソクラテスが冒頭［i］で「真実のすべてを語る」と宣言したことの真実の内容は、この神の証言によってその真理性が真証された、彼の不知の知において明らかになった人間存在の根源層であったということができるだろう。

それでは、このような［i］と［ii］の人間存在の根源層と、［iii］で指摘した、人間としての存在が善美の事柄への関わりのなかで純粋に正不正や善悪といった価値によってのみ成り立っている人間存在の根源層とはどのようなかたちで重なり合っているのであろうか。結論的にいえば、それらは「真実の気遣い」において統合されている二つの相貌（アスペクト）ということになるであろう。以下においてこの場面がどのような成り立ちをしているのかを論究するが、それには魂の気遣いの勧告において「人が気遣うべきもの」の第三項として挙げられる「思慮・知（プロネーシス）」の問題を巻き込まざるをえないので、節をあらためて考察していきたい。

(2) 思慮・知

1 「思慮・知（プロネーシス）」がソクラテスの魂の気遣いの勧告において「人が気遣うべきもの」のなかに挙げられていることはわれわれ人間にとってきわめて重要な意味をもつ。なぜなら、そのことは人間が善美の事柄に対する不知にさらされながらもけっして「無知」のままでいることなく、善美の事柄への関わりのなかで人間としてまっとうに生きていくうえでそれにちょうど足るだけの知をもちうることを示しているからである。その場合、『弁明』のソクラテスの話をまとめてみると、以下で述べるようなひとまとまりのそうした知の場面が形づくられているということに気がつくであろう。(＊)

（＊） ただしここで若干のコメントを差し挟んでおきたい。というのは、そのような知の存在はすぐには気づきにくいかもしれないからである。なぜならば、ソクラテスはその知の全容についてあらためてまとまった説明をすることなどしないで、話のそれぞれの局面でその知の必要最小限な相（アスペクト）しか語っておらず、しかもそれが時には唐突に語られているようにも見えるからである。しかしこのことはぎゃくに、そのような知が彼自身に血肉化しており、その知が働いている事象がソクラテスにとって彼自身のこととしてまったくリアルなものになっているからだと見るべきであろう。つまり、彼の話はその知に定位して話されているということである。『弁明』はソクラテスが自分について何かを論証したり、弁証したりしている書ではなくて、おのれの存在を彼の全生涯をとおして行なってきたこととともに開示しているのであり、ソクラテスがおのれの生と知のすべてを露わにしようとしている書なのである。

『パイドン』のソクラテスが語る「知（プロネーシス）」の話から『弁明』のソクラテスの「思慮・知（プロネーシス）」を理解しようとすることは避けた方がいいように思われる。『パイドン』では、「ことわりとともにある思索においては」（*Phaedo*, 66b4）という条件つきの言い方で――この言い方には不知の知の自覚（いましめ）をほとんど解放して言動がもっと自由になることが含意されていると思われるが――、魂がプロネーシスをもつのは魂が肉体から離れる心身分離のとき、すなわちわれわれが死んだときであると語られており、魂がプロネーシスと一体化する、プロネーシスそのものとなるかのように言われているからである（cf. *Phaedo*, 66d-67b, 79d）。その結果、『パイドン』では『弁明』の真実、魂、プロネーシスの三区分がすべてひとつに結ばれているかのように捉えられているわけだが、それは『パイドン』が心身分離の話をするのにいちばんふさわしいときであるからであろう。しかし、驚くべきことに、それを語るソクラテスはかぎりなく心身合一（幸福な生）にあるように見えることである。

まずは、善美の事柄に対する不知の自覚として不知の知が語られるわけであるが、それは言うまでもなく他のもろもろの知と並ぶ固有の存立内容をもつ特定の知などではない。この不知の知は、善美の事柄に関わる真実を探求する知の始まり（アルケー）であり、そこから、人間のなかに知を愛し求める心が沸き起こり、ここに善美の事柄の不知のなかにありながら、その「最大の事柄（ta megista）」の有ることとの真実の探求である愛知としての哲学が生まれるのである。つぎにこの哲学の活動についていえば、それはたとえアポリアに陥ることになってもけっして元の無知に終わるわけではない。というのは、そのアポリアからはふたたび不知の知への立ち返りと新たな愛知が生まれ、また他方で、当の哲学活動がもたらした何らかの成果、つまり探求の結果分かってきたことが残るからである。おそらくこの成果に相当する部分がだんだん沈殿して、ソクラテスの言う「思慮・知（プロネーシス）」になるのではないだろうか。であればここに、そうした存在の真実の探求に対応する不知の知――哲学――思慮・知という、これこそ「人間なみの知恵」と呼びうるにふさわしい知の可能性が形成されることになるであろう。その知は、たとえば『クリトン』の「原則（ロゴス）」となって結晶したと言えよう。

しかしなお、この人間なみの知恵の範囲をめぐって若干の補足が必要かもしれない。というのは、不知の知だけを人間なみの知恵と呼ぶことはこの語の本来の意味を不自然に狭めることになると思われるが、さらにまた不知の知にもとづく哲学活動の成果をそう呼ぶこともまだ不十分なように思われるからである。というのも、思慮・知という言い方が、世の中にさまざまなかたちで受け入れられている、生きていくうえでの実践的な知恵、英語でwisdomと言われるものにも通じているように思われるからである。もとよりソクラテスにおいては思慮・知が哲学とは別のところで形づくられているとは考えられないが、しかし彼の哲学に裏打ちされた思慮・知はそうした世のwisdomに光を当て、それらの善し悪しを取捨選択することや適応範囲を見定めることの規準となり、一方のwisdomをよりよいものとして輝かせ、自分の生に血肉化し、他方のそれをより劣ったものとしてみなし、自分の生き方から遠ざけたり、制限したりする、そうした働きとその成果も含みうるように思われるからである。ソクラテスの思慮・知のこの部分が彼をしてあたかも「知者（sophos）」であるかのように在らしめているのではないだろうか。

2　ここでこのような理解を補強することとして、すでに第一章の考察から明らかになったことであるが、『弁明』のソクラテスの「私には思われる（emoi dokei）」という特徴的な一人称的な語り方を考慮に入れることはおおいに意味がある。というのは、ソクラテスの言う思慮・知（プロネーシス）が実際にはどのようなものであるかは、この与格形の一人称emoi dokeiという語り方で語られる事柄において十分に言い表わされているように思われるからである。思慮・知が与格形の一人称で語られるのは、それがソクラテスの「私」が「学ンデ知ル」ことではなくて「思ツテ得タ」（小林秀雄『考えるヒント2』、祖徠の「弁名」、文春文庫、六七頁）ところの、誰が何を言おうと自分に明らかになってきたとしか言いようがない「明証（Evidenz）」であるからである。このことは、『パイドン』では「私は私が語ることが真実であると私に思われることが、だれよりも私自身にとってであることに努力するのだ」（cf. *Paedo*, 91a7-b1）という態度とつながっているであろう。

この場面でソクラテスは世の知者のように語っているように見えるが、それは「真実のほうから照らしだされて」といった限定が付けられるかぎりにおいてであるというべきであろう。というのは、その emoi dokei の話の内容から見て、ソクラテスは真実を探求する哲学の活動（自他の吟味）をとおしておのれが獲得した成果をおのれの知としてではなく、自分に真実であると思われるようになったこと、あるいは自分に見えてきたかぎりの真実をその「真実のほうから照らしだされたこと」をそのあるがままに語っているからである。そして、その点でソクラテスの言う思慮・知はおのれの分際を弁えた慎み深い知恵と「思慮深さ・賢明さをもった（phronimōs echein）」（22a6）、「思慮を備えた自制心（sōphrosunē）」のある人たちの態度により近いということができる。ただし、ソクラテスの場合の思慮・知はいつでもふたたび真実を探求する哲学活動に還元されうることとして自他の吟味に開かれているというべきである。ともあれ、『弁明』においてソクラテスはこれまでの長い人生におけるこうした不知の知にもとづく愛知の活動（哲学）と思慮・知の全体を背景にして彼にとっての emoi dokei の事柄を語っていると思われる。

3　さてそこで、いま問題になることは、こうした emoi dokei によって表現される知の営みの全体が魂の気遣いの勧告の箇所において思慮・知（プロネーシス）の気遣いとしてまとめられて、「人が気遣うべきもの」の第三項に置かれるとき、それはどのような意味をもつかということである。結論からいえば、それは思慮・知の気遣いが真実（アレーテイア）の気遣いを実質的に担うということである。逆にいえば、真実の気遣いはそれ自体で何か固有の気遣いの仕方があるわけではなく、実質的には思慮・知の気遣いとして遂行されるということである。ちなみに、この両者の関係は、構造的には、「気遣うべきでないもの」のなかで評判（ドクサ）の気遣いの実質が名誉・地位（ティーメー）の気遣いであるというその両者の関係とパラレルになっているということができる。「人は本当のところどこを向いて生きているのか」という意味で理解すべき、人の在り方の根幹となる気遣いの仕方をめぐって、その気遣いの全体を限定する真実と評判を中心的な対立軸としてそれぞれの実質を思慮・知と名誉・地位が担う、あるいは現象的に見れば、思慮・知と名誉・地位（知の不在）が対立するという構図がここにはあるということである。以下でこうした問題の内実にもう少し立ち入って考察していきたい。

［1］　われわれは前節で真実の気遣いが「人が気遣うべきもの」の中心項に位置づけられることの意味を論究した。その論究から明らかになったことは、(a)『弁明』の各要所におけるソクラテスの真実への言及が「ソクラテスの生の中心にあるのは真実の気遣いである」ということを示していること、またそれとともに、(b) 真実を気遣う彼の活動とその次元を限定するいくつかの層（前節で列挙した［i］から［v］の「真実」という言葉が語られるそれぞれの場面）を示しつつ、それらの層が人間存在の根源層の真実を形づくるところで重なり合っていること、そしてさらに、(c) そのような次元で不知の知という善美の事柄の不知にさらされているという自覚と魂の気遣いという善美の事柄への関わりのなかに身をおく人間的生の在り方が真実の気遣いとして一つに統合されるであろうということを示していることであった。

それでは、このソクラテスの「真実を語る」ということを「真実の気遣いは実質的には思慮・知の気遣いとして遂行される」という捉え方から見るとすれば、それはどのような事態として理解されるであろうか。それは「真実を語る」ことが何かそれ自体として存立する客観的な真理を語る（われわれ人間の生きる価値的世界に関して、そもそもそうした人称性を欠く語り方はありえない理想を描いているだけであり、言葉のなかで真理という美しい幻影を夢みているにすぎないのではないか。）といったことではなくて、真実の気遣いのなかで彼自身のうちに培われてきた思慮・知（プロネーシス）にもとづいて彼の emoi dokei の事柄を語ることであったということである。

［2］　この点について、まずは前節の［iii］の考察が思い出されるべきである。そこでは「真実を語る」ことは、ソクラテスにとって、神によって命じられたと信じ、そして受け入れた部処（タクシス）を生きることのなかで、その部処的生をおのれの生の内側から「人間の生の真実はしかじかである」と語ることであった。いまこの事態を思慮・知（プロネーシス）の立場から見ると、それはソクラテスがその部処的生について彼の emoi dokei の事柄を語るということであり、それ以外ではありえないということである。

［3］　同じように前節の［i］、［ii］の不知の知の観点から「真実のすべてを語る」と言われたことについて見れば、その実質は自他の吟味のなかで「生と知がともにそこにある」人間存在の根源層の有様としてソクラテスに経験され、明らかになったことがしだいに沈殿して彼の思慮・知となり、この思慮・知が emoi dokei という一人称与格形で語りだされるということである。

この［i］、［ii］の次元での思慮・知の働き方について決定的に重要なことは、それがおよそ「人がおのれの生きるところで明晰判明に分かる」という場合の原型的な明証を備えていることである。というのは、それは不知の知の究極の明らかさのなかで現実に経験され、そのような経験から直接生成してきたものだからである。それゆえ、そのような経験的な明証としての思慮・知はソクラテスにとって彼の哲学的生に備わる知恵、彼のいう「人間なみの知恵」となったのである。われわれはこの［i］、［ii］の次元について、ソクラテスは経験的に明証な思慮・知にもとづいて、その emoi dokei という一人称与格形をとって、ブレンターノの言葉を借りれば、「明証としての真実（Wahrheit als Evidenz）」を語っているのだということができるかもしれない。それは、経験的であるがゆえに他の仕方でもありえようが、それにもかかわらずそれ以外の仕方ではほとんど考えられないほど圧倒的に真実味のあることがソクラテスという一人の人間の思慮・知の言葉として emoi dokei という一見自分の思いを普通に語るような言い方で語られているということである。

この［i］、［ii］の次元について言うべきことがもう一つある。それはソクラテスのなかに不知の知の自覚と不可分な仕方で神託（神の言葉）の受容と神への信が生まれたことである。両者は等根源的に生まれたと言っていい。このことがソクラテス自身と神との関係を親密なものにし、彼に神について自由自在にリアルに話すことを可能にする。そしていまや、ソクラテスの思慮・知は不知の知の自覚のなかで、人間だけしかいない人間的視圏（実質的にはドクサの世界）を越え出て、限りなく豊かなものになっていく。『弁明』のソクラテスの話が容易に測りがたい奥行きをもつのはこうした彼の経験的な思慮・知の豊かさにある。この点を例証するために印象的な一つの箇所だけ見てみよう。それはソクラテスがデルポイの神託の真意を誰にでも分かるように説明するところである。ソクラテスはデルポイの神託は自分に対してというよりも人間全体に対する神のメッセージであると言い、およそつぎのように言う（意訳）。

「おそらく神だけが知者なのかもしれない。そして、人間の知恵というのはほとんど価値がないか、まるで無価値なものであり、もしちょっとでも価値があるとすれば、それはちょうどソクラテスのようにおのれの知恵に対しては何の値打ちもないこと、すなわち善美の事柄の不知を自覚したものであることによるのだ。そしてその意味で、そうした不知の知を自覚した私は人間たちのなかで他の者より知恵のある者だと言えるのだ。それゆえ、神はこの私を人間のパラデイグマ（一例にして典型）として、私にこのことを人間に伝えるように神託を下したのだ」、と（cf. 23a5-b4）。

ソクラテスがemoi dokeiと同じ語り口であたかも真の「知者」であるかのように物語る、この神の目で描かれる人間の生きる有様の描像は彼の思慮・知の伸びやかなダイナミズムを如実に表わしているということができる。すなわちそれは、不知の知の視点から明らかとなった、善美の事柄の不知のなかにあって人間の生き方が不知の知と無知という二つに分別される「生と知がともにそこにある」人間存在の根源層をまさに自在に神の視点から鮮やかに映像化した相貌（アスペクト）であるといえるのである。

［4］　さて、前節の残りの［iv］別れの言葉と［v］災いの言葉、すなわち、［iv］「真実のこと（alēthes）」として語られる「善き人には生きているときも、死んでからも、神々によって気遣われないことはない」という言葉と、［v］諸君は「真実のもとで、あるいは真実によって凶悪と不正の罰を受けてここから出て行くのだ」という言葉についてはどうであろうか。たしかに、これらの言葉もソクラテスの思慮・知（プロネーシス）の言

葉であると思われるが、しかし、［ii］で見られたようなemoi dokei（私には思われる）という穏やかな言い方ではなくて、むしろ断言的であるところに着目すべきである。それはここで、死刑の票決により現実の死に直面することになったソクラテスが、気持ちが高揚するなかで、彼の確信をストレートに語るようになったからであろうか。それとも彼自身が言うように、ソクラテスが「人間たちがもっともよく予言するところへ、つまりまさに死なんとするときに臨んでいる」（39c2-3）からであろうか。おそらく人間の生と死の全体を視野に入れてその生の有様を深く洞察するだけでなく、つねに人々との交わりのなかに身をおいて、何も包み隠さずに人々に対して、人々のために話をするソクラテスにあっては、後者の方が当てはまるであろう。というのは、ソクラテスは死が現実のものとなって普通ならおのれの思いのうちに閉じこもりがちになるはずの今の状況においても、たとえ一方は災いの言葉であっても、人々のために予言しているからである。

それでは、［iv］や［v］が予言の言葉であるとして、なぜソクラテスはそのような類の予言をするのであろうか。それは彼が「まさに死なんとするときに臨んでいる」からである。ソクラテスは、本当に驚嘆すべきことであるが、たとえ現実に死にさらされ、死によって他者から分け隔てられ、独りになった生（『弁明』の最後のソクラテスの言葉（cf. 42a2-5, や『クリトン』の冒頭部を参照）であっても、その生をおのれの生としてあるがままに受け入れて生きている人物である。いまや死に臨んだソクラテスは、その具体的、現実的な人間的生を真実のものとにいわばじかに見る位置に立っている。そして、その彼にとって現実となった死が彼にその生そのものの純粋に価値的な存立をリアルに浮かび上がらせているのである。しかしそればかりではない。ソクラテスは「生と知がともにそこにある」その生の根源層に身をおいて生きてきた。それゆえそこにはその生を語る言葉もある。逆にいえば、彼の言葉はこの生そのものが存立するところで発せられる。彼の言葉が生から遊離し観念的になることはありえない。そしていまや、このソクラテスが現実となった死に臨んで、生と死の全体を見据えるように純粋に価値的に存立する生そのもの（魂）と向き合っている。それゆえ、彼はこの生そのものの行く末を「神々の気遣い」（[iv]）、すなわち神の恵みとか「真実による裁き」（[v]）という観点から予言するのである。ちなみに、この事態は死に対して不知の知の態度を堅持するソクラテスが、その態度をここにいたってまさに見事に遂行していることを意味する。

それでは、[iv]と[v]についての以上の考察から何が明らかになるであろうか。それは[iv]と[v]の予言の言葉が不知の知にもとづいて形成された思慮・知（プロネーシス）という知の次元を突き抜けて、何かその奥にある、あるいは何かその根幹となるようなもの、言ってみれば、魂（プシューケー）そのものが問題となるような次元に届くように語られているということである。なぜなら、いまや死という試金石にかけられてなおも残る個としての人間の生そのものの存立の如何が問題となっているからである。もちろん、思慮・知と魂は切り離すことができないし、思慮・知の働かない生はありえない。なぜなら、そもそも知は生とともにそこにあるからである。とはいえ両者を両立してあると見るわけにもいかない。かくしていよいよ、ソクラテスがなぜ「魂の気遣いの勧告」のなかで三項目からなる「人が気遣うべきもの」の第一番目の項目に魂の気遣いを挙げたのかということが問題になってくる。この問題は、さきに問題提起した、3―(c) どのような仕方で真実（アレーテイア）という次元で「思慮・知の気遣い」と「魂の気遣い」という人間的生（魂）の在り方が一つに統合されるのかという問題を主題化することにもなるであろう。

4　魂の気遣い

(1)　魂論・序論

驚くべきことかもしれないが、ソクラテスは『弁明』のなかでアテナイの市民裁判員たちに人が生きるうえで最重要なこととして「魂の気遣いの勧告」をしながら、当の「魂（psūchē）」や「魂の気遣い（epimeleisthai tēs psūchēs）」という言葉が何を意味しているのか、それについては何の説明もしていない。これに対して、『クリトン』のなかでは命名することなく魂と思われるものの説明が一応行なわれている。それによれば、それは「正しさによってより善いものとなり、不正によって滅びるところの、かのもの」（*Crito*, 47d4-5, cf. 47e6-48a1）と言われる。もちろん、この程度の説明ではわれわれのこれまでの考察の域を出るものではなく、『クリトン』にあまり頼ることはできない。とはいえ、『クリトン』におけるソクラテスの言行の全体を念頭に置いておくことはきわめて重要であると思われる。というのは、筆者には、「何にもとづいて行動は行なわれるべきか」という副題をもつ『クリトン』のソクラテスの言行の全体、すなわち、死刑執行の日がその日から三日目に迫る牢獄のなかで、彼がクリトンや国家・国法との対話でそのように語り、そしてその言葉どおりに実行して脱獄しなかったことが、彼の言う正と不正にかかわる魂の気遣いのおのずからの実践であると思われるからである。

この点から見れば、魂の問題は全然難しくないのである。というのは、『クリトン』のソクラテスの言行が分かるのであれば、われわれの誰しもが魂とか魂の気遣いについて本当はすでに分かっていることになるからである。魂とか魂の気遣いとは、かならず善美正の価値にかかわることとして、その人が本当に何を気遣って、どこを向いて自分の実人生を生きているのか、そしてそれを本当にその通りに実行して生きているのか、ということをいちばん適切に言い表した言葉なのである。すなわち、ソクラテスにかぎらず誰であれもともと魂を気遣いながら生きているのであり、それゆえあらためて説明するまでもないことだからである。だがしかし、本来誰もが魂の気遣いをして生きており、それゆえ誰にとっても魂の存在することが自明であるといっても、そのことの単純さ・明らかさに気がつかずに、たいていの場合人はそれを知らないまま、素通りして、金銭・評判・地位・名誉の気遣いへと向かう。それらの気遣いはすでに述べたように魂の気遣いの頽落形態である。このような状況においてはなおさら一層、前人未到の不知の知において哲学的生を生きることをとおして魂を気遣うソクラテスの言う「魂」とか「魂の気遣い」という言葉を理解することは、われわれにとっては至難の業になるであろう。以下では、こうした事情を念頭において『弁明』における魂や魂の気遣いの意味について考察してみたい。(*)

(*) 魂とか魂の気遣いのことについてここまで書いてみて、思慮・知の気遣いという問題との結びつきを考慮の外に置いていえば、筆者にはまず思い浮かんだのはハイデガーの「現存在(Dasein)」と呼ばれる人間の定義である。現存在とは、「この存在者にとって彼があることにおいてこのあることそれ自身が関心事である(Es geht diesem Seienden in seinem Sein um dieses Sein selbst.)」(Heidegger, ***Sein und Zeit***, 12.)、そのような存在者である、と。ハイデガーのこの非人称命題によって言い表わされる人間の定義は非凡な洞察力によって行なわれたものであることに間違いはないが、しかし、「実存(Existenz)」という世界に剥き出しに露わにされた善美正の失われた、unheimlich(故郷喪失した不気味な)、存在の仕方である「憂慮・気遣い(Sorge)」と結び付けられることによって、ソクラテスが当たり前のように言う「魂」とか「魂の気遣い」がもつ実人生におけるリアリティーが決定的に薄れてしまっているように感じられる。ソクラテスは実人生においてまさにそのような魂を気遣って生きたが、これに対して、ハイデガーはこの人間の定義を哲学の方法概念として彼の『存在と時間』の哲学の基礎にすえて、魂(現存在)について考えたのである。みずからがそのように生きたわけではない。かくして、よく知られているように、ハイデガー自身の生き方は非常に分かりにくいものになる。あえていえば、「精神」の名前において歴史と政治が彼の現存在に混入することになるのである。ただし、いわゆる「転回(Kehre)」以後の問題はまた別である。ハイデガーの本領はそこで発揮されるであろう。[付記、「魂についての雑感」(二一一頁以下)を参照。]

ところでもう一つ、筆者にはヴィトゲンシュタインのつぎの言葉もこころに浮かんできた。それは一人の友だちについて「彼に対するわたしの態度は魂に対する態度である。わたしは彼が魂をもっているという意見をもつのではない。」(Wittgenstein, *Philosophische Untersuchungen* II, 152.)という言葉である。こう言うことのできるヴィトゲンシュタインは友(他者)の魂にじかに触れている、いわば友の魂のたたずまいが分かる、魂のアスペクトを見るのである。そうであれば、彼の関心事はおのれの魂を気遣うことばかりでなく、魂を気遣う者として他者の魂をも気遣っているのである。ヴィトゲンシュタインはそういう意味で魂の人であったといっていい。しかし現実には、彼はこの魂の問題と苦闘することになる。というのは、彼は自分が天才であると思うおのれの Eitelkeit(虚栄心・自尊心)に突き動かされるからである。これは彼における評判(ドクサ)のありようである。彼はこれを克服するために真剣に聖書を読み、キリスト教の信仰によって謙虚になる努力をする。これが彼をしてその哲学ばかりでなく、その人自身の生き方をも魅力あるものにするのである。

最後に、アイリス・マードックのソクラテスと大地を耕す敬虔な農夫を同じように見る眼のことを思い出してよいかもしれない。それはそれぞれの人間の魂のたたずまいを見ているのだという言い方がいちばん適切であるような目である。ソクラテスの哲学的生としての魂の気遣いは結果においてこの農夫の生活にいちばん似ているのかもしれない。魂の気遣いが哲学によって行なわれるというのはむしろきわめて特別なことで、普通は目立たないところで名もない人こそが真にそのような生を生きているのである。おそらくアンティステネスがソクラテスに惹かれたのもこのような場面とはそう遠くない意味合いにおいてであろう。魂の気遣いという点では、プラトンだけがソクラテスを継ぐものであるわけではないと思う。

(2) 魂論・本論①

まず、ソクラテスが行なった魂の気遣いの勧告の全体としての構造を思い出すことから始めよう。その勧告の全体は、構造的にいえば、一方で、「人が気遣うべきもの」は魂(プシューケー)・真実(アレーテイア)・思慮・知(プロネーシス)の三項目から成り、他方で、「人が気遣うべきでないもの」は金銭(クレーマタ)・評判(ドクサ)・名誉・地位(ティーメー)の三項目から成っていた。前三者と後三者は真実と評判を軸として対立構造をつくり、それぞれの側の三項目同士はこれまた真実と評判を軸として密接な関連をもち、さらにまたちょうどその反対側の項目とそれぞれ対立関係（魂―金銭、思慮・知―名誉・地位）にあることが指摘された。

つぎに、内容的に見れば、真実と思慮・知、評判と名誉・地位はそれぞれ表裏一体であることが明らかにされた。ここまではこれまでの論考をとおしてほぼ解明されたといっていいであろう。これに対して、金銭（クレーマタ）の考察は困難を極めた。ソクラテスの言う「金銭を気遣ってはならない」という勧告があまりにも平凡すぎる勧告のように見えるばかりでなく、そのままでは勧告の全体のなかでこの部分の勧告が他の勧告と調和しないように思われたからである。しかし、この勧告の意味を理解する突破口はかろうじてではあるが開かれた。それは、一つには金銭の気遣いが「人はパンなしには生きられない」という意味で人の生存に直結する切実な気遣いであるということであり、もう一つは、それが根本的には物（クレーマ）の気遣いではなくて魂の気遣いの在り方であるということである。つまり、この勧告では生存に直結する魂の気遣いとしての金銭の気遣いというものが考えられており、ソクラテスは一貫して魂の在り方と動向を注視しているということである。これら二つの点はこれからの魂の気遣いの論考に役立つであろう。

さらにこれら二点に加えて、金銭の気遣いについての考察の箇所で言及した、「自己自身」と「自己自身に属すもの」の峻別も重要である。というのは、ソクラテスの話題の仕方の類似性（cf. 36c3-d1, 29e1-3, 30b1-2）から、魂と「自己自身」、金銭と「自己自身に属すもの」が同一視されているとみなすことができるが、そうであれば、魂の気遣いの問題はそのまま「自己自身をできるかぎりよいものにする」という奇妙な感じのする問題であるということになるからである。「奇妙な感じがする」というのは、われわれにとって自己存在は気遣われるべき対象ではなくて、活動や認識の主体として、したがって気遣う側の主体としてすでにあるように思われるからである。（このような自己存在の捉え方はすでに「生＋α」という考え方の批判をとおして明らかにしたように誤ったものである。）これに対して、ソクラテスが言いたいことは「自己自身ができるかぎりすぐれた者になり、できるかぎり思慮ある者になるように気遣う」（36c6-7）ことがなければ、自己自身というものは存在しえないということである。重ねて強調していえば、（そのように自己自身を）気遣うということがこの自己自身をそのようなものとして存立させる、つまりそのような気遣いがそこで決定的な役割を担うのである。

ところで、この36c6-7の言い方のなかには、人が善美の事柄に関わるなかで、そしてその関わりのなかで自己自身が「できるかぎりすぐれた者になり、できるかぎり思慮ある者になる」ようにただそのことだけを気遣う、まさにそのように気遣いがなされるときに自己自身というべきものが生成するのだ、という理解が存しているということもできる。これは、これまでの考察で明らかとなった、「人は善美の事柄に関わるという価値的現実を生きているばかりでなく、その彼の生それ自体が価値的である（善き生、美しい生、正しい生）」という基本認識につなげて考えることができる事態である。というのは、これまでは人間的生それ自体の価値性ということの内実が不透明であったわけであるが、いまやその内実となるのは自己自身が「できるかぎりすぐれた者になり、できるかぎり思慮ある者になる」という意味での自己自身の生成にほかならないからである。かくして問題は、このような価値的存在になることと自己自身の生成が不可分に結びついている、という事態を視野に入れるまで深められることになったわけである。

そしてこのことは、さきに言及した『クリトン』において、なぜソクラテスがそのものを魂＝「自己自身」と言わずに、「正しさによってより善いものとなり、不正によって滅びるところの、かのもの」（47d4-5）という、それ自体として（an sich）の名前をもたないものとして言い表わしたのかということを説明することになるだろう。それは自己自身がより善いもの、より思慮あるものとして生成するものだからである。

しかし、こうしたテキスト解釈上の指摘だけではわれわれに切実で大事なことが見逃される恐れがあるかもしれない。『弁明』の話に戻れば、それはソクラテスがかの重大な勧告をするところで、「ひたすら魂のことを気遣いなさい」という言い方で勧告しているのはなぜかという問題である。その理由はつぎのように考えられよう。それは理屈のうえでは名前をもたない「かのもの」を自己自身と言うことはできても、そう言うよりも、魂とか、魂を気遣うことという言い方をした方が人々の実人生のためになる勧告になるということである。「魂のことを気遣いなさい」という勧告はそれなりに人々に受け入れられる言い方になるであろう。というのは、この話のはじめに示したように、各々のひとは何らか魂がどういうものかを理解しているからである。たとえば、それは人が死んだときにいちばんはっきりとする。というのは、その死によってかぎられて、故人の生は一つの生にまとまり、いわば魂だけになって、「あの人はああいう人であったなあ」というふうに、その人の魂のたたずまいが、生前彼がどのように魂を気遣っていたかが、おのずから浮かび上がってくるからである。しかしそれでは、このような魂とか魂の気遣いのいちばん核心にあるものは何であるか。それはソクラテスの魂の気遣いの根本問題であり、プラトンが死んだソクラテスを追悼して「もっとも正しい人」と称えることになる所以である。

さてしかし、これだけの見通しをえたあとでも、まだよく見通せない、しかも最大の問題が残る。それは真実（アレーテイア）と思慮・知（プロネーシス）、評判（ドクサ）と名誉・地位（ティーメー）のそれぞれの関係が同じことの表と裏であるように、真実と魂（プシューケー）、評判と金銭（クレーマタ）の関係はそうであるわけではないが、それにもかかわらず両者が不可分の関係にあるということをどのように理解したらいいのかという問題である。この問題のポイントは、いまの場合前者だけが問題となるが、真実の気遣いと魂の気遣いという二つの気遣いが不可分であり、「一なる生」（この理解を支えるのはソクラテス自身の「私は全生涯を通じてこの同じ人間としてあるだろう」（cf. 33a1-3）という言明である）を形づくるとはどのようなことなのかということになる。パラフレイズして問い直せば、不知の知にもとづく哲学的生を真実のなかで完成させたその生はどのような存在になるのか、それは魂の存在を真実のなかで純化させたプロネーシスに満ちた生になるであろうが、そのプロネーシスの生がそのままで魂の気遣いの目指す完全な魂でもある、つまり二つの気遣いは結局のところ一つであり、「一なる生」の一つの気遣いになるのか、それともそういうことではなくてなにか別の意味合いを含むのかということができるだろう。(＊)筆者の考えるところでは、この問題を考えることが『弁明』のなかにある最大の問題、なぜソクラテスは「真実のすべてを語る」こととして不知の知の話を中核とする必要な弁明をなし終えたあとで、いわば付け足しのように見える（バーネット）魂の気遣いの勧告をしたのか、という問題を解くことになるであろう。

（＊）このような奇妙に聞こえるかもしれない問い方をしたのは、松永雄二の『知と不知　プラトン哲学研究序説』（東京大学出版会、一九九三年）の問題の捉え方にわずかに違和感を覚えるからである。それは筆者にはどうしてもそのままなじめないのである。松永は言う。ソクラテスの「魂を気遣うこと」という言葉は、「われわれの一人一人に「わたしの生というものがあるその場所でまさにその生を生きよ」と語りかけている」のだ、と。この言い方はすでに一つのベクトルをもつが受け入れられるものである。そしてこのことはすぐに続けて、「それぞれの人の生というのは……「知ということ」と「真実にあるということ」が語られるまさにその場所においてある」といわれ、「そこにおいてしか「よく生きること」（eu zēn）ということはない」といわれる（同書、一一頁）。これは微妙な言い方である。魂の気遣いがまさに実体としては真実とプロネーシス（思慮・知）の気遣いであると言わんとしているからである。このことは『知と不知』の最終章でさらに突き詰められて言い表わされる。「われわれのたましい・こころのあることの意味は、まさにその徹底的な純化＝知を愛し求めることの果てに、はじめて語り得るものになる。というのは、……われわれのたましい・こころは、「ある」というそれ自体（to on）が真に成立しており、しかもそれは本来可知的なもの（noēton）としてあるということを可能にしている始源、つまりは〈よい〉というそれ自体（＝善のイデア）にまで至るとき、はじめて「ヌース（知）をもつ」」（同書、二三六頁）、と。そして、この「ヌース（知）をもつ」という事態がそのまま「〈わたしの生〉のあること自身の意味にかかわる自己知であるともいえる「プロネーシス（知慮・知）」が、このわたしのたましい・こころに真実の仕方で生じる」（同書、二五六頁）ことであると捉えられるのである。これはヌースあるいはプロネーシスが魂の本体であるかのような言い方に聞こえる。しかしそれが実際にはどういう事態かというと、『パイドン』で語られるように、「真実を観照する（kathorān）」（*Phaedo*, 66d7）ときのことであり、ソクラテスが言う「われわれが死んだとき」のことになるのである。つまり、われわれがプロネーシスそのものになるということは死ぬことによって身体からの分離を果たし魂だけになった魂を語るということである。しかしそうであれば、魂の気遣いということがもはやそれ独自の意味を失うのではないか。

　いま述べたことはすこし視点をずらせてつぎのようなことからも考えられる。プラトンは『パイドン』において人の生のすべてがそこから始まる「魂が存在するということ」を死にゆくソクラテスの叙述をとおして示しているように思われる。大事なことは、われわれにとって「魂が存在するということ」を認めなければ人間について何を語っても意味がない、あるいは言葉がわれわれの生から遊離してしまうということである。これに比べれば、魂が不死であるかどうかの証明の議論は「魂についての対話」の一つの話題にすぎないといってもいい。また、たとえ「〈魂の不死〉という巨大な問題」が本当に理論的に証明されたとしても、不死なる魂そのものはその証明のなかにはない。松永もまた『パイドン』の魂の不死の証明そのものの中身に大きな関心を払っていない。松永の関心は「魂が存在するということ」よりも「「ある」というそれ自体（to on）」にかかわるヌース、あるいはプロネーシスの問題に思索を集中させているように思われる。その証拠として『パイドン』のソクラテスが言う魂の浄化（魂の気遣いの別称と思われる）や死の修練、それに希望の生といった魂自身の在り方にかかわる話が触れられていないことを指摘することができる。なぜそうなるかというと、それは「不知の知」の松永の思索の軸足が『パイドン』の魂そのものの問題を通り過ぎて『パイドン』のプロネーシスから『国家』の「内なる正義」、そしてその内実となるプロネーシス・ヌースの問題に移っているからである。この点で、「不知の知」の思索に反映されていない魂の存在そのものに目を向ける『パイドン』解説の意義は大きいように思われるが、なぜ松永はそのことを振り返ることをしないのであろうか。（岩波版『プラトン全集1』、『パイドン』松永雄二訳・解説、四一五―四一七頁参照）。

いずれにしても、『知と不知』の思索のなかでは『弁明』と『パイドン』と『国家』がひとつの直線で結び付けられることになる。それは「ソクラテスの魂の気遣いと哲学（ピロソピアー）のむすびつきの意味をプラトンが『パイドン』のうちでもう一度自分の手でできうるかぎり語りつくそうとした」（同『パイドン』解説、四二四頁参照）ことが捉えられ、また同じように「「その正義と知（プロネーシス）において他に比類なきひと」［原語は dikaiotatos kai phronimōtatos―筆者の補足］と語られたソクラテスが終生そこに留まった場所が、またまぎれもなくプラトンの『国家』篇のもつ思索の、その最深の場所としてあった」（同書、四二〇頁）ということが明らかにされたということであろう。まさにそのとおりであろう。ところで、松永はプロネーシスとともに「内なる正義」という言葉を使う。ところがこの言葉は表題に使われるだけでそれ自身の実質を与えられない。ソクラテスが「終生そこに留まった場所」とは、彼が「もっとも正しい人（dikaiotatos）」と呼ばれる生を生きたということであろうが、そしてそのことこそが魂を気遣いながら生きたということであろうが、松永はそのことの内実を語らない。「内なる正義」は言葉だけでその内実はプロネーシス・ヌースなのである。これは筆者の問題の立て方のなかでいえば、魂の気遣いの内実は真実・プロネーシスの気遣いであるという理解を示すものであろう。このことは何を意味するか。それは筆者には「魂が存在するということ」そのものへの眼差しが松永の思索からはずされていることを意味するように思われる。そして、それはわれわれの生がなにか純粋に哲学的生としてだけ存立しうるという松永の確信を示しているのではなかろうか。

さて、筆者はソクラテス―プラトンの哲学の究極相を語りえた松永の透徹した思索に驚嘆の念を覚える者である。しかしそれにもかかわらず、筆者がどうしてもわずかに違和感を覚えるといったのは、魂の気遣いが「こころの徹底的な純化＝知を愛し求めること」、つまりは真実と思慮・知の気遣いにほかならないかのように言い切ってしまっていいのかということである。もちろん、魂の気遣いには、信じるとか、希望するとか、愛するとか、悲しむ、といった働き方があるだけでなく、魂それ自身の底知れない奥深さを秘めており、神の与りも受信できるし、そもそも知を愛し求めることを始める力を秘めていることも見落としてはならない。『パイドン』のソクラテスはこの世で生きていくことから解放されたこうした魂の自由な姿を示している。しかし、ソクラテスの魂とか魂の気遣いの問題で決定的に大事なことは、そうした働きのすべてを一つに統べるところの「魂が一なる魂として存在する」ということである。そして、『弁明』や『クリトン』がそこに焦点を合わせているように、この一つの魂の存在はひたすら正しく生きることによってのみ存立しうるのである。それゆえ、ソクラテスにかぎらず誰であれ、人は生きることにおいてそもそも何をしているかといえば、正しく生きることとして魂の気遣いをしているのだといわなければならない。そして、それは人がそれぞれの人生を生き、そのつどの時のなかで現実に行動することにおいて成し遂げられるものなのである。ソクラテスはその一例にして範例（パラデイグマ）なのである。『弁明』、『クリトン』、『パイドン』のソクラテス、それぞれのソクラテスはそれぞれの固有の現実のなかで生きているソクラテスであるが、そこで描かれているのは真実と思慮・知を気遣うソクラテスの哲学的生というよりも、むしろそれを体現して魂を気遣いながらつねに変わらずに生きる正義の人ソクラテスなのである。われわれはそのソクラテスに「これが人間の生というものなのだ」という感銘を受けるのである。「この人こそ本当に比類のないほど正しい人だ」という感銘なしには哲学するソクラテスへの関心はわれわれ自身にも同じように切実な関心事にはならないであろう。人が人に感応するところ、つまり「魂に対する態度」（ヴィトゲンシュタイン）の究極のところとはこういうところであって、プラトンにおいても正義の人ソクラテスに感応して「飛び火」ということが起こったのではないであろうか。

(3) 魂論・本論②

1 『弁明』のなかでソクラテスが彼の仕事（プラーグマ）、あるいは日常の行ない（エピテーデウマ）として語ることの内実はもっぱら哲学のことであり、この点で『弁明』のソクラテスは不知の知――哲学――思慮・知（プロネーシス）という彼の知を愛し求める活動によって担われる真実の気遣いのことを語っているといっていいかもしれない。これに対して、魂の気遣いについては人々にそれを勧告する場合を除いては何も語っていないということができる。そうすると、松永の考えるように、真実の気遣いとしての哲学以外に何か特別な魂の気遣いというものがあるわけではなく、「魂論・序論」で述べたような、哲学的生こそが魂の気遣いとして魂の完成をもたらすということが帰結するかもしれない。しかしこのような見方を額面どおり認めれば、それは魂の気遣いが真実・思慮・知の気遣いと同じではないというわれわれの直感的な理解とそぐわないものになる。

それではいま直面している事態を解き明かすためにどのような手立てがあるのであろうか。ここで、それらの気遣いと対立する側にある評判（ドクサ）と名誉・地位（ティーメー）の気遣いと金銭（クレーマタ）それぞれの気遣いの関係を思い出してみることは有力な手がかりを与えてくれるかもしれない。すでに「魂論・序論」でも言及したように、金銭の気遣いは根本的には人の生に直結する魂の気遣いとして捉えられる。このことが露わになるのは、生きがいであったはずの評判が死その他の生を脅かすものによって虚しいものになる（無意義化する）ときである。評判はそのようにして剝き出しにされた生そのものを支える力をもたない。図式的に言えば、評判の気遣いにおける「生＋α」（αは所有物としての能力・評判であり、生はその所有者にして主体である）という在り方が崩れ、＋αのない（生きがいのない）ただ恐れて生きる生、あるいはなりふり構わずに生きのびようとする生だけが残存するということである。それは魂の気遣いによって培われていなかった「徳（アレテー）」のないみじめで弱い裸の魂の不定の状態が露呈するということである。翻って言えば、評判を気遣う者は評判（生きがい）とともにこの不定の裸の魂が露呈しないように、安全な生存のための気遣いを怠らないのであり、それが金銭の気遣いなのである。もちろん、金銭の気遣いが生の安全を確保する万全な気遣いでありうるはずもなく――そもそもわれわれ死すべき人間にとってその種の万全な気遣いなどありえないのであるが――、死その他の生を脅かすものは内外から金銭の防波堤をやすやすと乗り越えて襲ってくる。しかしそれでも金銭は生そのものを守る健康に似た役割を果たす。金銭があれば人は生を持て余して退屈することはあっても、普通絶望はしない。なりふりにかまわなければ生きのびることができるからである。人はこの状態を「生＋α」の構造の痕跡とでも言いうるかもしれない。分裂した生はどこまでも残存するわけである。

さて、以上の考察から明らかになることは、「気遣ってはならないもの」を気遣う者においては生きがいとなる評判および名誉・地位の気遣いと安全に生きるための金銭の気遣いが「生＋α」という分裂した生のそれぞれ二つの部分を担っているということである。このことは、なぜ「気遣ってはならないもの」の側に評判や名誉・地位だけでなく、それとは別に金銭も挙げられなければならないかを分からせてくれる。というのは、分裂した生が評判を獲得し世のなかでうまくいっている場合には、それら二つの部分によって分裂した生の全体がカバーされ、あたかも安全な生と生きがいが両立した調和ある生が実現されているかのような様相を呈するからである。ここでは分裂した生にもかかわらず、あたかも二つの部分が調和的に両立し、その両者を統合した「一つの生」が実現されているかのように、われわれ人間の生が現象しているということである。

2　それでは、この状態と比較して、真実（アレーテイア）および思慮・知（プロネーシス）の気遣いと魂（プシューケー）の気遣いについてはどのように考えたらいいであろうか。この問いとともにテキストに即してソクラテスの言う「魂の気遣いとは何か」という問題の意味するものに迫らなければならないことになる。

あらためて問題提起すればつぎのようになる。「魂の気遣いとは何か」という問題は、何かそれ単独で問われるべきではなくて、「人が気遣うべきもの」の勧告の全体のなかで、しかもさきに「魂論・序論」で提起した問題、すなわち真実および思慮・知の気遣いと魂の気遣いが統合されて「一なる生」（同じ一つの生）を形づくるとはどのようなことなのか、ということが問われる脈絡のなかで考えられるべきである。そしていまや、この問題を考察する手がかりはこれまで考察した「気遣われるべきでないもの」において浮かび上がってきた事柄、評判の気遣いと金銭の気遣いからなる分裂した生が、それにもかかわらずあたかも「一なる生」であるかのように現象しているという事態に求めることができるであろう。というのは、この後者の生は真実の気遣いと魂の気遣いからなる本来の「一なる生」の歪んだ影でしかないが、それゆえにこそぎゃくにそれは本来の生の在り方の形式を痕跡として残していると考えることができるからである。

それでは、後者の生にそのように残存する形式とは何か。それはその生には気遣われるべき生と生きがいというわれわれの生の二つの部分に応じて二つの気遣い（金銭の気遣いと評判の気遣い）があり、そこにはその両者を統合した「一つの生らしきもの（本来のものの影・形骸でしかなく、本当は分裂している生でしかないもの）」が実現していることである。とすると、問題はぎゃくにその影・痕跡の生の本体の方はどのような生としてあるのかと問うことができるのではないか。そしてその場合、図式的に見れば、本来の「一なる生」において気遣われるべき生と生きがいというものがあり、それに対して魂の気遣いと真実の気遣いがあり、それらは真に統合されうるという構図が描けるとすれば、われわれはこの構図にしたがって本来の「一なる生」における「魂とは何か」と

「魂の気遣いとは何か」を問うことができるのではないか。

さてとすれば、魂とは生のことであり、魂の気遣いとは生の気遣いということになるであろう。しかし生きるとは死なずに現実に生きていくことであり、現実に生きていくためには「人はパンなしには生きられない」のであるから、生を気遣うとは結局パン（金銭）を手に入れようと日々働くこと、つまり金銭の気遣いになるのではないか。しかしこの議論は正しくない。「人がパンなしに生きられない」のは言うまでもないが、だからといって金銭の気遣いが生の気遣いであるということにはならない。ここで忘れてはならないのは気遣うものは魂であるということである。ソクラテスは「魂が魂を気遣う」という「人が気遣うべきもの」をそのまま真っ直ぐに気遣ったのであり、「魂が金銭を気遣う」、より正確にいえば、「魂が金銭を気遣う、というそのような魂の気遣いをする」（本来の魂の気遣いの変質としての金銭の気遣い）ことをしなかったということである。それでは魂と生（現実に生きること）の関係、そして魂の気遣いについてどのように考えればいいのだろうか。ソクラテスの魂の気遣いの勧告の後半で言われるつぎの部分が大きな手がかりを与えてくれるであろう。

「というのは私が歩き回って行なっていることといえば、ただつぎのことだけなのだ。それはつまり、諸君のなかの若者も年寄りも説得して、魂（psūchē）ができるかぎりすぐれたものになるように気遣わなければならないのであり、それよりもさきに、またそれと同程度にでも熱心に、身体（sōmata）や金銭（khrēmata）のことを気遣ってはならないということを説得しているだけなのだ。そしてその際、私はつぎのように言っているのだ。金銭から徳（aretē）が生じるのではなくて、徳から金銭やその他のものが、公私いずれの場合にも、すべて人間にとって善いものになるのだ、と。」（30a7-b4）

ソクラテスのこの後半の勧告はわれわれがこれまでに論じてきた「人が気遣うべきもの」と「気遣ってはならないもの」のそれぞれ三項目に挙げられたもののなかで魂の気遣いだけを取り出して述べたものである。しかしこの後半の勧告は前半の勧告とは意味合いが大きく異なるように思われる。前半の勧告では、真実（アレーテイア）と評判（ドクサ）を対立軸にした「人が気遣うべきもの」と「気遣ってはならないもの」の峻別のもとで真実の気遣いが焦点であったのに対して、ここでは、魂の気遣いだけが言及され、文字通り魂の気遣いの勧告となっているからである。それがどのようなことかについては「身体（sōmata）」と「徳（aretē）」という言葉の使われ方から理解することができよう。

まず身体（ソーマ）について、ここでは身体は「気遣ってはならないもの」の第四番目の項目として言及されているわけではなく、「ただひたすら魂を気遣うことだけが大事だ」ということを強調するためにそれ以外のものとして対置されているだけである。「身体を気遣ってはならない」などという言い方はどこにもない。そもそもそういう勧告をここでするのは過激というよりも場違いであるし、身体を、最初の勧告で気遣ってはならないとされた金銭、評判、名誉・地位のあいだの緊密なつながりのなかにあえて付け加える理由もない。むしろぎゃくに、ここで注目すべきは金銭の方がそのような身体と並べられていることである。それが意味するところは、この後半の勧告での金銭が気遣われるべきでないものの一つとしてではなく、身体と同じような位置づけがされてあるということであり、この勧告の後半部分の徳（アレテー）と金銭の関係の説明から考えると、金銭はそれ自体としては価値的にニュートラルであるとみなされているということである。「それよりもさきに、またそれと同程度に……気遣ってはならない」というソクラテスの言い方から身体や金銭の気遣いがある程度許容されているように見えるので、最初の厳しい勧告がやわらげられたり、緩められたりしていると解釈する研究者もいるが、それは見当違いの解釈であろう。むしろ事情はその逆なのである。魂の気遣いだけが善美の事柄に関わり、人が気遣うに値するのに対して、身体や金銭の気遣いは魂の気遣いとは次元を異にし、それだけで価値的であるとは言えないことが強調されているのである。

もう一方の「徳（アレテー）」という言葉については、「魂のよさ」とか、「すぐれた魂」（田中美知太郎訳）という意味合いで使われているということができる。ここでは魂の気遣いが「魂ができるかぎりよりよいものになるように気遣う」という意味で「徳の気遣い（epimeleisthai aretēs）」（31b5）として話題にされている。ということはここでは、魂の気遣いの内実が簡潔に語りだされているということであり、「徳」という言葉の使用によって聞く者にもソクラテスの勧告する魂の気遣いの意味がさらによく分かるようになるということである。この点においても、話題の中心が真実の気遣いから魂の気遣いに移っているのが理解されるだろう。またここで徳が第四の「人が気遣うべきもの」として言及されているわけではないのは言うまでもないことである。

さてそれでは、この箇所の勧告の後半の部分、すなわち「金銭から徳が生じるのではなくて、徳から金銭やその他すべてのものが人間にとって善いものになるのだ」（30b2-4）という言葉をどう理解したらいいであろうか。もちろん、言われていることは難しいことではない。すぐれた魂の人（有徳者）がお金を使えば、そのお金は人間にとって善いものになるのであり、お金それ自体が善いというわけではない、つまり金銭は金銭としては価値的にはニュートラルなのだと理解すればいいであろう。しかし問題はそのことがこの勧告の脈絡でもつ意味である。

まず考えられることは、ここで、人間にとって魂の気遣いだけが人間的生の現実（リアリティー）をつくることがはっきりと捉えられていることである。その人間的生の現実とは価値的現実にある魂のことであり、魂の気遣いだけがその魂の現実にどうあるかを、ふたたび『クリトン』の言葉を借りれば、「正しさによってより善いものとなり、不正によって滅びるところの、かのもの」（*Crito*, 47d4-5）の在り方を価値的に、つまり「かのもの」が「善くある」とか「正しくある」というかぎりにおいてその「かのものがある」ことを決めるのである。これに対して、金銭や身体などそれ以外のすべてのものはそのような魂の価値的存在からそのどうあるかを、すなわち「それは善い」とか、「それは悪い」ということを決められる。これらのものは魂の存在という人間的生の価値的現実のなかではこれ以上の意味をもちえないのである。

3　だがしかし、ここまでの話はこれまでの魂の気遣いの問題の延長線上で理解される話であり、これまでの話をまとめて捉えたにすぎない。むしろ問題はこれからであり、そこに伏在している事態を摑み出すことが求められる。その事態とは魂の気遣いをするということが現実的かつ具体的にどのような事態であるのかという問題として捉えられるであろう。そのためにまず、くどいようであるが、魂（プシューケー）とはどのような存在であるかをこれまでの考察を踏まえてあらためて見ることから始めよう。

魂は善美の事柄への関わりにおいて存在するそれ自身価値的存在であるとともに、まさにその価値的であるかぎりで、そのかぎりでのみ「ある」。しかるに、この魂の存在は魂の気遣いなしにはありえない。そしていまや、そのことの意味は魂の気遣いがその魂の在り方を価値あるものにするかぎりで魂は「ある」のであり、魂の気遣いによる魂の価値的決定ということがこの事態の核心にある。しかし、これは実際にはどのような事態なのか。それははっきりと目に見えることなのか。魂の気遣いの価値的決定によって魂は現にいまここにある、現実にいまそのように行為してある、つまり現実活動状態にあるかぎりで「ある」というのは、本当に現実的に具体的にありうることなのか。

さてしかし、これだけではまだ魂が「ある」とはどういうことかについて十分明らかとなったとはいえない。驚くべきことかもしれないが、魂は身体において、より正確に言えば、身体として「ある」。そうでなければ、魂が現にいまここにあることは不可能であろう。この場合、身体とは魂の気遣いの価値的形成がそれへ向けてなされ、そのものの在り方として具体的現実となるもののことである。難しいことを言っているのではない。それは、典型的場面で言えば、『パイドン』できわめて印象的に描かれる「牢獄に座って友たちと対話しながら死を待っているソクラテス」のことである。それはソクラテス自身の口から語られる彼が牢獄に座っていることの「真に原因であるもの」(*Phaedo*, 98e1) に関わるつぎのような事態である。

「真に原因であるものとはつぎのことである。アテナイの人たちが私に有罪の票決を下す方がよいと思ったこと、そしてそれゆえに、私としてもここに坐っている方がよいと思ったこと、そして彼らの命ずる刑罰なら何であれ、この地に留まってそれを受ける方が正しいと思ったということである。」(*Phaedo*, 98e1-5)

この事態は筆者が思い描く魂の気遣いの価値的決定がなされる典型的場面である。プラトンの『ソクラテスの弁明』、『クリトン』、『パイドン』の三対話篇はソクラテスが牢獄に座って死を待ちつつ、その真の原因を語ることの場面に究極の重心があるといっても過言ではない。筆者にはこの場面がそれほど重要な場面であると思われる。ソクラテスが牢獄に座っている真の原因はアテナイの人たちの彼に有罪票決を下すのを「よし」とする決定を受けて、彼もまたそれを受けることを「よし」として決定したところにある。これはソクラテスが有罪票決を受けるという価値的現実のなかで、「善による決定」（松永雄二訳『パイドン』補注Ⅱ、岩波版『プラトン全集』Ⅰ、三五二頁参照）という「よいと思う」とか「ただしいと思う」という完全に価値的な判断によって彼自身の生の選択、しかも国家（祖国）・国法とその一市民としてあることを十分に考慮した生の選択がなされているという事態である。その生の選択は人生においてただ一度だけしかない、取り返しがつかないおのれの全存在を懸けた選択である。ソクラテスはそのような生の選択を死のことを考慮することなく、死を恐れることなく、純粋に価値的に判断し、選択しているのである。この態度はわれわれがこれまで見てきた彼の魂の気遣いの勧告の内容と完全に一致している。この点について言えば、それはまたソクラテスが『弁明』のなかで自己自身のことを語るつぎの言葉において言い表わされていることである。

「私は全生涯を通じて、公けにもし何かをしたとしても、このような人間であることが明らかになるでしょう。また私生活においても、この同じ人間としてあることが明らかになるでしょう。つまり、私が正義に反して何事もまた何人に対しても譲歩したことがない人間であることが明らかになるでしょう。」(33a1-5)

ソクラテスが「善による決定」にもとづいておのれの生を選ぶという生き方をしていることはたまたま生じたことではない。それはこの彼の言葉に表明されているように彼の全生涯を通じて行なわれたことであり、それゆえソクラテスの生にはいついかなるときにも常に変わらぬ「一なる生」が保たれている。このことがソクラテスの言う魂が「ある」ことであり、魂のよさである徳をもつ人、つまり正義の人が「いる」ということなのである。

しかし、この正義の人が「いる」ということは牢獄に座って死刑の時をまつ、たとえばソクラテスが「いる」というところではじめて本当に理解されることなのである。このことが、「人はまさにいかにあるべきか」という行為が問題となる文脈においてみれば、正義への関わりのなかでおのれの存在がひたすら正しくあるように保つために、正しいか否かの判断にもとづく現実の具体的行為の決定によって、現にいまここに牢獄に座っているということになる。われわれはこのように行為的現実のなかに身をおいた同じものとして生きている人について「徳がある」とか「正しい」という言葉を使うことができる。(*) このような意味の徳や正しさがソクラテスの牢獄に座っているという行為をいわば取り囲み、「そのように生きた（徳を形成してきた）からこそ彼は必然的にそうしているのだ」という意味でその行為の必然性を生み出すのである。

（*） この徳の気遣いを国家・国法に対するかかわりのなかで理解するためには『クリトン』第二部の問題が重要な意味をもつであろう。とくに、*Crito*, 51a2-7. 同じく53c6-8のソクラテスの言い方を参照。前者の箇所では、「本当に徳の気遣いをするもの」は「正しいと信じてソクラテスを破滅に導いた」国法と祖国に対してお返しにいかなる行為をすべきか、という問題が正義にかなうことかどうかという観点で論じられ、後者の箇所では、「徳（アレテー）」と「正義（ディカイオシュネー）」と「法に適う慣習（ノミマ）」と「国法（ノモイ）」が重ねあわされるように列挙される。第四章参照。

ここまで考えてきたときに、われわれは見落としがちなつぎのような点にも眼を向けることができる。それはソクラテスが牢獄に座っていることにおいて成り立っている行為の因果性ということである。「牢獄に座ること」のいまや正義論的文脈で理解されるべき「善による決定」が真の原因であるなら、その結果は「牢獄に座ること」である。つまり、牢獄に座るという身体的行為が、身体の各部分の骨や皮膚や腱がそのように座るという一つの行為にまとめられて「座る」という身体的な動きをすることが「善による決定」という真の原因の終極であり、この終極が決められたときにはじめて原因は原因足りうるのである。それゆえ、ソクラテスはつぎのように言う。

「なぜなら、誓って言うが、もしも私が、国の命ずる刑罰なら何であれ従うことの方が逃亡したり脱走したりするよりもより正しく、より美しい、と考えなかったとしたならば、これらの腱や骨などは、それこそが最善であるという判断（doxa）に突き動かされて、とっくの昔にメガラやボイオティアあたりに行っていたことだろうからね。」（*Phaedo*, 98e5-99a4）。

この言葉は身体がそれ自体としては価値的にニュートラルであるとしても、現実には本能的な価値判断、たとえば死の恐怖といった思いの巣であることを言い表わしている。「善による決定」という魂の自覚的な生の選択がなされないところでは、身体（腱や骨）は本能的に動き、勝手に「それこそが最善であるという判断に突き動かされて」、つまりは死を避けるとか、とにかく何が何でも生きのびるのが最善だといった判断（ドクサ）、というより「どうしてこんなところにいなくてはならないのか」とふと思うような身体に根を張る本能的な思いによって牢獄から逃げ出すだろう。魂の気遣いのないままに放置され、善による決定によって縛られていない身体はそもそも強制なしに「牢獄に座っている」ことができないであろう。そうであればぎゃくに、身体が行為の因果性のなかで善による決定（魂の気遣いの価値的決定）のもとにあるとき、言い換えれば、善による決定（原因）がその終極として身体の在り方、「牢獄に座ること」（結果としての現実）を決めるとき、そしてこれも付け加えていいと思われるが、行為的現実のなかで培われた徳（アレテー）によって魂が確固たるものに固められているとき、そこにはじめて「ソクラテスが牢獄に座っている」という事態が生まれるのである。この牢獄に座っているソクラテスのことを「有徳なる魂からなる生身の身体《からだ》」と呼んでいいかもしれない。

さて、『パイドン』のこの箇所のソクラテスの態度からいまわれわれが話題にしている『弁明』の魂の気遣いの勧告内容を見るとき、「金銭から徳が生じるのではなくて、徳から金銭やその他すべてのものが人間にとって善いものになるのだ」という言葉は、そこに生身の身体をもつ一人の有徳なる人間がいて、その人間がかの行為の因果性において行為しているという事態を想定しなければ正しく理解されないであろう。『弁明』のソクラテスにとっては自分がそのように生きていることが当たり前であるためにそのことを勧告の前提として、簡略化した勧告を語ったのではないだろうか。

『弁明』のソクラテスの話はこれ以後彼が「実際なしたこと・事実（erga）」へ移っていく。われわれはそこに全生涯をとおして生身の身体をもつ同じ一人の人間を見ることになる。それを論じることはここではできない。

最後に、「善による決定」がなされるのはソクラテスの全存在をかけて、つまり魂の気遣いの結果であるが、それを導く「そうするのがよいと思う」とか「正しいと思う」という判断は真実・プロネーシスの気遣いなしにはありえないことであり、それゆえこの場面では魂の気遣いばかりでなく真実・プロネーシスの気遣いもまた働いているということができる。この節の「魂・本論Ⅰ」の最初に立てた問題、魂の気遣いと真実・プロネーシスの気遣いが「一なる生」を形づくるのかどうか、またどのようにして形づくるのかという問題は、牢獄に座ってて死をまつソクラテスの存在に目を向けることにおいてはじめて十分な理解が可能になるであろう。ソクラテスにとって何のために真実・プロネーシスの気遣いが意味をもつかといえば、それは魂の気遣いのためであり、逃げずに牢獄に座って死をまつためであるということを忘れてはならないのである。

付記　魂についての雑感

人は誰しも魂の気遣いをしながら生きているのではないかというとき、筆者にとっては昔からとても馴染み深い、ハイデガー独自の実存の理念的諸規定が連想された。それらは「現存在（Dasein）」（人間存在）の在り方を表示するかの非人称命題——「この存在者にとって彼があることにおいてこのあることそれ自身が関心事である」や、不安を根本情態性とする「憂慮・気遣い（Sorge）」、あるいは実存の「各自性（Jemeinigkeit）」といったものである。ハイデガーは、なぜ、またどこから、こうした独特な人間理解、たとえば「ロゴス的動物（zōon logon echon）」といった人間理解とはおよそ異質にみえる理解の仕方を思いついたのであろうか。そのもとには何かリアルな経験的な人間の存在の仕方と自己了解の仕方があり、そのリアリズムに根ざしているからこそハイデガーの把握はそのまま説明なしでも説得力をもっているのではないか。しかし、ハイデガーはそれをそのまま言い表わすことをせずに、彼独自の哲学を抜く術語群のなかでより洗練された哲学的方法概念として作り変えたのではないか。そうであれば、そのもとにあるものは何と呼ばれるのがふさわしいのだろうか。それは古来人々に親しまれてきた「魂」という言葉ではないだろうか。この魂についてはハイデガーも「現存在」という術語がアリストテレスの「魂は或る意味ですべてである」という言葉とつながりをもつことを意識しているといっているわけだが、彼自身はそうした魂理解の脈絡よりも生きているあいだそのホモ（人間）の存在を支配する、「精神」でも「身体」でもない「憂慮・気遣い」を重視して寓話化した「クーラ（気遣い）寓話」が気に入っているようである（Heidegger, ***Sein und Zeit***, 11 Aufl. Tübingen : Max Niemeyer Verlag, 1967, 197-9.）。しかし、この寓話もそれに先立つ人々の実人生から汲み取られたものではなかろうか。

さて、人々の実人生にそくして魂とか魂の気遣いについていうとき、それらには、哲学以前の、そうした哲学的概念化・一般化に馴染まない経験的に感得されてきた意味合いがあるのではないか。その意味合いとはそれらがかけがえのない個別的なものの存立、すなわち各自の経験するそれぞれのリアリティーというなにか不思議な実質を指していることである。それは、各々の人はそれぞれ一般化できないような個性的で実質のある個体化された魂をもち、それを経験のなかで養い育てながら、この世の生涯を生きている、という感覚である。たとえば、ソクラテスはソクラテスに固有の魂をもち、そのおのれの魂を気遣いながら彼の現実を生き、ベートーベンはベートーベンで、彼に固有の魂をもち、それを気遣うのに、たまたま音楽の天才があったので、現実の経験と作曲活動のなかで稀有な音楽魂をつくりあげたのではないだろうか。このなかには、一つには経験の不思議さが含まれる。ソクラテスの場合、たまたまにも見えるデルポイの神託事件やソクラテス裁判がなければ、そうしたなかで彼独自の個性的な態度の取り方が生まれず、彼の魂の個性があのように実現することはなかったであろう。しかしまた、他方、ソクラテスの魂は最初から決定されていて、それがそのときどきの経験を惹き起こし、その経験をとおしてあのようなかたちあるものになっていったともいえるだろう。ここには、ハイデガーのクーラとは違って、魂の方は死によって無に帰するとは考えられない所以がある。このことが自覚されたとき、各人の魂はどこから来て、現在の生のなかでどのようにあり、どこへ行くのか、という視野のなかで一つの魂の物語（ミュートス・ナラティブ）が生まれてくるであろう。あるいはまた、ヘラクレイトスのような魂の底知れない深さというものが感じられてくるであろう。生涯哲学に徹したソクラテスも最後のときにこのような自由になった魂に解放されて、幸福のなかに死を迎えたのではないか。これはプラトンの『パイドン』が描き出そうとしたことのように思われる。

こうした筆者の雑感に加えて、池田晶子の魂についての哲学的エッセーのことをぜひ触れておきたい。というのは、そのエッセーにおける池田の魂の発見、前学問的な気づき方にはハイデガーの「クーラ（気遣い）寓話」よりもリアリティーがあるように思われるからである。池田は「私」が唯一それであるところのもの――それは現実にはかの池田晶子という存在になるのだが――を「魂」と呼ぶと「じつに深く納得できる」と言う。「意識の非人称性と「私」の唯一性、しかし、この世界に明らかに存在する個性すなわち固有性を指示するための言葉として、「魂」よりも的確な言葉を、今のところ私は見いだしていない。いや別に私が見出したのではなく、はるか昔からそこにあったのを思い出したというだけなのだが、だからこそ、この言葉、舌の上で転がしてみるほどに味わい深く、馥郁《ふくいく》と香り立つ。」（池田晶子『残酷人生論』情報センター出版局、一九九八年、一九〇頁）。「ある人がその人であって別の人ではないのは、それがその「魂」だからであり、人それぞれみな違うのは、「魂」がそれぞれ違うからであり、人の人生の歩みとは、その「魂」の歩みなのだと、あれは「魂」が歩んでいるのだ。」（一九七頁）等々と言って、そのような個別の魂が存在することに驚く。しかしいったん、魂とは何か、「ある人がその人であって別の人でないのはなぜか。」（一八九頁）と問うやいなや、「いやこれがもうさっぱりわからない。ほんとうにわからないのである。」（二〇〇頁）と言いつつも、これ以後魂という「理性の明るい光のもはや及ばない領域」（池田晶子『魂とは何か』（一九九七－一九九九年の遺稿、トランスビュー、二〇〇九年、九頁）のなかに入っていき、いろいろな角度から魂のことを考えるようになる。

たとえば、それまでは「「意識」の一語ですべては隈なく理解されると思っていた」池田はつぎのようなことを言う。「「意識」という語と〈私〉の語が、どうもうまく重ならない。「私は意識」と言うのも変である。〈私〉の語がどうも宙に浮く、……「意識」の語からはみ出してしまうのだ。「私の意識」と「言っている」その当のものを、どうしても名指せない。これは、どういうことだろうか。誰でもない意識は、[〈私〉の語を「言う」ことで、誰かではない〈私〉となった。しばらくは、そう考えることで納得しようとしていたのである。〈私〉というこの奇怪な一単語、こんなものが宇宙の辞書に存在することが変なのだ、と。しかし、ある時、〈魂〉の語が来た。おそらく、「言葉の魂の力」によってここに来た。それは、ピタリと、ここにはまった。あ、深い納得——。」(二〇一一一頁)。「言葉の魂の力」とは池田が思わず書いた言葉であろうが、「魂」という言葉が池田に魂という相貌(アスペクト)を示したのである。これまた、一生懸命考えているとき生じる言葉の方が語りかけるという不思議な経験であろう。

またたとえば、池田はある神秘主義者の人間理解として「肉体と精神と魂」の区分が深く腑に落ちたと言う。「肉体とは個別だが物体であり、精神とは物体ではないが非人称であるなら、その人を他の人ではなくてその人たらしめている当のものとは、他でもない、〈魂〉ということになる。なぜそれを〈私〉と、私は言わないのか。〈私〉とは、おそらく、たんなる形式であろう。あえて「たんなる」と言うのは、形而上的な形式と形而下的な内容とを、思考によって峻別した場合、そこに残る内容は、形式から見れば、なお不可解なままだからである。……なぜ〈私〉は、この人間なのか。」(三四頁)。

池田は自分が「普遍的な事柄を好むという、その傾向自体が一つのタイプ」なのではないかということにあるとき気がつく。どうして自分は「誰でもない意識そのもの、つまり非人称のコギト」というところからばかり考えているのかということに驚く。(池田晶子『人生のほんとう』トランスビュー、二〇〇六年、一二四頁)。あるいは、魂の問題としてアニミズムや世界霊魂の話で話されるような魂と宇宙の問題や魂と「空」(色即是空の空)の問題に思いを及ぼす(同書、一〇七―二〇頁、一三四―五四頁)。そして、池田はこうした自分の好みを不思議がり「〈魂の体質〉」と呼んでみたりする(『魂とは何か』三七頁)。池田の話は魂の周りをぐるぐる回るような試みでしかないかもしれないが、それによって魂のあることがますます不思議になっていく感じである。

さて、紹介はこれくらいにして、池田の魂の話についてすこしコメントをしておきたい。この池田の魂の感じ方は言葉の表層から生まれてくる「私」の心理的映像、つまり自意識などではない。それは彼女自身の生の自己了解から発せられた彼女固有の、ひいては各人の存在として「魂のあること」の驚きを表明したものだからである。しかしそれよりも前に、彼女の根本の感受性、「魂」の語がこのようにして浮かんで来て、魂の存在をただちに感得できるところに池田の哲学的天分を筆者は感じる。なぜなら、哲学でなによりも大事なことは物事のいちばん根本にあるそのような本質的な相貌(アスペクト)に気づく力だからである。これは当の魂としておのれを覚醒する力がなければできることではないであろう。ただしかし、魂というアスペクトに気づいた後で、それをさらに思索の対象にして知的に探究しようとする池田の態度は何か大事な問題から逸れるように思われる。というのは、魂は各人によって生きられるまさに当のものであり、直接対象とするような思索には馴染まないというべきものだからである。とはいえ、池田が気づいた魂というアスペクトは筆者にとって貴重な示唆を含んでいる(*)。というのは、その魂のアスペクトにおいてソクラテスの言動の全体を見るときに、はじめて彼が何をしていたのかが、つまり、彼が魂の気遣いをしていたことがよく分かるようになるからである。そしてこのことは、説明なしに魂の気遣いを勧告することを除けば、『弁明』のソクラテスが語るおのれの哲学的生の根幹に黙示されているといえるかもしれない。

（＊）この言葉遣いは池田の言う「〈魂〉の語が来た」、「言葉の魂の力によってやってきた」という場合の、「魂」という語が意味をもち、生きて働くようになり、存在の全体を活人画のように働かせるようになる事態を念頭においている。それはヴィトゲンシュタインの「文法としての神学」になぞらえて言えば、「文法としての心理学（魂についての学）」が哲学の視野に入るところである。とはいえ、そのような魂に対する態度についての哲学を行なうことは不可能に近い業であろうが。

第三章　言葉の真実を知り、生を吟味する哲学者、およびメレトス論駁

（17a1-18a6, 37e3-38a8, 24b3-28b2）

はじめに

この第三章はプラトンの『ソクラテスの弁明』の「前置き」（17a1-18a6）といわれる冒頭部と「吟味されない生は生きるに価しない」という言葉が語られる箇所とメレトス論駁の箇所の解釈の試みである。これらの三箇所はそれぞれ独立したものとみなすこともできるが、筆者はそれらを一つながりの論考として展開する方が適切であると考えた。というのは、ソクラテスの哲学が問答による自他の吟味、生の吟味のための哲学である以上、彼の言葉に対する根本的な理解と尊敬の気持ちがどのようなものであるかを知る必要があるからである。同様に、第一章でソクラテスの哲学は不知の知の自覚が核となった「生と知がともにそこにある」ところで行なわれたという趣旨のことを強調したが、そこでは言葉の働きが決定的な意味をもつことも理解しなければならないであろう。この章で取り上げる三箇所は、それぞれソクラテスが言葉の真実を明らかにするところ（17a1-18a6・第一節）、生の吟味のために問答という言論を作る活動が人間にとって最大の善であることが語られる箇所（37e-38a8・第二節）、そして言葉の本来の力を損ない平気で嘘を言うメレトスに対する論駁の箇所（24b3-28b2）である。

これからこの第三章ではじめに試みる『弁明』の冒頭部の解釈もそれが弁明の「前置き」にすぎないからといって軽く見ることは許されない。それどころか『弁明』の全体は想像を絶するような哲学的生を生きてきたソクラテスのおのれの生死を越えた弁明という驚くべき精神的出来事にふさわしい仕方で最初から存立しているのであって、「偉大なものは偉大に始まる」（ハイデガー）というようにあるはずである。これまでの考察に関連していえば、「不知の知」と「魂の気遣い」の問題さえきちんと理解できさえすれば『弁明』が全部分かるというわけではない。それらの根本問題だけで『弁明』の全体が存立しているわけではないからである。それにまた、これらの根本問題をそれなりに解き明かすことができたというのであれば、当然この冒頭の「前置き」も同じ水準で読解できるのでなければならない。ソクラテスの弁明の構成に即していえば、そうした根本問題の解明のためには、彼がその「前置き」から弁明を始めているのに応じて、当然のことながらその「前置き」の読解から始めなければならないということである。

それでは、この『弁明』の冒頭部の「前置き」で問題にすべき事柄とは何であろうか。それはソクラテスの弁明の言葉の問題である。というのは、ソクラテスは「前置き」でただちに告訴に対する弁明に入るまえに、それに先立って自分が弁明で使うことになる言葉を問題として取り上げ、その言葉がどのようなものになるかを明らかにしようとしているからである。

そこで最初に、ソクラテスは彼が理解する言葉の力や人と言葉との関係、そして人が言葉を語ることの意義を明らかにする。「前置き」の前半部では、人の心にまで届く説得力という言葉の力というものに注目して、われわれ人間にとって言葉を語るということはどういうことなのかを自分と自分を告訴する者たちとの言葉に対する態度を対比することによって明らかにする。そしてその上で、ソクラテスは自分自身と言葉の関係について決定的な表明をする。すなわち、自分が「弁論の勇者（言葉を語ることにおいて恐るべき者）」、つまり言葉に熟知し言葉の力に与かることのできる者であるとすれば、それは自分が真実を語る者であるかぎりでそういう者であるということだということを表明する。

しかし、「前置き」の後半部はその前半部と様相が異なる。後半部はソクラテスが裁判員に語りかける場面である。それは自分の正しいと信じるところを自分の言葉で率直に話したいからどうかよく聞いてほしいという裁判員に対する要請の趣がある。そして、その語り方は相手の立場を配慮したレトリックが用いられているように見える。ソクラテスにとって裁判員、あるいはアテナイ市民とはどのような存在であるのか、ここではその両者の微妙な関係が十分に自覚された語り方が行なわれる。その意味で、ソクラテスもまた裁判員に対しては説得的に語っているのである。

かくして、ソクラテスはレトリックをも駆使できる、言葉の真実を知り、その言葉の力に与かる弁論の勇者として真実を語る者、あるいは真実の言葉を語る弁論の勇者としてこれから弁明するのだということを居並ぶアテナイの市民裁判員たちの前で明らかにする。すなわち、「諸君は私から真実のすべてを聞くことになるだろう」（17b7-8）という宣言をする。弁論の勇者を自認するソクラテスのこの宣言は『弁明』全体のすみずみにいたるまで勁烈にして繊細な言葉となって展開され、驚くべき奥行きをもった前人未到の、きわめて個性的な歴史を帯びた一人称で語られる、真実の言葉それ自体の明るさに満ちた言語空間を生み出すことになる。そして、この真実の明るい言葉の光のなかでソクラテス裁判の真相とその当事者たち、ソクラテス、告発者たち、アテナイの市民裁判員たち、ソクラテスのことを心配して裁判を傍聴している少数の支持者たちやその親たち、そしてそこからそのつどの一回的な歴史的現実のなかで生を選び取った各々の人間の在り方の真実の姿が露わになる。このことをソクラテスは神に見られているように感じている。ソクラテスにとって神は真の知者（絶対的な覚醒者）であり、真実の透明な光が満ちるところに神は宿るからである。とまれ、筆者自身のこの小論のための前置きはこれくらいにして『弁明』の冒頭部の「前置き」のテキスト解釈を始めることにしたい。

なお、この第三章では第二節として生の吟味としての哲学という問題も論究したい。というのは、ソクラテスの語る真実の言葉というものの実体が不透明なままでは「前置き」で言われる「真実のすべてを語るだろう」というときの、その言葉の真実が見えてこないように思われるからである。ここでは、生を吟味し、自他を吟味する力を有する話し言葉の言論活動（哲学）、そしてそのような哲学から生まれた思慮・知（プロネーシス）にもとづいて真実の言葉を語るソクラテスの最後の勧告の問題が注目されることになるであろう。それにともなって、メレトス論駁の箇所のソクラテスの生の吟味としての問答も見ていきたい。

一　『弁明』の冒頭部「前置き」について

1　ソクラテスの語り始めの言葉

『弁明』の冒頭でソクラテスが彼の弁明をどのように語り始めているのか、この点を正確に理解することは『弁明』の「前置き」のテキスト解釈にとってきわめて重要である。冒頭の一文はつぎのように記している。

「アテナイ人諸君、諸君が私を告発した人たちによってどのように心を動かされたのか、それは私には分からない。しかしとにかく私の方は、私自身でさえ彼らのせいでほとんど自分自身を忘れさせられるほどであった、それほど彼らは説得的に語ったのだ。だがしかし、真実のことは何一つ言わなかったといっていいだろう。」(17a1-4)

この『弁明』の最初の一文はソクラテスがどこに目を向けているのかをはっきり示す発言として注目するに値する。ソクラテスは告発者たちの弁論を聞いてその言葉の有様とそのような言葉を語る人の在り方を見ている。告発者たちの言葉は説得的に語られたという意味で聞く者の心を大いに動かす力があった。それはソクラテス自身でさえそうであったといわれるほどであった。彼らの説得力のある言葉は人々の心に届いたかのように、その心を魅了し、その心を占拠するまでになった。しかし、ソクラテスが自ら体験したように、それは人をして我を忘れさせる性質のものであった。つまり、人をして自分でおのれの心を保つことを失わせ、放心状態にさせることであった。

この人々の放心状態は告発者たちの弁論のつくりだした裁判の場の陶然とした雰囲気が示している。人々は告発者たちが語りかけるある種の言葉、それはすぐあとで「美辞と麗句でもって整えられ、美しく飾られた言葉」(17b8-c1) のことであるが、それによって説得されて、放心状態になり、心を見失い、説得者の思い通りになる危険な状態に置かれている。

だがしかし、このことは裏を返していえば、告発者たちの言葉は本当には人々の心に届いていないということである。なぜなら、人々は彼らに説得されてほとんど我を忘れかけている（心が麻痺した状態にある）からである。この点はソクラテスが彼自身の弁明に対して裁判員たちに要請する「私の言うことが正しいかどうか、というそのことだけをよく見て、そのことだけに知性を向けて（ton noun prosekhein）ください」（18a4-5）ということと正反対の事態である。ソクラテスの場合は、裁判員に彼の言うことの正否をその事柄に即して判断することを求めており、その場合裁判員の心得としてヌースをもつ（心を正しく保つ）こと、すなわち我を見失わないことがいちばん大事なこととされているからである。ここでは説得して自分の無罪を勝ち取ることが第一義であるとは考えられていない。なぜなら、それは自分の思い通りにすることに他ならないからである。

いまや、ソクラテスは以上のように非常に不利な状況のなかで弁明を始めなければならないわけであるが、彼は間髪を入れず「だがしかし、真実のことは何一つ言わなかったといっていいだろう。」と言い、事態を一変させる。この一言で、告発者の言葉に酔わされて陶然とした裁判の場の雰囲気は一瞬のうちに冷めさせられる。告発者たちには敢然として対決しようとするソクラテスが立ちはだかり、裁判員たちには両者の対決が妥協の余地のない厳しいものであることに気づかせることになる。なぜなら、ソクラテスはこの一言によって両者の対立軸を、いずれが真であり、いずれが偽であるか、ということに定めるからである。

ところで、この真偽の対決の問題の延長線上を一直線に進む前に触れておきたいことがある。それはつぎのような言葉の説得性にかかわる疑問である。ソクラテスが真偽の対立に軸足を移したといっても、彼の弁明は所詮裁判員への説得性を競う裁判という大きな枠組みの中に組み入れられているのではないのか。この疑問は、ソクラテス裁判も、当たり前のことであるが、有罪か無罪かの争いである以上、ソクラテスは法に従って、裁判員を説得して無罪を勝ち取るための弁明をしなければならず、ソクラテスと告発者の真偽の対決といっても、それはソクラテスならではの法廷弁論（説得）の戦略ではないのか、という疑いを含意する。そして裁判の現実がこうしたことであれば、ソクラテスが真か偽かの対立軸を作ることさえも説得のレトリックではないのか、という非常にシニカルな疑いさえ出てくることになるだろう。James Riddell, *The Apology of Plato*, Oxford: Georg Olms, 1867, 1974.

しかし、こうした人間通らしい見方はこの後のソクラテスの弁明の中身から見て見当外れのように思われる。というのも、この後の彼の弁明がおのれの無罪を勝ち取るためになされていることを窺わせるところがまったく見当たらないからである。それどころかぎゃくに、ソクラテスがこの最初に設定した真偽の対立軸がこれからの弁明の根幹となる。というのは、このことは引き続き「諸君は私から真実のすべてを聞くことになるだろう」(17b7-8) という尊大にも聞こえる宣言によって明確な形をとり、この尋常でない宣言が彼の弁明の基調を決めるものになるからである。また、無罪を勝ち取る（ソクラテスの本当の望み？）という点に関していえば、ソクラテスは「事の成否は神の御心に委ねる」(19a7) と言ってそれの方をおのれの弁明の目的の外に置いているように見える。要するに、ソクラテスは市民裁判の枠組みのなかに身を置いて市民裁判員を説得する弁明をしているようには見えない。したがってどうみても、基本的には、ソクラテスの弁明を説得性という観点から考慮する必要はないように思われる。

ただこうはいっても、説得性にかかわる問題がすべて解消されるわけではない。というのは、言葉にそもそも人を説得し人の心を変える力があるからこそ、告訴者たちはその言葉の本来の力を利用して裁判員を自分たちの思い通りにしようとしたわけであるが、この人の心に届く説得力という言葉の力の正体がまだ少しも明らかになっていないからである。それにともなって、言葉の説得性と真や偽を語りうる言葉の真理性の関係はどうなっているのか。さらにまた、ソクラテスの告訴者に対する糾弾から窺われるように、両者の関係が言葉を語る者の在り方と不可分であるとすれば、言葉と言葉を語る者の関係もまた考慮に入れる必要が出てくるが、この点はどうなっているのであろうか。最後に、ソクラテスが弁明の基軸にした真偽の対立軸はそう単純なものではなさそうに見えるが、この点も本当のところはどのようになっているのであろうか。われわれはまだ、この段階でソクラテスが告発者の説得的な弁論を聞いて言葉について語り始めたことの帰趨を見通すことはできないでいるのである。

2 弁論の勇者ソクラテス

ソクラテスは「真実のことは何一つ言わなかったといっていいだろう」と告発者を糾弾する言葉を発した後で、それがどういうことかを話し始める。

「彼らについてとりわけ私が驚いたことは、彼らがついた数多くの嘘のなかの一つの嘘である。それは、私が語ることにおいて恐るべき者（弁論の雄者）であるかのように（hōs deinou ontos legein）、諸君は私から騙されないように用心しなければならない、と言っていたことである。というのは、私がどう見ても弁論の雄者（deinos legein）には見えない時には、事実によってただちに彼らは私から反駁されることになるであろうが、こうしたことを恥じていないという、そのことこそ彼らのもっとも恥知らずなこと（最大の無恥）である、と私には思われたからである。とはいえ、この者たちが真実を語る者（ton talēthē legonta）を恐るべき者（弁論の雄者）であると呼ぶのであれば、話は別である。というのは、もし彼らがこのことを言っているのであれば、私としては、彼らの類ではないとしても、私が一個の弁論家（rhētōr）であるということに同意するであろう。」（17a4-b6）

このソクラテスの発言からよりはっきりと見えてくることは、彼の関心事がそこで語られる言葉の質、しかも言葉の真偽にかかわる質にあり、そしてそれと不可分とみなされる、言葉を語ることにおいて浮かび上がる語り手の質（人となり）にあるということである。というのは、この発言でソクラテスが告発者たちに対して「彼らのもっとも恥知らずなこと（最大の無恥）」として糾弾しているのは、彼らがすぐにばれるような嘘（虚偽）を平気で言い、その嘘で窮地に人を陥れることに躊躇していないからである。彼らは言葉の力を悪用して、虚偽のソクラテス像を生み出し、かつ裁判員の心をその邪悪な言葉で満たし、彼らの心を弄んでいる。これは言葉と言葉によって生きる人間に対する最大の冒瀆であろう。しかも、その攻撃の相手は彼らの言う「弁論の雄者」、すなわち言葉を巧みに操り、人を説得し、人を騙す者とは正反対のところで言論活動（哲学）しながら生きてきたソクラテスなのである。それでは、ソクラテス自身はこの点でどのような在り方をする者であるのか。それは、ソクラテス自身の自己証言によれば、真実を語る者であり、そのかぎりで弁論の勇者、「一個の弁論家」である、すなわち、真実を語ることだけを心がける本当に言葉の真実を知る言葉の力に熟達した恐るべき者という在り方なのである。

とまれ、冒頭の発言からここに至るまでの話——それはOCTのテキストではわずか一二行分の分量であるが——のなかで、ソクラテスが語り明らかにしたことはどのようなことになるか。それは、われわれが前項の最後のところで問題提起した、三つの事柄、すなわち「言葉の説得性」と「言葉の真理性」と「言葉を語る者」の三者がどのように深く相互に繋がりあっているか、ということが透けて見えるようになってきたことである。整理して言えば、それはつぎのようになるであろう。

告発者たちについていえば、彼らは人々の心を動かす説得的な弁論を行なったが、その説得の正体は人の心に届く言葉の本来の力に寄生し、それを利用して、ソクラテスの存在について「弁論の勇者」という虚像（虚偽の絵）を実物であるかのように描き出し、それを人々に信じ込ませようとするものであった。そしてそれとともに、そのような虚像を描く言葉を語る者たちはその虚言によって一人の人間の生を平気で踏みにじっても何の呵責も感じない無恥な者たちであった。告発者たちにおける言葉の説得性・真理性・語る者自身の三者の繋がりはこのようなすべて虚偽・無恥という仕方で連動しているのである。

以上のことにもう少し踏み込んだ説明を加えておこう。まず、彼らの言葉に説得性があるといっても、それは説得力という点にだけ目を向けた場合のことであり、いったん言葉の真理性に基準を置いてみるならば、その説得の言葉は真理への気遣いがまったくないのであるから、真理とは無縁の虚偽（虚像）を生み出すことしかできないものといわねばならない。またそれは、聞く者の心に入り込むといっても、実際には美辞麗句によってその心を魅了し、その心にある種の快（興奮）をもたらすだけであり、それによってその心を麻痺させ、我を忘れさせているに過ぎないということができる。もちろん、その狙いは聞く者に虚像を実物であるかのように信じ込ませておのれの意図（ソクラテスの死刑）を実現することである。要するに、告発者たちの説得的な言葉は虚像（偽りのソクラテス像）で人の心の劣悪な部分を刺激し、興奮させ、（無実の人に対する死刑判決という）人々のなかに無責任な悪（不正義）の世界を現出させる危険極まりないものであったのである。このゆえに、ソクラテスは、それがどういう重大な結果（社会と人間の道徳的—法的堕落）をもたらすかを何も考えずに、平然として嘘を言い、言葉の力を悪用し、まったく無責任に、悪を呼びこむ者たちに対して容赦なく糾弾する。すなわち、彼らの恥知らずな虚言が彼らの「最大の無恥」である、というこの上ない非難の言葉を発するわけである。

これに対して、ソクラテスについていえば、もちろんこの最初の段階でその存在の全貌を知ることはできないが、彼が言葉（言論活動）について恐るべき力を秘めた存在であることは窺い知ることができる。というのは、このソクラテスは以上で指摘したような告訴者たちの説得的な言葉の実体とそれを語る彼らの正体を正確に暴き出す言葉の力を発揮できるからである。しかも、そうした虚偽を暴く言葉の力の発揮はいわば鎧袖一触という程度のものであり、それは真実を語る力のある者の言葉というものを熟知した力の一端に過ぎないのである。

いまこの段階でいえるソクラテス自身の在り方といえば、彼は真実の言葉を語る者であり、その意味で言葉の真実性を体現する者、そして真実の担い手である。真実はそれを引き受け、真実を語る者なしにどこかに客観としてありうるわけではない。真実を語る力のある本当の「弁論の勇者」ソクラテスのような比類のない語り手があってはじめてそれ（真実）がどういうことであるのかを人は窺い知ることができるようになるのである。それゆえ、言葉の説得性についていえば、ソクラテスが裁判員たちを説得するという言い方は事態を正確に捉えているとはいえない。真実の言葉それ自体に人の心を捉える力があり、裁判員たちはそれによって説得されるのである。もちろん、それはすでに触れた「私の言うことが正しいかどうか、というそのことだけをよく見て、そのことだけに心を向けてください」（18a4-5）というソクラテスの言葉が示すように、裁判員たちはおのれの知性（nous）を働かせてその正邪をおのれの責任で判断しなければならない類のものである。それゆえ、正確にいえば、彼らは「知性を働かせ心を正常に保って（noun ekhein）」判断するかぎり、説得されるのではなくて、心から納得するようになるのである。

それればかりではない。ソクラテスが語るその真実のすべては実体があるゆえ、その細部（ディテール）をもつ。

したがって、細部にいたるまで正しいか否か、真か偽かの吟味が可能である。実物と虚像の違いは、前者がディテールをもつ実体として存在しているのに対して、虚像はディテールをもちえず表面しかない。首尾一貫したディテールからなる奥行きがないのである。しかしなぜこのようにいえるのか。それはソクラテスの語る真実は彼が実際に行動を起こし、現実に身をもって経験したことである、つまりそれ自身の固有の相貌（アスペクト）と秩序があるからである。われわれはこのこと、つまり彼が語る真実のすべての実体（詳細）を、ソクラテスが「不知の知」の話の箇所において（20c4-24b2）、「真実のすべて」として語るヘラクレスの難業に比せられる彼の哲学の活動、つまり現実になされ、経験されたことを見ることによって知ることができる。これに対して、虚像の方は現実に裏付けられていない虚言によってつくりだされたものにすぎないので、表面しかもちえないのである。虚像は実体の影の一つでありうるが、それ自体としては空虚なのである。

3　ソクラテスと市民裁判員

以上で「前置き」のなかでほぼ重要な部分は語りつくされたように思われるかもしれない。というのは、そこで明らかになったことは、ソクラテスがおのれの無罪をかちとるために告発者と対決して、彼らと同じように説得的に語るのではなくて、なにかそうした裁判的な黒白を決める争いになじまないつぎのような異例の事態であったからである。すなわち、ソクラテスは裁判の結果を省みずに、「真実を語ること」と「虚偽を語ること」、あるいは「真実を語る者」と「虚偽を語る者」を対立軸として立て、そこで真実のすべてを語ろうとしていたのである。したがって、この真実のすべてのなかにはソクラテスのことだけでなく虚偽と虚偽を語る者、その他のここに関与するすべての人々の実体（本当の姿）がそれぞれどのようになっているのかということも含まれるであろう。

しかしとすれば、「前置き」の残りの部分（後半部 17b8-18a6）でさらにそれ以上に重要なことが語られるとは考えられないということになるのか。もちろん、そうではない。それどころか、その後半部は『弁明』の全容を理解するうえで欠くことのできない重要な役割をもっているということができる。さしあたりまず、この点についての筆者の基本的な見解を明らかにしておきたい。

筆者には、「諸君は私から真実のすべてを聞くことになるだろう」（17b7-8）という宣言を境にして、「前置き」の前半部が、今まで述べたような真偽という観点からソクラテスと告発者との対決の構図をはっきりと浮かび上がらせているのに対して、その後半部は、ソクラテスがアテナイ市民からなる裁判員たちに向かって語りかけるなかで当のソクラテスと裁判員（アテナイ市民）のことを問題にしているということができるように思われる。というのは、真実のすべてを語るといっても、ソクラテスはそれを不特定多数の人たちに向かって一方的に語っているのではなく、目の前に現実にいる多くは年下のアテナイ市民たちに向かって語っているからである。ソクラテスの言葉が真実として彼らの心に届かなければその言葉は空しくなる。さらにいえば、彼の言葉がそのように彼らのこころに届き、彼らの知性（ヌース）が正常に働くようにならねば、いくら真実のすべてを語ったといっても意味を失うであろう。このゆえに、ソクラテスは彼の言葉が正しいか否かを彼らの判断に委ねなければならない。このことは市民からなる国家の裁判という成り立ちによるだけでなく、自他の吟味という場合の他者からの吟味を受けることに相当するのではないか。真実が自他に共有されるというのは吟味する理性が相互に働くことにもとづいているのではないか。

それでは、ソクラテスはこのことをどのように行なおうとしているのか。それは真実を語ろうとする彼の態度と言葉遣いについてあらかじめ裁判員に了解してもらうことである。また裁判に臨んで裁判員のあるべき心得について納得してもらうことである。というのは、これらのいずれについても裁判員たちにとって慣れ親しんでいることではないし、それどころか彼らの拒否反応や反発を買う恐れさえあるからである。

さてしかし、ここで疑問をもつ人が出てくるかもしれない。いま指摘されたようなことは弁明の前置きとしてはごく当たり前なことであり、何がそれほど重要なのかよく分からない、と。たしかにこの「前置き」の後半部がもつ意味はここだけ見れば、何の変哲もないように見える。しかし、この「前置き」をこれからのソクラテスの弁明全体の布石としてみれば、前半部と同様に後半部もなくてはならない役割を果たしていることが分かってくるであろう。

それでは、その役割とは何か。それは、前半部が今回の告発の原因を明らかにすべくソクラテスの「仕事（プラーグマ）」（生の吟味としての自他の吟味）の核心をなす不知の知を語る箇所の序となっているのに対して、後半部は彼の「日常の行ない（エピテーデウマ）」としての魂の気遣いの勧告の箇所の序の役割を担っているということである。それはどういうことなのか、もう少し説明をしよう。

「前置き」が前半部だけであれば、ソクラテスの弁明は不知の知を語り終え、さらにそれに付随するメレトス論駁のところで終わってもかまわない。その後の部分はいらないであろう。というのは、真実・真実を語る者と虚偽・虚偽を語る者を対立軸として行なわれたソクラテスの弁明はメレトス論駁によって終わるからである（28a2-3）。この段階で、ソクラテスは弁明を済ませて裁判の黒白の決定を裁判員に委ねてもいいわけである。ところが、実際の弁明はその後の裁判員たちに話しかける部分があり、ここでかの魂の気遣いの勧告が行なわれるわけである。なぜこの部分があるのか。この部分が「本題から逸れた余談」（バーネット）ではありえないことはすでに明らかにした（第二章）。またその哲学的意義も解明した。いまその成果だけをいえばつぎのようになるだろう。ソクラテスの哲学的生（活動）はその本質的な部分として「生の吟味」（39c6）としての「自他の吟味」（28e5-6, 38a1-8, cf.23b4-c1, 30e7-31a1）ばかりでなく、「魂の気遣いの勧告」（29d7-30c1, 31b1-5, 31c4-7, 36c5-d1, cf. 33a6-b3）も含んでおり、後者が前者の目的をなしているといえよう。もちろん、その現実形態において両者は密接につながっていて、いま挙げた引用箇所の多くも両者が別のことであるようにはまったく語られていない。とすると、ソクラテスは、彼の哲学的生の全体を明らかにするために、どうしても生の吟味としての自他の吟味の部分とともに、その目的である魂の気遣いの勧告に相当する部分を語らざるをえないわけである。これが魂の気遣いの勧告がなされる所以である。以上のことを別の角度からいえば、ソクラテスの真実のすべてを語るということはまさに他者をもひきこむ魂を気遣うその哲学的生のすべてを語り尽くすことなしには完遂されないということである。

さてそうすると、このことはわれわれの目下の考察にどのように寄与してくれるであろうか。それはつぎのように言うことができるだろう。ソクラテスの哲学活動は自他の吟味であれ、魂の気遣いの勧告であれ、その他いずれの行為であれ、他の人々にも開かれてあること、つまり「公共の場（コイノーニア）」（加藤信朗）であることを本質としており、ソクラテスはこのことを彼の哲学的生の始動因となったデルポイの神託のメッセージの真意（cf. 23a5-7）、つまり神から与えられた人間に対するメッセージとして、さらにはおのれに対する「神の命令（kata ton theon）」（23b5）として理解し、そこをおのれの「部処」（cf. 28e4-6）とした。それゆえ、こうした哲学的生を生きるソクラテスにとって話し言葉で人々に語りかけ、人々と話し合い、人々を説得する（cf. 31b1-5, 36c5-d1）ことはたまたま哲学に付随することではなくて、まさに不可欠のことであり、したがって人々との交わりを絶ち、沈黙して生きていくことはできない（cf. 37e）、たとえば個人的に哲学研究に従事するといったことは考えられないということになる。彼の哲学の意味がそうであれば、いま裁判の場であるからといって変わるわけがない。このような裁判の場でも裁判員たち（アテナイの人々）に普段と同じように語りかけ、すべてを包み隠さずに話し、説得するというのが、この「前置き」の後半のソクラテスの基本的な態度であるといってもいいだろう。われわれが『弁明』のソクラテスの話し方に感じる、弁明しているのか、それとも語りかけ、説得しているのか、いつのまにか一方が他方に交替しているという印象を受けるのは、最初の「前置き」から始まっているのである。

4　裁判員に語りかける言葉

それでは、「前置き」の後半部のテキスト解釈を試みてみよう。ソクラテスは「真実のすべてを語るであろう」という宣言に続けて、つぎのように言う。

「とはいえ、ゼウスの神に誓って言うが、アテナイ人諸君、諸君が聞く言葉は、この者たちの言葉のような美辞と麗句でもって潤色された美しく整えられた言葉（文）ではない。諸君は作為なしに（思いつくままに）、ちょうど心に浮かんできた言葉を聞くことになるだろう。というのは、私は自分が語ることが正しいと信じるからだ。そして、諸君のうち誰であろうとそれ以外のことを期待してはいけない。というのは、諸君、私のような年の者が諸君の前に呼び出されて子供のように言いわけをするのは、たしかに似つかわしいことではないであろうからだ」（17b8-c5）

『弁明』の冒頭でソクラテスが開口一番語ったことは、告発者の言葉が聞く者を魅了する説得的な言葉であったという、彼らの言葉に対する感想であった。「前置き」の後半部ではふたたびこの最初の感想の地点に立ち返り、ソクラテスはそこから裁判員に向かってこれまでとは別の話を始める。

ここでソクラテスが話題にするのは言葉の質の問題である。まず告発者の言葉の質が明らかにされる。それは「美辞と麗句でもって潤色された美しく整えられた言葉（文）」という質である。ここでは語、句、文それぞれのレヴェルで言葉の美化が行なわれている。これは何を意味するのであろうか。それは語られるべき事象（Sache）に即したそれを語り明かすのに必要なだけの言葉――当然それは飾り気のない事象的（ザッハリッヒ）な言葉になるであろう――ではなくて、美しく整えられた、美しく感じられる何かを付加された言葉をこしらえるということである。何のためにそうするのか。それは美しく飾られた言葉で語られる事柄を美しく見せ、そのようにして人を説得し、人の心を魅了するためである。なぜそのようなことをするのか。それは自分の思いどおりに相手を動かし、支配するためである。このことから言葉の質という点ですでに告発者の駆使する弁論術（レートリケー）の正体が明らかになるであろう。弁論術とは言葉を美化する術である、と。しかし、この弁論術による言葉の美化は語られるべき事象がありのままに語られずに、付加されたものによって覆い隠されるという事態をもたらす。まさにそれは虚偽を語るには都合がよいであろうが、真実を語るにはふさわしいものにはなりえないのである。

それでは、真実を語るためのソクラテス自身の言葉はどのようなものであろうか。この箇所でソクラテスはその彼の言葉の質について裁判員の了解をえようとする。彼の言葉は「美辞と麗句でもって潤色された美しく整えられた言葉（文）」ではありえない。それは「作為なしに（思いつくままに）、ちょうど心に浮かんできた言葉」である。これは言うまでもなく、無思慮にとか、適当に話される言葉などではない。それは語られるべき「真実のすべて」という事象に即したそれにふさわしい言葉であるということである。真実をすべて包み隠さず話そうとするとき、その言葉は真実に導かれるままに事象的（ザッハリッヒ）に話す以外にはない。なぜなら、真実はそれ自身の相貌（アスペクト）と秩序と細部（ディテール）をもっており、語り手が勝手に変えることを許さないからである。

すでに指摘したように、秩序だったディテールのない真実はありえないし、ぎゃくに、虚偽は秩序のあるディテールをもたないと言っていいだろう。なぜなら、虚偽は言葉でこしらえたいわば実物の絵に過ぎないからである。したがって、真実を語ることは、弁論術を駆使して語と句と文を自分の思いどおりに作為的に美しく整えることなどとはまったく異質な作業になるだろう。

さてしかし、ソクラテスは以上のような言葉の使い方について「というのは、私は自分が語ることが正しいと信じるからだ」というごく普通の理由づけをする。これはソクラテスが自分は自分の信じるところを語るが、その真偽正邪の判断は裁判員の手に握られているということを認めた常識的な言い方である。このことは、それが真実と虚偽の対立構図のなかで「真実のすべてを語る」という宣言でピークに達する「前置き」の前半部の続きであれば、ただちにその真実のすべてを事象的に話してもいいはずであるが、ソクラテスはそうはしなかったことを意味する。それはなぜであろうか。

筆者は、ここでは、前項で指摘したように、ソクラテスはアテナイ市民裁判員たちへ親しく話しかけているのだと思う。すなわち、「前置き」前半部で示された告発者に対する対決姿勢と容赦しない糾弾とは対照的に、ソクラテスは市民裁判員に対しては彼の話をきちんと聞いてもらい、しっかりと理解してほしいという気持ちをこめて分かりやすく話しかけているように思われる。それは、裁判の場における被告と市民裁判員という特別な関係であるにしても、ソクラテスと市民裁判員のあいだには話を共有できる可能性があるからである。もちろん、ソクラテスには市民裁判員に対して彼らが寛大に見てくれるかもしれないとか、それどころか好意的になってくれるかもしれないなどと、そうした甘い期待を抱くことなどあろうはずはない（cf. 17c9-d1）。基本的には、彼らが裁判員として自分が語る事柄を事象的（ザッハリッヒ）に聞き、その真偽正邪を冷静に判断してほしいと願っているだけであろう（cf. 18a3-5）。ただ、市民裁判員に対しては同胞市民に対する親しみとか愛情というものが窺えるかもしれない（cf. 29d3）。というのは、ソクラテスは続けてつぎのような話をするからである。「私のような年の者が子供のように言いわけをする（plattein logous）のは似つかわしいことではない」、と。plattein logous は「話をこしらえる」とか、「作り話をする」というような意味であるが、ここでは「言いわけする（excuse）」と訳すのが適切であろう。

　ここで、「言いわけをしない」という趣旨のことを表明するソクラテスの言い方はいわば大上段で「真実のすべて」を語ると宣言したあとでは、あまりにも穏やかな普通の言い方のように聞こえる。しかし、この言い方を同胞市民に対する話しかけと聞けば、それはソクラテス（七十歳）よりほとんどが年少の市民たちに対して彼が身をもって大事なことを教え諭しているといった意味合いが含まれているといえよう。たしかにわれわれは何かあるとすぐ言いわけをしてしまうが、七十歳という高齢になってもまだ言いわけをするというのは情けないし、見苦しいであろう。また、そういう人はそれまでどういう人生を生きてきたのか、何を本当に気遣って生きてきたのか、と呆れられるであろう。(*) ソクラテスがアテナイ市民に明示的に訓戒する局面は「主たる弁明（main speech）」がいよいよ終わる最後のところでまとまって描かれるが（cf. 34e1-5, 34e-35b）、ソクラテスが裁判員に話しかける場合には、彼はこのように最初から彼ら同胞市民のためにそれとなく教え諭すことまでしているわけである（cf. 30d5-7）。

（*）ちなみに、筆者には言いわけと愚痴は表裏の関係にあるように思われる。つまり、同じ人が或る時には言いわけをいい、或る時には愚痴を言うように思われる。そして、そういう人はそのつどの状況に翻弄される人であるように思われる。彼は「受動性の彼方」に身をおくことができないのである。

さて、ソクラテスには「前置き」として話しておかなければならないことがまだ残っている。それはソクラテスが裁判的現実のなかで被告として話をしなければならないということである。ソクラテスがこれまで言葉の質についてこだわってきたのは、実際にはこの裁判的現実を意識していたからである。それでは裁判的現実とはどのようなことか。それは、ここでソクラテスが指摘している（cf. 17d3）ように、裁判において無罪を勝ち取るために、また相手を告発するために裁判上の独特のレトリックが使われているという現実である。したがって、告発者はそのレトリックに則って告発の弁論をしたわけであるし、裁判員もそのようなレトリカルな弁論がなされることを予期しているわけである。

ソクラテスは「真実のすべて」を語るために「作為なしに（思いつくままに）、ちょうど心に浮かんできた言葉」を語るといったが、それはどのような言葉であろうか。また、その言葉は裁判的現実のなかでどのように聞こえるであろうか。「前置き」はつぎのように続けられる。

「そこでまた、アテナイ人諸君、ぜひとも諸君にお願いしてお許しを得ておきたいことがもう一つあるのだ。それは、私が、市場（アゴラ）にある両替屋の店先で――そこで諸君の多くがすでに聞いていたことであるが、また他のところでもそうであるが――、平生からしゃべり慣れている言葉と同じ言葉を使って弁明するのを聞いたとしても、そのことのために驚いたり、騒いだりしないでほしいということだ。というのは、こういう事情があるからだ。私はもう七十歳にもなっているが、裁判所へやってきたのは今度が初めてなのだ。だからここでの言葉づかいについてはまったく外国人のようなものなのだ。だから、もし本当に私が外国人であるとしたら、そのなかで私が育てられてきた、そのままのお国訛りや話し方で話したとしても、きっと諸君は私を大目に見てくれるだろう。」（17c7-18a1）

ソクラテスの態度は一貫している。彼はいつでもどこでも常に同じ言葉を話すということを裁判員に通告する。それは裁判の場であるからといって変わることはない。ソクラテスは、自分が裁判の弁明で語る言葉――それはさきに「作為なしに（思いつくままに）、ちょうど心に浮かんできた言葉」であるといわれたものであるが――は、普段と変わらない「平生からしゃべり慣れている」言葉である、と言うのである。とはいえ、それは日常生活で用いられる日常の言葉を指しているわけではない。というのは、ソクラテスが両替屋の店先やその他の場所でしていることといえば――それは彼が市場（アゴラ）やその他のところを「歩き回って話している」（30a7, cf. 23b5, 31c4-5）ことであるが――、「同胞市民であれ、外国の者であれ、誰か知恵があると思われる者だと思えば、神の命令によってその者を探して、調べあげる」こと（23b5-6）、すなわち誰かを相手に問答しながら自他を吟味することであり、あるいは相手が誰であれその一人一人を「説得して」魂を気遣うように勧告することである(cf. 30a7-b4, 30e7-31a1, 31b1-5, 36c3-d1)。つまりソクラテスはそうした話し言葉による哲学の言論活動以外のことを行なっているわけではないからである。

そして実際に、『弁明』のなかで語られることといえば、このたびの告訴を招いたソクラテスの哲学活動において何がなされていたのかということの説明であるが、この説明の内実は日頃の他者を交えた問答による自他の吟味をとおして明らかになったこと――それは彼が身をもって経験したことであるが、この経験はかの「私には思われる(emoi dokei)」という仕方で語り出されることになる――なのである。そしてまた、それればかりでなく、裁判の場であるにもかかわらず、そうした説明にともなうこととしてそれ自体が目的でないように見えるが、当の問答の実行(メレトスとの問答)や魂の気遣いの勧告そのものまでもなされることになるのである。

ところで、「平生しゃべり慣れた言葉」で語るというソクラテスのこの態度は何か挑戦的な感じがする。そうした態度は裁判の場ではおそらく異例のことであり、しかも裁判員に驚きと憤激を引き起こしかねないものである。ソクラテスはそうした予想される困難にもかかわらず、彼のやり方を押し通そうとしている。このことはソクラテスの「そのことのために驚いたり、騒いだりしないでほしい」という要請から窺い知ることができる。なぜ裁判員がそういう反応を示すことが予想されるのか、その理由は裁判における暗黙のルールとか、裁判員と被告の極端な優劣関係とか、裁判員の感情の問題とかいろいろ考えられるが、基本的には、ソクラテスのやり方が裁判的現実に衝撃を与え、ひいては市民裁判の権威を蔑ろにする力をはらんでいたからである。実際、『弁明』のソクラテスの弁明はアテナイの市民裁判の枠をはるかに越え、人々の思惑を越え出て、ぎゃくにすべての裁判の参加者を(デルポイの)神の前の法廷に立たせるところでなされることになる。

とはいえしかし、ソクラテスの話し方はまったく緩急自在であり、裁判員たちのあいだに生じたであろう緊張を緩めるように、その事情を分かりやすいたとえで説明する。その要点は裁判所の言葉づかい（レトリック）について自分は外国人のようなものであるから、自分をそうした外国人のように見てほしいという点と、だから「その（外国の）なかで私が育てられてきた、そのままのお国訛りや話し方で話す」ことを認めてほしいという点である。この点についてまず気がつくことは、ソクラテスは「真実のすべてを語る」こと、そしてそれを「作為なしに（思いつくままに）、ちょうど心に浮かんできた言葉」で話すこと、しかもその言葉も「平生しゃべり慣れている言葉」であり、「自分がそのなかで育てられてきた、そのままのお国訛りや話し方」であること、つまり自分の話したいように話すことを通告していることである。したがって、そのかぎり裁判所の言葉づかい（レトリック）が用いられる余地はないわけである。

しかし、つぎに気づくことは、ソクラテスがあくまで裁判の被告として弁明し、裁判員に話を聞いてもらおうとしていることである。すなわち、彼らの理解力ばかりでなく、彼らの感情をも考慮しながら話を収めていることである。外国人のたとえは自分を一人前の市民ではなくて、一段と低い庇護を必要とする対象の位置に置くように見える。これは一種のへりくだりのように見えるが、譲歩したわけではなく、そのなかでも言いたいことはきちんと言われている。「自分がそのなかで育てられてきた、そのままのお国訛りや話し方」で話す、と。ソクラテスはさきに自分が真実を語る者であるという意味で弁論の勇者であると自認したが、相手の心に言葉が届くように巧みに工夫できる、つまりレトリックに熟知している点でも弁論の勇者なのではないだろうか。

「前置き」の最後の部分はアテナイ市民からなる裁判員たちに対する裁判員としてあるべき在り方の要請であ

る。ソクラテスの方は弁論する者として自分が正しいと信じる真実のすべてを語るが、裁判員の側はその弁論が正しいかどうかということだけに心を向けて、判断しなければならない。それはつぎのように語られる。

「ちょうどそれと同じように今もまた、つぎのことを諸君にお願いしても正しいと、少なくとも私には思われるのだ。言葉の使い方はそのまま大目に見てもらい――というのは、おそらくそれは普通のものよりまずい場合もあるだろうし、またよりうまいところもあるかもしれないからであるが――、まさにつぎのことそれ自体を、つまり私が正しいことを語っているかどうかという、そのことだけをよく見て、それに知性を向けていただきたい。というのは、それが裁判員の徳であり、真実を語るというのが弁論する者の徳であるからだ。」(18a1-6)

この文は先に引用した前文から切れ目なく続く文であるが、ソクラテスは内容的なつながりのない、それどころか前に語ったこと(言葉づかいの問題)を些細なことにしてしまう、これこそ本当に大事な事柄を「ちょうどそれと同じように今もまた」という接続句を使ってあたかもつながった一まとまりの文のような調子で市民裁判員に話しかける。これはおそらく単独で語られれば極めてきつい内容を同じような要請のなかに押し込めて彼らに聞いてもらうための工夫であろう。注目すべきことは、「真実のすべてを語る」とはいいながら、ここでもソクラテスが市民裁判員に対していわば彼らの目線に立って説得的に話しかけていることである。このことは何を意味するのだろうか。

じつをいえば、こうした相手のことを十分に配慮した語り方はこれ以後も市民裁判員に対しては行なわれるのであるが、筆者はここにソクラテスの弁明の場所（コーラー）を特徴づけるきわめて重要なポイントがあると思う。それは真実を語るということが普遍的な意義をもち、本質的に公共的、すなわち誰もが理解可能なものでなければならない、ということだけにとどまらず、そこには知性ばかりでなく感情をもった人々を相手に行なわれなければならないということである。ソクラテスの場合、アテナイの市民たちが見たり、聞いたり、考えたり、感じたりしながら彼と同じ空気を吸っているところ、弁明するソクラテスの目の前に現実にいる五〇〇人以上の同胞市民からなる裁判員たちや傍聴人たちが聞いているところ、そこにしか真実の語りはありえないということである。ソクラテスはこのことをはっきりと自覚している。

だがしかし、このことともに、ソクラテスは真実を語るということが「評判（ドクサ）」の坩堝《るつぼ》のなかに巻き込まれ、悪評（この裁判では尊大な（arrogant）奴だという悪評になろう）を招くということも、これまでのみずからの経験をとおして痛切に認識している。というのは、ソクラテスのこれまでの哲学活動が問答・自他の吟味という仕方で公共的になされてきたところでも、彼は評判という人々のあいだの現実的で具体的な相互評価、しかも自他が力の優劣を競い合うところにおのれをさらすことになり、問答で打ち負かされた相手から敵意や嫉妬を招くことになったからである（cf. 23a3-5）。

そして、このことはソクラテスが探求する真実の存立にとってきわめて深刻な事態となる。というのは、それは真実が存立すべき場所をすでに評判が占拠していたことを意味するからである。その結果どういう事態が生じるのか。それは、すでに第一章で考察したことであるが、この真実を受け入れることを拒んだ評判の側から「弱論を強弁する」（18b8-c1）「妙な知恵を持った奴」（18b6-7）という悪意を含んだソクラテス像がつくりだされ、さらにそこから彼に敵意を抱く告発者の虚偽の告発が生まれることになったからである。したがって、この虚偽の告発の温床となった評判の正体を暴き、評判がどのようにして真実を覆い隠すことになったか、ということを明らかにできなければ、真実は露わになりえないであろう。ここにソクラテスが『弁明』冒頭部でこのソクラテス裁判の問題状況を真と偽の対立軸によって描き出し、徹底的に告発者と対決しようとしたとき、真っ先に評判を問題として取り上げた所以があるわけである（19d8ff.）。

しかし、それはそれとして、もう一つ考慮すべき問題は両者の対決の鍵を握る裁判員の立場をどのように理解したらいいかということである。というのは、ソクラテスと告発者の対決、真と偽の対立がそこで繰り広げられるところに裁判員がいるからである。その場合、裁判員とはどういう存在であるべきであろうか。ソクラテスはここでそのあるべき在り方をつぎのように言う。「裁判員とは語られていることが正しい（真である）かどうか、というそのことだけをよく見て、そのことだけに知性を働かせ心を正しく向ける存在である」（cf. 18a3-6, 35c2-5）。そして、「それが裁判員の徳（アレテー）」である、と。

ソクラテスのこの発言はソクラテス裁判のあるべき構図をまったくシンプルに描き出しているように見える。すなわち、「前置き」の前半部で描き出された真と偽の対立、真実を語る者と虚偽を語る者の対決の構図のなかで裁判員が位置すべきところが明らかに指示されたように見える。たしかに、それは一応そのようにいえるかもしれない。しかし、よくよく考えてみると、それは裁判員が理性的であり、客観的に公平な判定者でありうる場合においていえることで、もし本当にはじめから裁判員がそういう徳（アレテー）のある存在ならソクラテスがあえてそうした要請をする必要もないはずである。それでは、なぜソクラテスはあえてそういう要請をしたのであろうか。

それはまさにこれまで論じてきたこと、真実が露わにされるところが評判（ドクサ）に占拠され、そこから虚偽の告発が出てきているという事情があるからである。そして、この点がまさに裁判員の現実の姿であるが、いま目の前にいるアテナイ市民裁判員はこの評判のなかに住み慣れた住人だからである。たとえば、彼らは裁判には裁判の流儀があり、告発であれ、弁明であれ、「ここの言葉づかい」（18a2）を用いてするのが当然であると思っている人たちである。したがって、ソクラテスは裁判員を説得して、評判（裁判の流儀）とはまったく異なる世界（真実が語られる言葉の世界）があることに気づいてもらい、彼が話す真実のこと（言葉）を聞いてもらわなければならない。ここにただおのれの信じる真実を語るだけにとどまらず、その真実を聞いてもらえるように説得的に裁判員に語りかけるソクラテスの「前置き」の工夫と苦心があるといえよう。

以上の点に関して、テキスト上の裏づけとなるものを二つほど挙げておこう。一つは、ソクラテスの市民裁判員への語りかけが裁判の最後まで「裁判員諸君」ではなくて、「アテナイ人諸君」となっていることである。ソクラテスが「裁判員諸君」という語りかけをするのはようやく裁判が済んだ後で彼に無罪の投票をしてくれた人たちに対してである（cf. 40a2-3）。言うまでもなく、無罪の投票をしたアテナイ市民はソクラテスが語った真実の言葉に心をむけて、それを聞いてくれた人たちである。ソクラテスはそう考えて「裁判員諸君」と呼びかけるのである。これは裏を返せば、ソクラテスが評判の世界にいる人たち（多数のアテナイ市民裁判員たち）を説得して、彼らの多くに彼の話を「正しいかどうか」という一点で聞いてもらえなかったことを意味する。「アテナイ人諸君」と呼びかけられた人たちの多くはソクラテスの真実の言葉を聞かず、評判の外に出ようとしなかったのである。そして、このことは評判の世界のリアリティーがそれほどまでに強固に人々の生に根を張っていたことを意味する。

もう一つは、広い意味では魂の気遣いの勧告の文脈に属しているとみなされるが、ソクラテスが日頃から市場

（アゴラ）やその他の場所でアテナイの人たちの一人一人を捉まえて「説得」していたという事実である（30e7, 35c2, 36c5, 37a6, b1, 38a6-7）。そして、ソクラテスはこの裁判の場でも同じように彼らを説得して目覚めさせようとしていると見ることができるだろう。ただしかし、長年おのれの「日常の行ない（エピテーデウマ）」（28b4）として説得してきたが、少数の人を除いてついに人々のあいだに浸透しなかったことをこの裁判の場で行なったとしても、それが成功する見込みはほとんどないであろう。ソクラテス自身もこのことをはっきり認識していた（cf. 18e9-19a7, 24a1-4, 37a7-b2, 38a1-8）が、しかしそれにもかかわらず、これがそうした最後の機会として彼らのために普段と変わらず説得に努めようとしたのである（cf. 30d5-7）。

さて、以上で「前置き」について論ずべきことはほぼ論じつくしたように思われる。われわれは、真実を語る「弁論の勇者」ソクラテスがこれから弁明するその言語空間の座標軸をつくりつつ、同時に心を向けて彼の言葉を聞く者に届くように十分レトリカルに言葉をどのように語り始めたか、を理解することができるようになった。後は、それが「主たる弁明（main speech）」のなかで展開されていくかを見ていくだけである。

二　生の吟味としての哲学

それにしても、真実を語る「弁論の雄者」ソクラテスの理解する言葉とはどのようなものであろうか。あるいはまた、そもそも人が言葉を語るとはどのようなことであろうか。これらの言葉の問題について、この機会に目下のテキストの分析から離れて、筆者の見方も含めてかなり自由な仕方で、言葉という観点から『弁明』の全体を視野に入れて筆者自身の考えるところを述べておきたい。というのは、ソクラテスの言葉の問題は『弁明』の中核をなす「不知の知」と「魂の気遣い」の問題と深く結びついており、ソクラテスが言う「諸君は私から真実のすべてを聞くことになるだろう」（17b7-8）という宣言はそうした言葉の問題の解明抜きには不可能だからである。

さて、言葉の問題は『弁明』においては二つの局面で問われるだろう。一つは、ソクラテス裁判において告訴者たちの弁論がそこから力を得ている「評判（ドクサ）」の問題の局面である。この評判が支配する世界（世のなか）において言葉はどのようにあり、またどのように語られるのであろうか。元を質せば、この評判は人間同士の価値評価の言葉から形づくられるものであるのだが、その実体はどうなっているのであろうか。

もう一つは、ソクラテスが魂の気遣いのための生き方としている、その彼の哲学的生を成り立たせているものが問題となる局面である。それは生の吟味、自他の吟味、共同の探究という知を愛し求める言論活動（哲学）によって形づくられているのだが、その実体はどうなっているのであろうか。

1　評判（ドクサ）

（1）　前者の局面について、評判（ドクサ）が支配する世界（世のなか）では言葉はどのようなものとしてあり、またどのように語られるのだろうか。まずは筆者なりに思い描くことのできる評判の世界の特徴を見ておきたい。それは、まさにソクラテスがこれまで悪戦苦闘してきた、そしてその挙句にソクラテス裁判を起こされる温床となった、善美正・醜悪不正の価値が混合した、人々のあいだでお互い同士に行なわれる評判という価値評価の世界である。ここで価値の混合というのは、ある場合には善であるものが、別の場合には悪になり、あるいは、ある面では善であるが、別の面では悪であり、また、或るものは悪であると同時に美しくあり、さらにまた、或るものは最初から善あるいは悪であると思いなされているといった、状況や見方によって価値が混合する価値相対的な事態のことである。こうしたことが生じるのは、そこ（評判の世界）では、人はソクラテスのいうところの「われわれはどちらも（誰も）善美の事柄は知らない」（cf. 21d3-4）というわれわれ人間の生の根源層にある根本の不知に無自覚であるからであり、そのように無自覚なままにそうしたことを知らないのに知っていると思って、もろもろの価値評価をそのつどの状況に応じて相対的に行なっているからである。しかも、始末の悪いことに、人はそうした価値評価の主体であるよりもむしろ、そうした価値評価の言葉（評判）にさらされて、一喜一憂しながら時を過ごしているのである。

とはいえ、評判におけるそれらの価値評価がまったく相対的であるというわけではない。というのは、評判という価値評価の世界（世のなか）では、それらの混合的な価値とわれわれの生死が当然のごとく、しかもその生の方を中心に結びつけられ、生の力あるいは力ある生というものに価値を置く価値的生についての一連の評価のアマルガムを作りあげているからである。それはつぎのような言葉となって表現されるものである。「われわれの生は無条件に肯定されるべきである」、「力のある生は善であり生きるに値する」、「力のある生は醜悪であっても、力あるゆえにその醜悪さを凌駕し生き生きと輝く」、「力のある生が死をも顧みずにおのれを完遂するとき、その生は美しい」、「無力な生は生きるに値せず死んだほうがましである」、「死は醜く悪いものであり、忌むべきものとして遠ざけるべきである」、等々。

(2)　しかしここにはある重大な問題が含まれている。それはこうした価値的生のアマルガムが生を芯のようにして作られるとき、この生の中心部分が価値的に吟味されないまま無条件に肯定され「吟味されない生」（38a5）として残されてしまうことである。そして、生の中心が吟味されないままに、その「吟味されない生」の上に、あるいはそれと不可分になって、生きがいを生み出す力（デュナミス）による価値的生のアマルガムが作り上げられることである。それでは、このような生の在り方に対して評判（ドクサ）はどのような役割をするのか。それは評判が無条件に肯定された「吟味されない生」については封印したまま、そうした価値的生の力による評価の担い手となって、各人の生に対してその力の価値評価を下す権威となるのである。ちなみにソクラテスについていえば、評判（噂）によって「妙な知恵のある奴」（18b6-7）だという微妙にポジティブであり、かつ基本的にはネガティブな知恵の評価が力という観点から下されることになる。この評価がソクラテス裁判でボディーブローのようにソクラテスを苦しめることになる。

さて、いずれにしても、以上のことは、ソクラテスが現在の告訴者たちへの弁明に先立って「古くからの告訴者たち」（18a8-9）と見立てた、評判によって悪しきソクラテス像をもつようになってしまった、不特定多数の告訴者に対する彼の弁明（18a7-24b2）が背景にもつ事態であるということができるように筆者には思われる。

(3)　それでは、この評判の世界では言葉はどのようにあり、どのように語られるのであろうか。それは評判（ドクサ）が善美の事柄を知らないのに知っていると思って価値評価をするところであるかぎり、言葉は評判によってその本来の働きから逸らされ、重大な変質を被らされることになる。すなわち、言葉は生そのものとの内的な関係を失い、「生の吟味」のために使われるのではなくて、力のある生（じつは「吟味されない生」の上部に作られる価値的生のアマルガム）の手段として使われることになる。そして筆者の見るところでは、この力のある生を成就する手段としての言葉の根本的な特徴が説得性ということになる。というのは、そこでは評判を拠り所として、評判を嵩にきた権威者（そうした評判の焦点となり、その中心部にいる、周りにいる者たちから力のある知者と思われている者）やその者を支持する多数の者がいて、彼らの協同によって誰が偉いか（力があるか）という評価がいわば自閉的になされるわけであるが、その時の評価の決め手は説得力ある言葉を語れるかどうかになるからである。それはつぎのように説明されるだろう。

人は世のなかの評判に支配されて生きている。しかし元はといえば、評判とはお互いに善美の事柄を知らないのに知っていると思っている人間しかいない世のなかにおいて、その自覚のないままに、人が人を評価する、あるいは人が人に評価されることでしかない。ということは、評判の評価は善美の事柄の不知に無自覚なままに、その自覚（不知の知）に立った真実の探求の道を閉ざしてしまっているということを意味する。すなわち真実への道からの致命的な逸脱を犯しているのである。そうであれば、評判のうちにあるかぎり真実性が根本の基準になることは不可能であり、結局、評価の決め手は説得性しか残らなくなるということである。(*)

（*）　筆者はここで、真実というものは厳密にソクラテスの言う「真実のすべてを語る」という場合の真実にのみ認められるべきであると考える。そしてそのような真実は、すでに明らかにしたように、ソクラテスの言う不知の知と不可分にしか存在しえないのである。したがって、世のなかの評判が価値評価の基準となるところでは真実は存立しえない、真実と評判の両者は両立しえない、といわなければならない。このことは魂の気遣いの勧告のなかでソクラテスが両者の対立構図によって示したことである。

これに応じて、人は評判の世界では説得的に語るように言葉を使う、あるいは説得的な言葉に納得し説得された者になる、すなわち心が説得の言葉で満たされるようになる。そして評判の世界がこのようにあるからこそ、そこで生きる人々から告訴者、被告人、裁判員が構成される裁判の場でも真実を語ることではなくて、説得的に語ることが何よりも重要なことになる。かくして、告発者たちが説得の手段として美辞麗句のレトリックを使ってソクラテスを告発したのは、その嘘偽りの多さはともかく、評判の世界を背景にした裁判の場ではむしろ当然な言葉の使い方であったわけであり、市民裁判員が説得的な言葉を期待するのもごく自然であったわけである。

(4)　ところで、この指摘を極端すぎると思う人がいるかもしれない。裁判員はソクラテスと告訴者に対して両者の言い分を聞くことのできる第三者ではないのか。裁判が存立している以上、そこには真実を求める裁判の公平性が基本的に成り立っているのではないか、裁判員にはそのくらいの思慮が備わっているのではないか、さもなければソクラテスが裁判の場で真剣に真実を弁明する意味はないのではないか、と。しかし、この疑問はソクラテスが裁判員に要請したこと、「私の言うことが正しいかどうか、というそのことだけをよく見て、そのことだけに心を向けてください」(18a4-5) ということが本当に受け入れられたときにのみ意味をもつ。というのは、裁判員がそのような「知性を働かせ心を正常に保つ (noun ekhein)」在り方をするとき、それは、彼らがこの要請に先立ってソクラテスの敢行した裁判の軸足を説得の優劣から真偽の判定に移すことに同意した、ということを意味するからである。そのときはじめてソクラテスの弁明の言葉が聞こえるようになるであろう。

かくして、裁判員にはソクラテスと告訴者たちから等距離に離れたニュートラルな立場はありえないといわなければならない。なぜなら、真偽を語ることでも説得のための説得でもない第三の立場で語られたり、聞かれたりする言葉などどこにもないからである。この点についても、『弁明』では、ソクラテスが魂の気遣いの勧告の箇所で行う「真実（アレーテイア）」と「評判（ドクサ）」の二分法以外に言葉が語られる第三のニュートラルな領域はありえないことを指摘しておきたい。とはいうものの、現実にソクラテスと告発者が目の前に並び、有罪か無罪かをめぐる言葉の戦いをしているその有様を目撃――きっと同じように両方とも裁判員には自分たちと同じ人間に見えるだろう――し、両者の言い分を聞く裁判員には同じ平面で言葉が語られているように聞こえる可能性は大きいであろう。なぜなら、大多数のものはソクラテスが語る真実の言葉が彼らの言葉の理解の地平をはるかに越えるものであるなどとは思い及ばないであろうから。

2　真実の言葉

(5)　それではつぎに、後者の局面、ソクラテスが理解する言葉、すなわち自分自身の活動（哲学）にかかわる言葉として「長い間使い慣れてきた」(cf. 17c7-9) ソクラテスの言葉についてはどうであろうか。その言葉はどのような性質をもつのであろうか。しかし、この問いを考える前に確認しておくべきことがある。それは真実を語る「弁論の雄者」が使う言葉、つまり真実の言葉とはどのようなものであり、またそれは実際にはどのように語られるのか、という問題である。

この問いに対する答えは明らかであろう。それはソクラテスが「諸君は私から真実のすべてを聞くことになるだろう」(17b7-8) と宣言し、まさにその言葉通りに弁明を実行して、自分が正しいと信じる真実を語っていく、その『弁明』のソクラテスの言葉以外の語り方と内容ではありえないということである。この点について、ソクラテス自身もまた自分の弁明の各要所で「私はすべて真実を包み隠さず語っているのだ」とか、「真実はつぎのようにあるのだ」と言い、自分がただひたすら真実を語ることに集中して語っていることを強調していることを付言しておきたい（cf. 24a5-6, 28d6, 33c1-2, 7-8, 39b5-6, 41c8-d2）。そのような言葉は真実を語るのに必要なすべてのこと、すなわち、真実と虚偽、善と悪、生と死の両方を余すところなく明らかにすることができる言葉、いわばそれ自身に明らかさ（Klarheit）を備えた言葉であったということもできよう。この真実の言葉が一人称で語られ、ソクラテスという一人の独特の人間の個性によって彩られているのは、後で見るように、それが彼のなかで長い間気遣われ陶冶されてきた魂と思慮・知（プロネーシス）によるからである。真実の言葉の明らかさは思慮・知から生まれ、反対に思慮・知とは明らかさのある言葉が語れることなのである。

さて、さらにこの文脈で言うべきことは、この『弁明』でのソクラテスの言葉は説得のための説得の言葉とはいえないということである。というのは、ソクラテスは聞き手にできるかぎり理解され、受け入れられるように十分に工夫してはいる、つまり説得的に語ってはいるが、聞き手の意に沿うように迎合的に語っているわけではまったくないし、そもそも被告と裁判員とのあいだの裁判に特有の説得の構図のなかに少しでも身をおいて語っているわけではないからである。それどころか、ソクラテスは自分の語る真実が理解されがたいことを承知の上で、あえて断固として真実を語り続けており、したがって説得という点から見れば成功は期しがたいような話もためらうことなくしている。というのは、しばしばアテナイ人裁判員たちが憤慨して騒ぐようなことを口にし(20e3-8, 27a8-b2, 30c2-3)、これまた尊大にも見える態度で裁判員の反感を買うようなことをしてしまっているからである（cf. 34b7-d1, 35b3-8, 36d1-37a1）。

このかぎりにおいて、逆説的に聞こえるかもしれないが、真実が説得的であるというのは本当ではない、真実を語ることと説得的に語ることとは相容れない、言葉の真実性と説得性は両立しないと考えるべきである。なぜなら、人が言葉を語ったり聞いたりしているところで、本来真実が占めるべき場所を虚偽（評判）が占拠しているときには、真実の言葉がストレートに人の心に届くことはないからである。ここにソクラテスの弁明の根本的な困難さがある。ソクラテスはこの虚偽に覆われた事態――もちろん、この事態は人々には虚偽としてではなくて、「これこそが人間の生きる真実（現実）である」として受け入れられているのだが――から出発しなければならないのである。

それゆえ、「諸君は私から真実のすべてを聞くことになるだろう」というソクラテスの宣言はたんに真実を説得的に語りさえすればすむというわけにはいかない。それは虚偽を虚偽として明らかにし、本当の真実がどのようなものであるかを示し、その上で真実と虚偽の因果関係を明らかにし、しかもそれらがわれわれ人間の生に対してもつ意味を解くことができなければ、たちまちのうちに真実を語るということも弁論家の説得の便法とみなされ、結局告発者たちの説得的な弁論と相対化され、どちらが説得的に語ったか、といった次元で評価されることになるからである。それほどに真実のすべてを語るということは至難の業であり、評判（ドクサ）の世界に生きて説得的な言葉に慣れ親しんでいる人には到底語りえないことなのである。事情がこのようであるとすれば、ソクラテスの置かれた事態はわれわれが「前置き」の後半部について明らかにしたこと以上に困難であるというべきかもしれない。

それでは、ソクラテスにはどうしてそのような言葉を語ることができるのか。われわれはここで、ソクラテスの理解する言葉がどのようなものであるのかという最初の問いに返ることにしたい。

3　生の吟味のための言葉

(6)　この問いによって問われるべきことは何か。われわれはこの箇所の考察のはじめに、「ソクラテスの言葉の問題は『弁明』の中核をなす「不知の知」と「魂の気遣い」の問題と深く結びついている」という認識を示し、彼の哲学的生を成り立たせている極めて独特の言論活動（生の吟味、自他の吟味、共同の探究）のあることを指摘した。その実体はどのようにあるのか。それはソクラテスが有罪判決の下された後で行なわれる刑量の申し出の最後の締めくくりとして発言する、つぎの言葉から窺い知れるだろう。

「そうするとおそらくつぎのように言う人がいるかもしれない。ソクラテスよ、われわれのために国外に出て行き、沈黙を守っておとなしく生きていくことができないだろうか、と。だがこれこそ、諸君の誰かを納得させることが何にもましていちばん困難なことなのだ。というのは、そうすることは神に対して服従しないことになるので、その不服従のゆえにおとなしくすることができないのだ、と私が言っても、諸君は私が空とぼけているのだと思って、私の言うことに納得しないだろう。さらにまた、私がつぎのように言うことにも、すなわち、私が毎日徳やその他の事柄について問答しながら自他の吟味をしているのを諸君は聞いているわけであるが、そういうことについて議論することがまさに人間にとって最大の善であり、吟味のない生は生きるに価しないと言っても、私がこう言うことにも、諸君はなおさら納得しないであろう。しかしそのことは、私が主張する通りに、まさにそのようにあるのだ、諸君、だが説得するのが容易ではないのだ。」（37e3-38a8）

この発言の後半部で、ソクラテスは「徳やその他の事柄について問答しながら自他の吟味をすること」が「人間にとって最大の善であり、吟味のない生は生きるに価しない」と言い切る。それは、前半部の「私は沈黙を守っておとなしく生きていくことはできない」ことの理由として言われる、「沈黙を守ることは神への不服従になる」というデルポイの神託をとおして神が自分に命じたと信じ、仕事として行なうようになった自他の吟味活動の意義づけのように分かりやすいものではない。というのは、それこそが、すなわち「生の吟味（39c7）という言論活動（哲学）なしには彼の生が存立しえない（「生きるに値しない・生きられない（ou biōtos）」）」ということがソクラテスの生（哲学的生）の実体であり、これまで生きてきた現実だからである（cf. 28e4-29a1）。しかしそればかりではない。この発言はソクラテス個人の生き方以上の範囲にまで及んでいる。というのは、それは、この生の吟味が自他の吟味であることを通して、生の吟味という言論活動がソクラテスばかりでなく、彼以外の他者にとっても、つまり誰であれ、およそ人間にとって最大の善であるということを表明しているからである。『弁明』のなかでソクラテスの哲学的生を知る上でもっとも重要な箇所の一つといっていいであろう。

さて、ここで見逃すことができないのは、このようなソクラテスの哲学的生と自他の吟味と生の吟味という言論活動の不可分性の実体が裁判員たち（普通の人）には何を言っているのかほとんど納得してもらえないだろうと言われていることである。それは、これまで考察したことからも明らかなように、ソクラテスの哲学における言論活動が評判のなかで生きる人々の言葉の使用と懸隔している――たとえていえば、水と油のようなものである――からである。すなわち、一方は「真実を語ること」が、他方は「説得すること」が関心事となっており、両者はそのままでは交わることはないからである。

ところで、この引用箇所で「説得する（peithō）」（受動形で「説得される・納得する（peithomai）」）という言葉が四回（38a1, 6, 7, 8）も使われていることが気にかかるかもしれない。しかし、ソクラテスが説得という言葉を繰り返し使ったからといって、彼が人々に譲歩して人々に慣れ親しい説得的な言葉で語ろうとするはずはない。

というのは、無罪を勝ち取るための主たる弁明のところですでに真実のすべてを語り尽くしたのであれば（cf. 34b6-7）、有罪決定後のこの刑量の申し出という裁判の場で、そして裁判員たちに語りかけることのできる最後の機会で、いまさらソクラテスが刑を軽くしてもらおうと彼らを説得しようとするとは考えられないからである。どちらかといえば、それはこれまで話したことを背景にしたソクラテスの真情の吐露というべきであろう。というのも、ソクラテスは人々に人間にとっていちばん大事な各人の生の吟味のために言葉を使うことの重要性を何とかして分かってもらいたいと最後の訴えをしつつ、裏面では、彼の言うことが結局彼らに伝わらずに、お互いの心の懸隔だけが残されていることが寒々と感じられる、そうした心も凍りつく徒労感をもらしているように思われるからである。この心の状態に現実が追い討ちをかける。この後の投票で死刑の票決が下される。(*)

（＊）その票差は有罪票決のときよりもかなり大きかったといわれている。有罪二八〇対無罪二二〇から死刑三六〇対ソクラテスの申し出た罰金刑一四〇へ票差が変わったといわれている。無罪票決した裁判員のなかから死刑票決に投票した者がかなり多数出てきたのだ。この無残な結果が示すように、アテナイの市民裁判員の多数はソクラテスの要請した正気を保って正邪を判断することを行なってはいなかったのである。

(7)　さていよいよ、この箇所の本題に移りたい。さきの引用文（37e3-38a8）において「徳やその他の事柄について問答しながら議論する」言論活動（哲学）が生の吟味になるというのはいったいどういうことなのか、この点がソクラテスにおける言葉の問題としていちばん問題にすべきことであろう。

とはいえ、ソクラテス自身がこの点について何事かを説明してくれているわけではない。彼はその言葉を使って真実を語っているまさに当事者であるのだから。それはわれわれが自分で論究しなければならない事柄であろう。その場合、われわれに取れる道は二つあるように見える。一つは、ソクラテスの哲学活動をかなり忠実に再現しているとみなされる『弁明』と『クリトン』を除くプラトンの初期対話篇で描かれた彼の言論活動の実際を見ることである。もう一つは、これこそが筆者には見逃されがちなことと思われるのであるが、『弁明』のソクラテスの言葉のなかから読み取ることである。というのは、彼がまさに生の吟味であるような哲学という言論活動をおのれの生涯を通して実践してきたのであれば、そのことはその彼が全生涯を通して何をしてきたのかを包み隠さずに語り明かそうとする『弁明』においてこそ集約的に示されているはずだからである。

(8) ところで、最初の点、プラトンの自余の初期対話篇についていえば、実際それらの対話篇がそれらの副題が示すようなソクラテスの哲学的「……とは何であるか(ティ・エスティン)」の問いの問答による事象的探究(吟味)以上に、生の吟味でもあるとまでいえるのかどうか、それは本当のところ判然としないというのが正直な感想である。そこでは、当該事象について「知らないのに知っていると思っていた」ことが、当該事象の探究が困難になっていくなかで、やがてアポリアに陥り、その結果その事柄を「知らないからその通りに知らないと思う」ようになるまでの、その探究にかかわった人の知にかかわる在り方において不知の知が生まれる有様が描かれているだけのように見える。

これについて人はつぎのように言うかもしれない。「そのような言論活動が生の吟味になるのだ。というのは、その言論活動を通して心のなかの知の思いが無知であることが明らかとなった分、無知に気づかずにいた心の重苦しさが取り除かれ、心は軽く明るく晴れやかになるからだ」(プラトンが語りえた『テアイテトス』末尾のソクラテスの感想)、と。

そのようにいわれれば、そういえるかもしれない。しかし、それだけではおそらくそれが「人間にとって最大の善である」とか、「吟味のない生は生きるに価しない」といわれるほどの重大事であるのかどうかまでは見て取れないように思われる。というのは、そのような一般的な説明では、そうした問いの事象的な探究の帰趨を見つめているだけでなく、そこで本当に問題になっていることをじっと見守っているはずのソクラテスの存在が抜け落ちてしまうからである。すなわち、その問答の場を主導している当のソクラテスは何をして、何を見守っているのかが明らかにされないからである。もちろん、その何とはそうした探究が自他の吟味にもなり、生の吟味にもなる以外のことではないだろう。そしてこの点が見定められる場合にかぎって、「心の重苦しさが取り除かれる、云々」も生の吟味の一環として実質的な意味をもつことになるであろう。しかしそれはプラトンの哲学的関心事の事象的探究という意味合いの前提となっていることは確かなことである。そうでなければ、ソクラテスがプラトンの初期対話篇の主人公になっている意味は理解できないし、そこでの彼の圧倒的な存在感はその本質的なアスペクトにはなりえないであろう〔本章付論、二七三頁以下を参照〕。

(9)—(a)　それでは、もう一つの可能性、『弁明』においてはどのような意味でソクラテス的な言論活動（哲学）が生の吟味であることが見てとれるというのか。それは、一つには、ソクラテスが披露した二つの問答、すなわちアテナイの富豪カリアスとの問答（20a2-c1）と告訴人を代表して告訴状を読み上げたメレトスとの問答（24b3-28a1）において両者、カリアスとメレトスの人としての在り方（人間性）が露呈されるという点である。つまり、『弁明』に見られるソクラテス的問答（対話）、とくにメレトスとの問答は事象的探究のためではなくて、その問答の俎上に載せられる人の人間性を露呈するためのものなのである。ソクラテスは意図的にこれらの問答をそのように扱っているように思われる。

もう一つは、『弁明』では真実のすべてがソクラテスという一個の人間によって、「諸君は私から真実のすべてを聞くことになるであろう」という宣言のもとで、一人称単数で語り明かされていることである。この点に関して、これまでに言及したこととは明らかに趣を異にしていることが指摘される。『弁明』では、自余の初期対話篇に見られるような、事象的探究とともに、その探究の帰趨を背後で見守っていたソクラテス、そして付け加えれば、彼とともにその探究に参加していた共同の探究者の資質に応じて探究がアポリアに陥ったとき、その探究の成果を見定め、そこで探究を打ち切るとともに、探究者の知にかかわる在り方と、この点は明示的ではないが、「魂の佇まい」（加藤信朗）とでもいえるようなその人自身の在り方を示すことができるソクラテス、この自余の初期対話篇では表に出てこないソクラテスが全面的に姿を現わしているのではないかということである。というのはつぎの場面がとくにそれに該当すると思われるからである。

(9)—(b)　それは不知の知が語られる箇所である。ここでの対話的状況は初期対話編とはまったく様相が異なっているということができる。というのは、この箇所の対話的状況を「対話（dialegesthai）」——「経験した（epathon）」（21c5, 22a2）事柄——「私に思われる（emoi dokei）」と図式化していうならば、ここでは、最初の項目の「対話」の内容についてはまったく触れられず、二番目の項目、すなわち対話の結果得られた「経験（pathos）」だけが語られていて、そしてその経験が「私に思われる（emoi dokei）」という一人称で語りだされているからである。つまり、『弁明』のソクラテスは対話（問答）のなかで彼自身が何を見ていたのか、すなわち、ここで不知の知の問題箇所の議論の成果にもとづいていえば、自他の知恵の有無ではなくて、知恵（不知）にかかわる人の在り方を見ていたことをはっきりと語っているのである。筆者にはこの点にソクラテスの哲学が生の吟味とか、自他の吟味といわれる所以があるように思われる。というのは、ソクラテスは問答の相手が「知っている」と思っているが、本当は「知らないのに知っていると思っている」だけだ、というその相手自身の無知の在り方を相手にも知らしめようとするからである。つまり、ソクラテスは相手がその存在において真実の在り方をしていないことを伝えているのである。念のためにいえば、ここで問題になるのは探究する事柄に対する知や不知でないのは明らかであるが、またそうした事象的な知や不知における人間の知恵の有無でもなくて、その探究のなかで明らかになる不知の知の自覚にかかわる、そしてそれは同時に真実と虚偽にかかわる、各々の人としての在り方（魂の佇まい）である。

(9)—(c)　ところで、もう一つ重要なことを付け加えれば、筆者にはこのソクラテスの経験が対話のなかで得られた一つの典型的な「思慮・知（プロネーシス）」(29e1, cf. 36c7) であるということができるように思われる。なぜなら、そこでは自他の両方についてそれぞれについて経験したおのれの不知の知と相手の無知の発見というまさに新しい経験知が彼自身のなかに生じたからである。そして、このプロネーシスがまさに哲学の活動を根幹とするようにソクラテスの存在（生き方）を根本的に変成していくことになるからである。ここで結論的なことまでいわせてもらえば、このようにして得られたプロネーシスこそが――それは不知の知にかぎらず対話問答の結果さまざまの経験知が得られるであろう――『弁明』で語られる「真実のすべて」の内実となるのである。

(10)—(a)　とまれ、最初の点から見てみよう。ソクラテスとカリアスの問答はカリアスの二人の息子の教育（人間教育）にかかわる金銭的報酬の問題が話題にされたものである。ある意味で、それは誰にもできそうなごくありふれた会話のように見えるが、驚くべきことにそのほんのわずかな会話を通してカリアスの人物像がはっきりと浮かび上がってくる。すなわち、カリアスは大富豪であり、それゆえ尊大かつ鷹揚に構えているが、じつはこの世のなかを無思慮で安逸に生きている人物にすぎない、と。

4　メレトス論駁

(10)—(b)　メレトスとの問答は重要な意味をもつ。というのは、ソクラテスは弁明の冒頭で告発者たちの言葉について その説得力のすごさを指摘するとともに、しかし虚偽（嘘）に満ちたものであり、そのような言葉を平然と語る者の無恥を最大級の形で非難していたからである（cf. 17a4-b6）。そしてその際、人の心に届く説得力という言葉の力の正体が問題とされるとともに、告訴者たちが何か言葉のこの力を利用して人の心を麻痺させ、放心状態にして、自分たちのよこしまな思い（虚偽のソクラテス像）を植えつけようとしていることが露呈されたのである。しかし、そういう邪悪な言葉を厚顔無恥に語る人物の実像についてはそのままにされていた。いまやこの人物がどういう人間であるかを容赦なく暴き出そうというのがこのメレトスとの問答である。

ここでメレトスに対する論駁として行なわれる現在の告訴者たちに対する弁明の箇所を詳しく論じることはできないが、いま必要なメレトスの人間性（非人間性）がソクラテスによってどのように露呈されるかということにかぎって、この箇所の考察をしておきたい。そこでわれわれはまず、告訴者メレトスに対してソクラテスがどのような仕方で弁明（論駁）するのか、その彼の発言に注目したい。それはおよそつぎのような話の脈絡において行なわれる。

ソクラテスは、彼が「古くからの告訴者に対する弁明」というところの、これまでの弁明（19a8-24b2）で「弁明すべきことはすべて弁明した」（cf. 24b3-4）と考える。それゆえ、ソクラテスはメレトスに対しては彼の告訴状の主要な二つの項目についてその一つずつを取り上げて、もはや弁明するのではなくて、その中身を吟味検討する仕方で論駁を行なう。それはソクラテスが普段行なっている問答というやり方で行なわれる。「前置き」で通告していたとおりの言葉づかいをそのまま実行してみせるわけである。

さて、ここでまず注目すべきことは、ソクラテスがメレトスの告訴状の言葉そのものを吟味検討していることである。すなわち、ソクラテスは言葉が言い表わしていると思われる何らかの事実といったものをまったく問題にしていないのである。もちろん、メレトスの告発の言葉はまったく虚偽であるからそうした事実を問題にしようがないわけであるが、しかし彼にははじめからそうした事実問題にたいする関心はまったくないように思われる。ただメレトスの言葉そのもののなかに空疎で出鱈目なものがあるのを見抜き、それを露わにしようとしているわけである。

つぎに注目すべきことは、この点にメレトス論駁の眼目があるのであるが、ソクラテスがそうしたメレトスの言葉のなかにメレトス自身の人間性が表われていることをはっきりと見ていることである。ソクラテスには言葉を聞いてそれを語る人がどういう人であるかがよく見える。すなわち、言葉と言葉を語る人との密接不可分な関係にたいする透徹した理解力が備わっている。ソクラテスという弁論の雄者はただ言葉を話すことに長けているばかりではなくて、よく人の言葉を聞く力をも併せもっているのである。もちろん、いうまでもなく、そうした言葉の力はこれまでの生涯をかけて従事してきた、問答しながら自他を吟味する彼の哲学の賜物（プロネーシス）であろう。『弁明』はこのメレトス論駁の箇所でソクラテスにそうした言葉をよく聞き、それゆえに人間性がよく見える力が備わっていることをことさら強調することもなく描き出しているが、それはただこの箇所を読むだけではなかなか気がつきにくいことかもしれない。

⑽―(c)　ソクラテスは現在の告訴人の正式の告訴状、いわゆる「宣誓口述書」に記されている彼に対する二つの罪状を取り上げ、その一つ一つを吟味してみようという。その罪状の一つは、「若者を堕落させたこと」、もう一つは、「国が認める神々を認めず、別の新奇な鬼神（ダイモニア）を信じたこと」である（cf. 24b6-c2)。「若者を堕落させた」という最初の罪状を取り上げるやいなや、ソクラテスはいきなりメレトスを糾弾することから始める。これは裁判における告発の形式に則った逆告発である。そして、それは情け容赦なくメレトスの軽薄で醜く歪んだ人間性を暴こうとするソクラテスの最初の一撃である。「しかし、アテナイ人諸君、私はメレトスこそが犯罪者であると主張する。というのは、この男は真面目なふうをしながらふざけている、すなわち、今まで一度も関心をもったことのない事柄について、真面目に心配しているふうをして、軽々しく人を裁判沙汰に巻き込んでいるからだ。」(24c4-8, cf. 25c1-4, 26a8-b2)

この逆告発でいちばん注目すべきことは、「関心をもつ（meleisthai)」という言葉が使われていることである。「魂の気遣い（epimeleisthai tēs psūchēs)」を生涯実行してきたソクラテスにとってメレトスにまったく欠落しているものが何であるかがよく見えるのである。すなわち、メレトスという男は青年の教育に一度も関心をもったことがないのに、それにもかかわらず、真面目に心配しているふうを装い、その問題でおよそ自分の対極にいるソクラテスという一人の類まれな人間を「罪に陥しいれ」ようとしている（cf. 28a6-b2)。このような不躾で破廉恥極まりない振る舞いは魂（自己自身）が「破壊されて駄目になった」（cf. *Crito*, 47c3-7）のでなければ起こしえない最低の行動であろう。

ところで、ソクラテスは弁明の冒頭でメレトスの告発の演説を聞いていちばん驚いたこととしてメレトスがすぐにでもばれる嘘を平気で言うことを挙げて、それを「もっとも恥知らずのこと」（17b3-4）だと感想を述べていたが、この平気で嘘をいい、言葉を弄ぶ態度はまさにこのメレトス論駁でソクラテスが暴こうとしている魂を台無しにした男メレトスの人間性に見合うものであろう。それゆえに、ソクラテスは「それがそうであるということを諸君にもはっきり分かるように試みてみよう」（24c8-9）と言い、「いつもの流儀で」（27b2）メレトスを相手に問答形式の言葉のやりとりを始めるのである。

⑽―（d）　話題は言うまでもなく罪状の一つに挙げられた青年教育の問題である。ソクラテスはメレトスにつぎのように問いかける。「君は、どうしたら若者がこの上なくよいものになるのだろうか、という問題をいちばん大事な問題だと思っているのだね」（24c9-d1）。メレトスは「そうだ」と答える。ソクラテスは重ねて問う。「さあそれでは、この人たちに言ってくれたまえ。誰が若者をよりよいものにするのかを。なぜなら、君が知っていることは明らかだからだ。とにかく君はそのことに関心をもっているわけだから。」（24d3-4）これは若者のことに関心をもち、彼らを気遣い、彼らをよい人間にする教育ができるのは誰かということを論点にしたものである（cf. 24d3-25c4）。ソクラテスが取り上げる論点はもう一つある。それは「よい市民のなかに住むほうがよいか、それとも悪い市民のなかに住むほうがよいか」（25c5-7）という問いかけから始まるもので、「みずからすすんで他の人を堕落させる者はいない」という例の「みずからすすんで悪をなす者はいない」という逆説論法でメレトスに答えさせるものである（cf. 25c5-26a7）。

さて、ソクラテスがどのようにしてメレトスを追い詰めていくか、これらの問答の経過について詳しく見る必要はないだろう。また、その論法について云々することもここでは必要ない。大事なことは何のためにソクラテスがこうした問答のやり取りをしているのかというただその点だけである。そしてその点で、われわれが注目すべきことは、ソクラテスが「関心をもつ」とか「気遣う」ということに関わる問題――ここには、それと不可分な仕方で誰かそういうことを本当に真剣に行なっている人がいるかどうかという問題が含まれる――や、人と人の係わり合いのなかで「みずからすすんで悪をなす者はいない」という知恵をめぐる問題についての言葉のやりとりからメレトスの無思慮をたちまちのうちに露わにしてしまっているということである（ソクラテス自身の人との交わり方については33b-34b参照）。というのは、何らかの話題について、とりわけ倫理的な問題について語るというのは、それについていろいろなことを学び、自分でも十分に考え、その問題の成り立ちと奥行き（広がり）を知ることがなければできないことであるからだ。メレトスにはそうした学習や思考がまったくない。それゆえ、問答のやりとりの表層でしか受け答えができないし、ソクラテスに誘導されながら、行き当たりばったりの答えをすることしかできないのである。メレトスがソクラテスに追い詰められ、窮地に陥るのは当然といえよう。（＊）

（＊）ところで、メレトスの答えが行き着いた最後の「ソクラテス以外のすべてのアテナイ市民が若者をよいほうへ導くのだ」という答えについて、これは両刃の剣であり、ソクラテス自身にとっても危険なことではないかという指摘がある。というのは、民主主義の政治体制において、すべての市民が法に従って青年教育に関心をもち、教育すべきであり、メレトスの主張はその理念に適うものになっているように見えるからである。ところが、ソクラテスは明らかに知をもつ少数のものが教育に携わるべきであることを問答のやり取りのなかで示唆しており（cf. 25a12-c1）、反民主主義的な主張をしているのであるから、メレトスのソクラテス批判は有効ではないか、というものである。Cf. Thomas G. West, *Plato's Apology of Socrates*, Ithaka and London: Cornell University Press, 1979, 136-143.

これはソクラテスを政治的に見るときに考えられうる興味深い指摘であるといえるかもしれない。しかし、この議論の欠陥はメレトスにそういう反論の力はない（何も真面目に考えたことがないのであるから）ことを無視していることと、「関心をもつ」とか「気遣う」ことについて表層的な形式議論に終始し、実際にすべての市民が青年教育に関心をもっており、またそういう教育もしているなどということは信じられない（inconceivable である）し、また誰も信じていないという現実を考慮していないことである。そもそも若者がよい人間になることに「関心をもつ」とか「気遣う」とはどういうことかという問題は現実に本気でそうしている人がいる場合、その人はどのような人であり、またどのようにあらねばならないか、という実質と本質にかかわるところで議論しなければ意味がない問題である。なぜなら、そこでしかそうした教育の在るべきあり方への真剣な問いは始まらないからである。そしてその場合、その人は本当に何に関心をもって生きているのか、というその人の生き方そのもの（魂の気遣い）の問題に深く関わってこざるをえないであろう。こうした主張をする人はメレトスの人間性についても彼が民主体制の擁護に切実な関心を抱く「善良な（自称）愛国者」（24b5）であるということまでも言いたいのであろうか。

⑽―(e)　ソクラテスはもう一方の罪状、「国が認める神々を認めず、別の新奇な鬼神（ダイモニア）を信じたこと」についてもメレトスを相手に問答のやりとりを始める。「しかしそれでもなお、われわれに言ってくれたまえ、メレトスよ、君は私が若者を堕落させていると主張しているが、それは私がどのようなやり方でしているというのかね。いやいうまでもなく、君が書いた告訴状にしたがえば、国家の認める神々を認めず、他の新奇な鬼神（ダイモニア）を認めることを若者に教えることによってだということになるのかね。そういうことを教えることによって若者を堕落させている、と君は言っているのではないかね。(＊)」（26b2-6）

（＊）　加藤信朗によれば、このソクラテスの第二の罪状への移行は非常に重要で、「第一の罪状の教育問題は第二の罪状の宗教問題にもとづくことが示されているのであって、告発されている二つの罪状は結局一つの問題、つまり宗教問題に帰することになる」と理解されることになる。その上で、加藤はこの宗教問題においてヴィラモヴィッツ、バーネット、ハックフォースといった解釈者のあいだで議論されてきた「認める（nomizein）」という動詞の語義の問題にみずからも参入する。加藤の解釈の要点だけいえば、告訴状にある「神々を認めない」という句は両義的に解釈すべきであり、「神々をないがしろにする」、さらには「神々に対して捧げるべき尊敬を捧げない」（ヴィラモヴィッツ、バーネット）という意味と、他方に、「神々の存在を否認する」（ハックフォース）という意味が含まれていると考えるべきである。しかも、後者の「「神々を認めない」と「神々の存在を認めない」を同義のものとしたのは実は『弁明』のソクラテスだった」と理解すべきであるということになる。こうした解釈から加藤はこのメレトス論駁の意義をつぎのように考える。「これまでに分析してきたメレトス論駁におけるソクラテスの論は、この告訴事件を「神々の存在の承認と否認」に関わることとして受け取っていたということである。それは『弁明』のソクラテスの論がとった戦略であるが、同時に、作者プラトンの目に映った裁判事件の真相でもある。『弁明』は裁判事件の本質に関するこの理解を基礎にして構成されていると筆者には思われる。」、と。加藤信朗『初期プラトン哲学』第一章　端初——真相の究明　『ソクラテスの弁明』篇、七一－七七頁参照。

　さて、筆者にはソクラテスが「この告訴事件を「神々の存在の承認と否認」に関わることとして受け取った」という点については加藤に同意するが、このメレトス論駁の宗教問題の問答のやりとりの箇所がそうした問題を論じた重要な意義を担うものであり、またプラトンの『弁明』が「裁判事件の本質に関するこの理解を基礎にして構成されている」とは思われない。なぜなら、この箇所には「ソクラテスが、どこで、どのようにして、またどのような意味で神を信じたか」といういちばん肝心なことが書かれていないからである。（もちろん、いうまでもなく、その肝心のことが問題となるのはソクラテスがデルポイの神託の謎解きの話をする箇所であり、不知の知が語られる箇所である。そこでの彼の話をみると、ソクラテスはデルポイの神託を受ける以前から「神の存在を承認していた」ことが窺われる。なぜなら、彼はその神の神託を真摯に受けとめ、全力を尽くして神託の謎解きに取り組んだからである。そのとき、「神は嘘をつくはずがない。それは神にあってはあるまじきことだからだ」（21b6-7）という思いも述べているのである。しかし、すでに第一章で詳しく論じたように、ソクラテスにとって神の存在が本当にリアルなものになったのは彼が不知の知を自覚し、神託の謎が解かれたときであり、彼の哲学活動を「神に命じられたこと」として自他の吟味を行なうようになったときであろう。そう考えてみると、このメレトス論駁の箇所でソクラテスが彼と神との関係をそうした事情とは別個にあらたに話すなどということは何もないことになる。）実際、この箇所のやりとりを見ると、ソクラテスがメレトス相手にそんな重大な議論をしているとは思われないのである。というのは、議論はあくまでソクラテスをわけもなく無神論者だと言い立てるメレトスの主張の矛盾を露わにするという趣旨でなされており、ソクラテス自身の「神の存在の承認」にかかわる「私は神を信じている（nomizō）のだ」（35d6-79）といった彼の積極的な主張は見当たらないからである。むしろ、鬼神と神との関係に着目してメレトスの主張を覆そうとするソクラテスの議論は宗教問題に深く触れるというよりも、最重要な問題にもかかわらずメレトスの応答の皮相さ――アナクサゴラスの説への言及（26d4-5）――や杜撰さ――ソクラテスの議論にきちんと反応できない知性の鈍さ（cf. 26e3-7）――が目立つぶん、それに見合うようなただの言葉の用法に表われた彼の主張の矛盾を突くだけの議論であるように思われる。メレトスが無思慮で投げやりな態度なので、ソクラテスの議論に適切に反撃できず問答のやりとりは平板に終始していると見るべきであろう。ところが、解釈者たちはこの箇所のこうした議論の文脈を離れ、その意味合いを無視して、告訴状にある「神々を認めない」という一句だけを取り上げて、その解釈に没頭しているように見える。これに対して、この箇所の議論を最初の罪状である青年教育の問題と同じようにメレトスの軽薄で醜く歪んだ人間性を暴き出すための議論とみなせば、筆者にはこの箇所がごく自然に読めるように思われるのである。

ここで、第二の罪状である宗教問題の問答のやりとりについて詳しく検討する必要はないであろう。ここでも、メレトスはソクラテスの術中にやすやすと嵌まっているように見える。そこで、ソクラテスからつぎのように言われる。「というのは、この男は、アテナイ人諸君、まったく法を弁えない無礼で、不躾な男であり、この告訴状を無法無礼さと不躾さと若気によっていい加減に書いたように私には思われる（emoi dokei）からだ。というのは、彼は謎をこしらえて試しているよう見えるからだ。つまり、あの知者のソクラテスは私がふざけて自己矛盾したことをいっているのが分かるだろうか。それとも、私は彼とその他の聴衆ともまた欺きとおせるであろうか、と。なぜなら、この男は告訴状のなかで自己矛盾したことをいっているように私には見える（emoi phainetai）からだ。すなわち、ソクラテスは神々を認めることなく、神々を認めているから、彼は罪人である、と。」（26e7-27a6）そしてこのあと、ソクラテスはくどいほど丁寧にこの彼の主張を実際の問答のなかで実証していくのである（cf. 27a-28a）。

　さて、筆者にはこの箇所のソクラテスの態度にデルポイの神託の謎解きの対話的状況と同じ事態が生じていると指摘できるように思われる。その際筆者は「対話（dialegesthai）」―「経験した（epathon）」事柄―「私に思われる（emoi dokei）」という図式化を行なったが、この図式の実例がこのメレトス論駁の箇所にも見いだされるということを強調したい。もちろん、ここではこの順序で語られていないが、それは当然のことながら長い間の哲学活動でつくりあげられたソクラテスの言葉と人間の理解、いわば言葉において魂のたたずまいを洞察する眼がメレトスの人間性を青年教育の問題をめぐるやりとりのなかではっきりと捉え、そしておそらくすでに彼の告発演説を聞いたときから見抜いていたからであろう。したがって、「私に思われる（emoi dokei）」や「私には見える（emoi phainetai）」という言い方はメレトスの言葉からメレトスの「破壊されて駄目になった」魂のたたずまいがソクラテスにはよく見えている（明証的である）ことを言い表わした言葉であるということができる。あとは論駁のなかで裁判員にもはっきりと見えるように問答のやりとりでしてやればいいわけである。

　とまれ、以上の考察をとおして、メレトス論駁というネガティブな局面ではあるが、ソクラテスの問答法がソクラテス自身において有していた人間性そのもの（魂のたたずまい）に触れ、吟味する力を発揮する場面を目撃することができたといえよう。

5　ソクラテスの思慮・知（プロネーシス）

⑿―⒜　ソクラテスの生の吟味としての哲学とはどのようなものかという問題を理解するもう一つの手がかりは彼の思慮・知（プロネーシス）であろう。

われわれはこのプロネーシスについてすでに不知の知の問題や魂の気遣いの問題を論じる際に、不知の知、問答による哲学活動、「私には思われる（emoi dokei）」、真実の気遣いなどとの関連において論じてきた。その範囲でいえば、プロネーシスは、（ｉ－ａ）不知の知を自覚しつつ哲学するなかで経験され、「私には思われる」によって表明される経験知であり、当該の経験的事象について私にははっきり分かるようになったという意味では明証知である。また、別の角度からいえば、それは（ｉ－ｂ）不知の知の明らかさのなかにありつつ真実を気遣うなかで培われ沈殿したとしか考えられない圧倒的に真実味のある「人間なみの知恵」であるということができる。ソクラテスが「真実のすべてを語る」というときはこのようにして長い間かけて形づくられた彼のプロネーシスにもとづいて語っているのである。

しかしそればかりではない。（ii）プロネーシスはつねに魂（＝「私の生」）とともにあり、その魂（私の生）の光（覚醒した魂、真実の明らかさを担う「私の生」が「一なるの生」であるという相貌（アスペクト）をもつこと）となるということもできる。プロネーシスのこの面は全体知・実践知の性格をもち、普通のまっとうに生きている人にも備わる自証知的な知恵（魂の覚醒・正気を保つこと）であり、無名のごく普通の人に見られるおのれをよく弁えた「思慮深さ・賢明さをもった（phronimōs ekhein）」（22a6）という意味合いで理解してもよいと思われる。

ソクラテス自身もまたこのような意味でのプロネーシスをしっかりと備えていたように思われる。それはデルポイの神託を受けたとき、ソクラテスは「私は自分が少しも知恵のあるものではないことを自分自身とともに知っている（sunoida emautō）」（21b4-5）とおのれを顧みているからである。このの自己自身の存在に即してあるおのれの不知の自覚の思いはそれ自体としてはまだ不知の知ではないが、神託の謎解きをとおして「生と知がともにそこにある」人間存在の根源層にして神の存在がリアルになる次元に至ったとき、不知の知という普遍的意義を有するようになるとともに、生の吟味としての哲学活動を通して明証的な経験知（i）となり、自己自身（魂）とともに、ソクラテスの魂に備わる「一なる生」の覚醒の光として実践的なプロネーシス（ii）になったといえよう。付言すれば、筆者にはソクラテス的なプロネーシスが純粋に哲学活動によってだけ生まれたものであるとみなすべきではないように思われる。それはもともと可能性においてであれ「魂のあること」に備わる「一なる生」の覚醒の光であったというべきではなかろうか。

⑿―(b)　およそ以上のようにまとめられるプロネーシスについてのこれまでの考察の成果を踏まえて、ソクラテスの生の吟味としての哲学の意義を見ていくことにしよう。筆者はこの問題の見通しをおよそつぎのように示した。『弁明』においてソクラテスの哲学の全貌――プラトンが彼自身の関心から彼の初期対話篇で描き出したような、「……とは何か」という問いを立てて、その問いを問答形式で探求するソクラテスの哲学的問答において彼自身としてはいったい何をしていたのかということ――が露わとなったのである。つまり、彼は生の吟味をしていたのであり、共同の探求としては自他の吟味をしていたということである。そして、このような生の吟味・自他の吟味としての哲学をソクラテスがしていたということは、彼が『弁明』において一人称単数形で彼のプロネーシスにおいて真実のすべてを語ってくれたから明らかとなったのである。もちろん、ソクラテス裁判を傍聴したプラトン（34a1）が「ソクラテスの弁明」の真意を正確に書き記すことができなかったならば、われわ

れはこうしたソクラテスの哲学を知ることはできなかったであろう。しかしまたそれとは別に、ソクラテスがアニュトス一派に告発されて彼の「仕事（プラーグマ）」、あるいは「日常の行ない（エピテーデウマ）」を弁明せざるをえないような機会がなければ、それも、敗訴すれば死刑になるかもしれないという死の危険にさらされながらたじろぐことなく真実のすべてを語ることがなければ、彼の哲学の本質動向は明らかにならなかったであろう。プラトンの初期対話篇と呼ばれる自余の対話篇群だけからでは、ソクラテスが哲学で何をしていたのか、その実体はわれわれには分からなかったのではなかろうか。

いずれにしても、プラトンの『ソクラテスの弁明』はこういう偶然が重なる歴史的状況とつねに変わらぬ哲学的生を生きてきたソクラテスの真実のすべてを語らざるをえない哲学的必然とが激突した結果、まさに奇跡的に生まれたのである。それでは、その『弁明』においてソクラテスの哲学が生の吟味であり、自他の吟味であったということはどのような意味で理解されるであろうか。

(12)―(c)　筆者は、まず、ソクラテスが彼のプロネーシスにもとづいて真実のすべてを語るとき、そこには彼の全存在（生の全体）がともにかけられていること、それゆえ「生と知がともにそこにある」、その在り方を丸ごと語っていることを指摘したい。したがって、弁明し、真実のすべてを語るソクラテスは言葉だけの存在ではない。この弁明するソクラテスが死刑の票決を受ければ、彼自身の生がそのままその票決を受けることになるのである（cf. *Phaedo*, 115c6-8）。このことは、角度を変えていえば、ソクラテスの生は、魂の気遣いの勧告のなかで人々にも勧告したところの、魂（プシューケー）、真実（アレーテイア）、思慮・知（プロネーシス）の気遣いのいわば三位一体の在り方を彼みずからが体現しつつ、そのように存立する魂をひたすら気遣っていく生であったということであり、それが同時に、「死の練習」（cf. *Phaedo*, 63e8-64a9, 67e4-6）であったということである。このことはつぎのことを意味する。ソクラテスの哲学は、それが生の吟味であることの結実として、よく死ぬことでもあるよく生きることを実現していたということである。

いま指摘したことから、「哲学がそのまま生の吟味であるのでなければ、ソクラテスに見られるような死から解き放たれたよき生は実現しない」ということがいえるとすれば、つぎに、このことを証するのが彼のプロネーシスであるということをいいたい。というのは、われわれがソクラテスにおけるよき生の実現を知ることができるのは彼の弁明をとおしてであるが、その彼の弁明の言葉も、弁明する態度も、アテナイの人々のことを十分に考慮しながら彼らのために話しかけていることも、その彼の言行のすべてが「ソクラテスの弁明」（プラトンの『ソクラテスの弁明』）のなかで露わになっているはずだからである。このようなことは彼の言行が「彼の言葉が生とともにあるところ」から発されるのでなければできないことであろう。ソクラテスにこのようなことができるのはまさにこれまで生を吟味し、自他を吟味してきた哲学の賜物であるプロネーシスがその彼の「私の生」（魂）に備わるようになったからである。その彼の「私の生」（魂）がプロネーシスによって満たされていなければ、その生が覚醒した生としてその言行の全体をとおして輝くことはないであろう。このような意味で、魂の人ソクラテスの存在は真実の言葉を語ることのできるそのような彼自身のプロネーシスの覚醒の力によって不滅のものとなったのである。

われわれはこの考察を終えるにあたって、刑死の当日、死刑が執行されるまでの一時《ひととき》を常日頃と変わることなく若き友たちと哲学する死にゆくソクラテスを描いた『パイドン』の悼尾を飾るソクラテスへの賛辞を引用しておきたい。

「これが、エケクラテス、僕たちの友、僕たちの知るかぎりで、当代の人々のなかで、比類を絶したもっとも優れた人（aristos）であり、とりわけ、思慮・知がかぎりなく深い（phronimōtatos）、もっとも正しい人（dikaiotatos）である、その方のご最期でした。」（*Phaedo*, 118a15-17）。

一言だけコメントを付け加えておきたい。「思慮・知がかぎりなく深い、もっとも正しい人（phronimōtatos kai dikaiotatos）」という句は一つの言葉として読まれるべきである。なぜなら、ソクラテスにあっては思慮・知（プロネーシス）と正しさ（ディカイオシュネー）は、ちょうど魂を気遣い、そのために思慮・知を気遣うように「生と知がともにそこにある」ところで覚醒した生を生きたからである。

付論　ヴラストスのエレンコスについて

1　プラトンが『弁明』を除く初期対話篇においてどのようにソクラテスを捉え、描いたのか、という問題は筆者の『弁明』研究の枠を超えることである。ただこの機会にヴラストスの「ソクラテスのエレンコス」の研究について見てみることは筆者の研究にとっても意味があると思われる。というのは、ヴラストスの研究は『弁明』のソクラテスが何の説明もなくおのれの哲学の活動を動詞形で「反駁する」、「吟味する」、「調べる」、「探究する」、「質問する」（elegchō, exelegchō, zēteō, exetazō, ereunaō, erōtaō）などと言い表わしている事態――筆者にとっても目下の関心事である――を「エレンコス」という固有名詞で捉えて、このエレンコスの実体を『弁明』を含む初期対話篇を通して鮮やかに解明しているように思われるからである。ヴラストスはプラトンの初期対話篇のソクラテスの哲学（＝エレンコス）をソクラテス自身の哲学であるようにみなし、移行期対話篇を経て、中期対話篇についてはプラトンがソクラテスの倫理的真理の探究の仕方としてのエレンコスの限界を認識し、代わりに「方法」の自覚とともに数学的な方法を取り入れるようになったというシナリオを描いている。Gregory Vlastos, 'The Socratic Elenchos : Method is All', in *Socratic Studies*, Cambridge, New York and Melbourne : Cambridge University Press, 1994, 1-37.　その点では、それはアリストテレスによる両者の区別にしたがう伝統的な見方に大枠では収まっていると言えよう（彼の執筆年代の区分については本書二三頁参照）。しかしソクラテス像が旧来どおりであるからといって彼の「ソクラテスのエレンコス」理解の功績が減じられることにはならない。というのは、ソクラテスの哲学をヴラストスのようにエレンコスとして理解すると――そのエレンコスはすでにプラトンの明晰なロゴス化を通したものである、つまりプラトン的であると筆者には思われるが――、ソクラテスがどのように倫理的真理を探究したかが誰の目にもはっきりと見えてくるようになるからである。

それでは、ヴラストスの理解する「ソクラテスのエレンコス」の特徴はどのようなものであるか。それは「探究（search）」、しかも倫理的な領域の真理の探究であり、それ以外のいかなる真理の探究でもない（Vlastos, 4）。それはつぎのような過程をとおして行なわれる。まず⑴、ソクラテスは対話者の信念を命題（a thesis p）のかたちで聞き出し、つぎに⑵、彼のほうからさらなる前提（q, r）を持ち出して、対話者にその前提（q, r）の同意を求め、この同意によって q, r も対話者の信念の属すとみなしたうえで、⑶、その q と r の連言から導き出される結論が *not-p* を含んでいると議論し、最後に⑷、*not-p* が真であり、p は偽であることを示したと主張する。これがヴラストスの理解する「ソクラテスの標準的なエレンコス」の過程である。（ヴラストスが解釈の主たるテキストにする『ゴルギアス』においては、p は「不正をすることは不正を受けることよりもよい」、not-p は「不正を受けることは不正をすることよりもよい」、q は「不正をすることは不正を受けることよりも醜い」、r はその他の信念（群）が入るものとみなされる。）

この過程にはアリストテレスの「論証の基礎になる自証的真理」や「弁証術的推論の基礎」となる「通念（エンドクサ）」のような自明なものへの訴えかけはない。あくまでソクラテスは彼と対話者との一対一の問答のなかで提出され、同意された対話者の「前提セット{p, q, r}」からエレンコスによって結論（not-p）を導き出すことに集中する。ヴラストスはこのソクラテスのエレンコスを、対話者を否応無くそのなかに引きずり込む、おそるべきロゴスの力の発揮であると捉える。彼の解釈によれば、このエレンコスの特徴はその結果の not-p が真であり、p は偽であると、対話者の信念の真と偽を覆すに至るその結論部にある。これに対して、ヴラストスはつぎのような問題を提起する。ソクラテスは「論理的には前提セット{p, q, r}の内部の不整合性を論証する程度のことしかしていない」エレンコスを「p は偽であり、not-p が真であるということを証明するのに選んでいる」(Vlastos, 20-1) が、そのようなエレンコスでソクラテスはどうしてそこまで踏み込むことができるのか。ソクラテスのエレンコスが意味するものは何か。

この問題をめぐる論考がヴラストスの論文「ソクラテスのエレンコス」のもっとも魅力的な部分であるが、その最初の問いについての論考はつぎの指摘から始められる。「ソクラテスがエレンコスによって一つの命題（p）に反対して議論するときはいつでも、彼は敵対者をその命題（p）に対する否定命題（not-p）の証人にする仕方、すなわち、敵対者にその命題（p）が偽であることを認めさせる仕方を知っている。それと反対に、ソクラテスは、敵対者が彼に対して同じことをすることは不可能である、と主張する」(Vlastos, 21)。この指摘の前半部分はどのようなことか。それは対話者がエレンコスの結果明らかになった結論 *not-p* を認めずに、もとの信念 *p* に固執し、はじめは認めていた *q* を否定して、居直ったとしても、ソクラテスはまた相手の別の信念を聞き出し、相手の同意をえて、そこからふたたび別のエレンコスを行なって、相手の信念体系の不整合を同じように明らかにできると信じているということである。このようなソクラテスの信念の根拠は *not-p* が誰にとっても真である（誰もが *not-p* の真なる信念をもっている）という確信にある（Cf., *Gorgias*, 474b, Vlastos : T23, 23）。すなわちソクラテスの確信に従えば、あからさまに信念 *p* を語る敵対者もひそかに *not-p* を信じているのである。

それでは、このようなソクラテスの確信は何にもとづいているのか。それは哲学である。「哲学はつねに同じことを言う」。哲学はたとえば「私が主張しているまさにそのこと、不正を犯すこと、しかも罰を受けないでそうすることは悪のなかでも最大の悪であると言う」（Cf., *Gorgias*, 482a-b, Vlastos : T24, 24）。ソクラテスはこの哲学の言うロゴスに聞き従う者なのである。さきの引用文の後半部分はこのことにもとづいて主張されている。このT24にもとづいてヴラストスは「偽りの道徳信念をもつ人は誰であれつねに同時に偽りの信念の否定を含む真なる道徳的信念をもつであろう」（Vlastos, 25）という仮定［A］を立てて、エレンコスにおいて「ソクラテスがこの仮定の真理に依拠していること」は明白なことであると言う。これは裏を返して言えば、ソクラテスは哲学の言うロゴスに聞き従うので、彼の方は真なる道徳的信念だけをもつことになるということである。ソクラテスの場合には *p* と *not-p* を同時にもつことは生じないし、それゆえ真なる道徳的信念群のあいだの不整合も起こりえないであろう（Vlastos, 26）。もちろん、ここにはソクラテスが長いあいだかけて行なったエレンコスの積み重ねによる裏づけがある。この点についてヴラストスは「いかなる時にでもソクラテスによって主張されるエレンコスによって吟味された一連の道徳的信念群は整合的である」（Vlastos, 28）という仮定［B］を立てる。

そして、「仮定［A］と［B］の連言はソクラテスの信念のセットが完全に真なる信念群からなることを含んでいる。それらの真なる信念群からqとrが真であることも帰結する。」（Vlastos, 28）とソクラテスのエレンコスの全貌が見渡せる地点にまで至って彼の主たる論考を終えるのである。ヴラストスの論考はソクラテスのエレンコスが経験的には対話者の「前提セット{p, q, r}」の不整合性を明らかにするところで、本質的には*not-p*が真であり、*p*は偽であることを問題にしていたことの意味を説得的に示しえたといっていいだろう。

2　しかし、『ゴルギアス』のソクラテスのエレンコスはそれだけにとどまらないはずである。道徳的信念の真偽はその信念を抱くその人自身の在り方（道徳性）に関わるからである。なぜなら、偽りの道徳的信念を抱く人はそれを否定する真なる道徳的信念ももつゆえに全生涯にわたり自分と仲違いし、おのれの人生のなかに自己矛盾を抱えこむことになるのに対して、哲学によって真なる道徳的信念をもつ人はつねに同じことを発言し、自己同一的に調和した魂をもって生きることができるようになるからである。この点について、ヴラストスもソクラテスのエレンコスが倫理的真理を探究する「哲学的なエレンコス」と一人の人が「人が生きるべき仕方で生きているかどうかを発見する」「治療的なエレンコス」の両面があり、両者はひとつであると言う（Vlastos, 10）。ただしこの後者については論考の端々で触れられるだけでほとんど論じられない。ヴラストスの関心事はエレンコスの論理構造の解明にあったからである。とはいえ、エレンコスをそうした哲学的事象に投影して解明することと自体に問題があるのではないか。この点について、中畑正志は魂の気遣いの勧告が行われるかの『弁明』29d2-30a2を引用し、それを支えとしてソクラテスのエレンコスにおいては「臨床的（治療的）なエレンコス」、「人の生き方の吟味・論駁」の方が本来の問題であり、そちらに比重を置いて理解すべきではないかと言い、そのことをヴラストスと同じ『ゴルギアス』をテキストに選んで明らかにしている。その論考の主旨はつぎの文章に示されている。「エレンコスとは、対話相手の倫理的信念の不整合を暴露することによってその人の徳への配慮の欠落を示し、同時に不整合の自覚に基づく信念の整合化を指向させることを通じて徳への配慮を勧告するものなのである。」（中畑正志「「ソクラテスのエレンコス」への覚え書き」、九州大学哲学会編『哲学論文集』第三十輯、一九九四年、一二一―一三頁）。ちなみに、岩田靖夫はむしろ両者に目配りしてバランスをとりながら織り合わせるように論じている。（岩田靖夫『ソクラテス』、第四章、反駁的対話の論理構造、七一頁以下。）しかし、筆者に言わせれば、エレンコスと徳への配慮とをいかに結び付けて論じても、両者が本当に一体となり活人画のように働き出すところにまで至らなければ、『弁明』のソクラテスは見えてこないのではないか。中畑は彼の論考の最後で「ソクラテスはヴラストスの投網をすり抜ける」（一四頁）というが、それではどのようにしたらソクラテスの哲学が視野に入ってくるのか。中畑は彼の『ゴルギアス』の論考の主旨以上の接近方法をもっているのだろうか。

この点で、チャールズ・カーンの考え方は考慮に価する理解を含む。彼は『ゴルギアス』のエレンコスがヴラストスの「標準的エレンコス」の論理的分析の方法にはなじまないと考えていて、これに関心を示していない。カーンによれば、『ゴルギアス』のエレンコスは「『弁明』のなかで記述されているエレンコス」に近い性格をもつプラトンによる「ソクラテス的エレンコス」である。ソクラテス自身のエレンコスは「もともとは人間の吟味であって、命題の吟味ではない」のであり、「われわれがプラトンの諸対話篇に見出すものよりももっと個人に関わる、整然としていない何か（something...personal and unsystematical である。（この「何か（something）」という言い方をするのはカーンがソクラテス自身のものには「エレンコス」という名前さえ付けられないと考えたからであろう。同感である。）Charles H. Kahn, *Plato and the Socratic Dialogue The philosophical use of a literary form*, Cambridge, New York and Melbourne：Cambridge University Press, 1996, 97, 133, 302. カーンの論考で興味深いことは、『ゴルギアス』のソクラテスが対話者の主張の不整合をつく場合、彼が「恥（shame）」を、たとえば、「不正をなすことは不正を受けることよりもよい」、しかし、「不正をすることは不正を受けることよりも恥ずかしい（aischiōn, shameful）」（ヴラストスの訳では baser、より下劣な、醜い、になっている。）という主張を手がかりにしていることに注目していることである。ソクラテスは対話者たち（ゴルギアス、ポロス、カリクレス）の恥に狙いを定め、彼らが「恥じる（aischunesthai）」ように仕向け、それをとおして彼らの主張のなかの不整合を露わにする。カーンはつぎのように言う。「三つの論駁における恥に帰せられる重要な役割はそれらの論駁のより一般的な有効性に向かういとぐちであることを私は示唆したい。恥はわれわれ自身の生得的な道徳感覚に対応するプラトンの概念であるが、彼はそれを善であるものへの一つの普遍的な欲求として記述している。……すべての人間は彼らのすべての行動において善を欲求し、善を追い求める。恥は『ゴルギアス』においてはソクラテスの対話者の側における善の隠れた（obscure）直観として働いている。」（Kahn, 138）。それでは善とは何か。それは「ソクラテスの徳（アレテー）、魂の道徳的で知的な卓越性」である。「それがなぜ誰もが不正であること、あるいは不正に行為することを望まないのかという理由である」（Kahn, 138）。カーンに言わせれば、対話者たちが恥じるのはむしろ当然であり、人でなしでないかぎり彼らも恥をとおしておのれの欲望を放棄し徳を目指す可能性をもつのである（Kahn, 140-2）。カーンがヴラストスのエレンコスの影響を受けないところでむしろ『弁明』に近い形で『ゴルギアス』のソクラテスを解釈していることは意義深いと思う。恥の問題はすでに『弁明』のソクラテスがアテナイ市民に魂の気遣いを勧告するときにそのいとぐちにする点であり、この点でも『弁明』と『ゴルギアス』の近さが指摘できるのではないだろうか。

さらにもう一点、ヴラストスをめぐる問題に関連して、加藤信朗の『ラケス』の論考にも注目しておきたい。その論考ではエレンコス（問答）はその人自身の在り方を直接吟味するのではなくて、おのずからそのなかで対話者のものの見方や感じ方に示されるその人の人となり、加藤の言葉では「魂の佇まい」が示されていることが指摘される。筆者の理解では、加藤の指摘の方が『弁明』のソクラテスの言論活動をより髣髴とさせるように思われる。というのは、いったんソクラテスが問答にかぎらず、話を始めれば、それに巻き込まれる人々はおのずからその人の「魂の佇まい」を露わにされることになるからである。なぜそういうことが起きるのかというと、それは、つねに魂の気遣いをしているソクラテスにとっては一人一人の人と顔と顔を合わせて肉声によって話をすることは、相手の魂に対して態度を取ることになるからである。さらにいえば、これはソクラテス個人が会話に熟達した言葉の能力者であるからというよりも、彼が行なう問答や会話のなかでは、その場で言われた言葉とともにその言葉を語った人の魂のたたずまいがあらわになる、そういうふうに魂のアスペクトのなかで言葉の力が働くからである。そのように魂に対する態度として言葉を語ることが真実の気遣いをする者の言葉を尊重する態度であろう。（加藤信朗「徳―「徳とは何であるか」の問い／『ラケス』篇」、『初期プラトン哲学』所収、一八四―一八九頁）。

3　最後に、話をもう一度ヴラストスに戻そう。ヴラストスの論文の題名「ソクラテスのエレンコス：方法がすべてである」は「方法（メトドス）」という言葉がキーワードであることを表わしている。ヴラストスによれば、初期対話篇のソクラテスは「方法」という言葉をけっして使わないし、自分の探究の方法についてまったく議論していない。「ソクラテスはなぜ彼の探究の仕方が真理を発見する仕方になるのか、あるいはこの探究の仕方が何であるのかを言う心配をまったくしなかった」（Vlastos, 1）。これに対して、中期対話篇の「プラトンを代弁する「ソクラテス」は繰り返し彼が従う「方法（methodos）」に言及する」ことが指摘される（Vlastos, 1）。つまり、ヴラストスは「方法」の問題の有無をソクラテスとプラトン、初期対話篇と中期対話篇を区別する基準にしているのである。この基準に従って、『ゴルギアス』もソクラテス的初期対話篇に属すと言われ、エレンコスの変質（「安らかな死」（Vlastos, 37））が起こる『リュシス』、『エウチュデモス』、『大ヒッピアス』の前に置かれる。そしてこれがヴラストスによるプラトンの対話篇の執筆年代の区分の大きな特徴のひとつになる。しかし本当にそういう「方法」が両者を分かつ基準になるのだろうか。筆者がとりあえず問題にしたいのは『ゴルギアス』が初期対話篇のソクラテス＝史的ソクラテスの哲学をあらわすものなのかどうかということである。『ゴルギアス』はその整然とした構成と内容の深まり行く展開から見て、ソクラテスの問答・吟味・探究の本質をプラトンがはっきり捉えたからこそ、つまりそれにふさわしい方法的自覚をもっているからこそ書かれたソクラテス—プラトン的対話篇であると見る方が自然であろう。このことをヴラストスはどのようにクリアするのか。「方法」の問題はソクラテスとプラトンのあいだにあるのではなくて、プラトンの内部の哲学的思索の展開の問題ではないのか。

ヴラストスは「エレンコスの議論は方向の定まらない即興の論争として認められるので、それはかなり多くの異なった道筋を進むかもしれない」（Vlastos, 11）と指摘しながら、その場面を見過ごして、すでに考察したように、「標準的なエレンコス」を取り出す試みへと向かう。しかし問題はその場面を思い描くことであり、「ソクラテスのエレンコス」がそのような多様性をもっているのはなぜかと問うことである。それは言うまでもなく、『弁明』でソクラテス自身が語るように、彼が日々ポリスのなかを歩き回り、どこにでもでかけていき、さまざまな種類の他人と出会い、その場で即興の議論や説得（勧告）をしたからであろう。これに対して、「標準的なエレンコス」の方はすでにソクラテス的ではない。そこには「方法」そのものを問題にする「メタ—エレンコス的言明」（Vlastos, 25）はまだないにしても、エレンコスの方法が働いていなければそうした標準化はできないはずである。ヴラストスがプラトンのテキストにそれを見たとすれば、それはプラトンがソクラテスの哲学の本質をそのように方法的に標準化可能なエレンコスとして捉えていたからか、あるいはヴラストスがそもそもソクラテスのかのいくとおりもの動詞形で言い表わしていた哲学の活動を「エレンコス」という固有名詞で固定化し、特殊な哲学の活動形態のように見てしまったからではないだろうか。これに対して、『弁明』のソクラテスが言うように、「弁論の勇者」を自認するソクラテスは真実を語り、魂を気遣う者、つまり真実と虚偽の全体を見渡し魂に対して態度をとる者として、その場その場の言葉に従って自在に思うままに語れるのではなかろうか。当の『弁明』がそのいい証拠ではなかろうか。そのような言葉の本来の力に包み込まれてあるとき哲学もまたその驚くべき力を発揮するのではなかろうか。

第四章　ソクラテスとプラトンの間柄（30c2-33b8, 50a1-54e2）

――姉妹篇としての『ソクラテスの弁明』と『クリトン』、とくに『クリトン』第二部の問題――

はじめに

プラトンの『ソクラテスの弁明』（以下『弁明』と略記）は見かけとは裏腹に驚くほど特異な書物である。というのは、『弁明』はソクラテス裁判におけるソクラテスの弁明という史実が忠実に再現されているとも、その彼の弁明をもとにしてプラトンがレトリックを駆使してソクラテスを偉大な哲人に仕立て上げた類まれな劇的な創作であるとも、いずれの方向にでも読み取れるような趣があるからである。というのは、『弁明』はソクラテスという途方もない生き方をした人間がたしかにそこに現存していてその全生涯をかけて弁明しているとしかいいようのないほど迫真に満ちた思想上のドラマとなっているが、その作者はソクラテスではなくてプラトンであるからである。それでは、それはソクラテス裁判におけるソクラテスとプラトンという偉大な両者の奇蹟ともいうべき出会いから生まれた両者の合作であると考えたらいいのであろうか。筆者にはそうしてはならないように思われる。『弁明』の真の主役はプラトンではなくてソクラテスであると思われる。そして、プラトンの方はその弁明の真意があらわになるようにひたすらソクラテスに尽くす奉仕者に徹し、その弁明をおのれの洞察と想起によって叙述したのだと考えたい(*)。もちろん、このようなことをいうためには『弁明』がソクラテスに固有のものを示しており、彼の哲学的生なしには成り立たないことを明らかにしなければならない。そして、このためにはソクラテスが何をどのように語っているかをプラトンの『弁明』から理解する以外には手立てはないし、そのテキスト全体を本当に内在的に読みぬくことができるかどうかにかかっているのである。(**)

(*) この点については序章で筆者がどのように理解しているかを明らかにした。『弁明』はプラトンが生涯に一度だけソクラテス自身の語り明かした彼の魂の気遣いのための哲学とその生を書き記したものである。

(**) 第一章から第三章までの考察でそうした『弁明』の内在的読解の試みを行なってきたし、本章の考察も同じ線上で行なうつもりである。

しかしこのように考えたとき、一つの解決すべき問題がまだ残されているように思われる。それは『弁明』がソクラテスのものであるとすれば、「それではその『弁明』を書いたプラトンはそこからさらにどのように歩を進めたのか」という問題である。もう少しこの点の筆者の問題意識を補足していえば、『弁明』だけをソクラテスのものと考え、またアリストテレスに依拠してプラトンの初期対話篇をそのままソクラテスの哲学を書き記したものであるとみなすようなことをしないで、それらをプラトンの哲学であると考えると、プラトンはどのようなところから自らの思索を始めたことになるのかという問題である。筆者はここで『クリトン』に注目したい。プラトンは『弁明』のソクラテスの魂を気遣う哲学的生の問題に含まれていた或る一つの問題の延長線上に『クリトン』を書いたのではなかろうか。(*) その或る一つの問題とは、プラトンにとっても非常に大きな関心事としてあったであろう、哲学と政治の問題、国家・国法と個人の問題、あるいは魂の気遣いから正義にもとづく市民としての行動の仕方の問題であるということができるだろう。この章では、このような観点から『弁明』と『クリトン』の姉妹篇とでもいうべき間柄を明らかにしてみたい。『弁明』に匹敵するような『クリトン』のおもしろさ、『弁明』と一体で『クリトン』を読むことの意義を浮かびあがらせることができればと思う[＊＊]。

（＊）ただし、『弁明』のソクラテスの哲学的生のすべてが、筆者が論じるような、『弁明』と『クリトン』の二つによって尽くされるとまでいうつもりはない。というのは、魂の気遣いの問題は魂自身の謎に満ちた存在のゆえにこうした地上的生に焦点が置かれた仕方で理解されるよりもはるかに深い奥行きがあるように思われるからである。ソクラテスが『弁明』の最後のところで、死が夢一つ見ない熟睡と同じようなものなら、それはこの世の労苦から解放されたすばらしい安らぎのときであるが、しかし死がもし別の場所に行く旅のようなものであり、誰もがかの世へ行くという言い伝えが本当なら、かの世ではよき人たちと親しい交わり（哲学の持続）ができるわけであり、それはそれで楽しみであり、計り知れない幸福を感じると言い、さらにゆるぎない確信として「よき人には生きているときも、死んでからも、神々の配慮を受けないことはないという一事を真実として心に留めておくように」無罪の投票をしてくれた皆を励ます別れの言葉を告げるのは（*Apol.* 40c-41d）、いずれも「全生涯をとおして同じこの人間として生きてきた」人の魂の真実のあり方、すなわち、この世の生という限定を外されて自由になった魂の永遠に変わることのない魂の不死性という在り方にかかわることだからである。

　これらの言葉はプラトンによって真に受けとめられる。『パイドン』で死刑執行当日のソクラテスと彼の親しい友たちとの魂の存在をめぐる問答の様子を書く。『パイドン』のソクラテスは魂の気遣いが魂の浄化にほかならないと説くが、その前につぎのようなおのれの魂の自由の境地を語る。自分はこれまでの生涯でたびたび「文芸（ムーシケー）を作り、文芸に精進せよ」という夢を見たが、その夢の命令を哲学することと理解し、その哲学が最高の文芸であると考えて哲学を実行してきた。しかしいま、神への祭礼のために引き延ばされているこの死刑を待つあいだに、その意味が普通の意味の文芸であると思うようになった。そこで、アポロンの神への賛歌をつくり、また詩人としてロゴスではなくてミュートスを作ったのだというのである（*Phaedo*, 60e-61b）。ここには人間の魂のもつ深い言葉（ロゴス）にかかわるヘラクレイトスの境地に近いものが感じられる。ヘラクレイトスは言う。すべては一つであると言う根源的なロゴスがあるのであり、人間の魂の根本動向はそのロゴスを聞き、そのロゴスの言うことに同意するところにある（Fr. 50）。しかるに、人間の魂はそのすべてを一つにするロゴスに近づくためにおのれ自身（にあるロゴス）をみずから探求することを要する（Fr. 101）。もちろん、人間の魂のロゴスは、魂が魂自身のすみずみまで極めようとしても際限がないほどに、深い（Fr. 45）。しかし驚くべきことに、人間の魂のロゴスにおいてはそのロゴスが魂である自分自身を豊かにするということが生起するのである（Fr. 115）。それでは、魂がおのれ自身にあるロゴスを極めることはどのように行なわれるのか。それは、ハイデガーの一九四四年のヘラクレイトス講義にしたがえば、魂の営みとしての思索（Denken）と詩作（Dichten）によって行なわれる。この観点から見れば、ソクラテスはあまりにも思索に没頭しすぎて詩作を放置していたがゆえに、最後になって、つまり魂が自由になろうとしたとき、魂自身によって魂のロゴスのバランスを回復するためにほんのわずかではあるが詩作をするように促されたということになるのではなかろうか。

Heidegger, *Heraklit, 1. Der Anfang des abendländischen Denkens, 2. Logik. Heraklits Lehre vom Logos*, Gesamtausgabe Bd. 55, Frankfurt. a. M.: V. Klostermann, 1979, 261-339. 魂の自由については *Phaedo*, 115a1参照。また、松永雄二「アレーテイアについて——『パイドン』のための、或る覚書——」、『理想』四九七号、一九―二八頁、一九七四年参照。

（＊＊）『弁明』と『クリトン』の関係について、筆者の見方はカーンのそれに同じところと見られるかもしれない。ただし、カーンは『弁明』からソクラテスの哲学的生をそれなりに正しく顧慮しつつも、その関心をあくまで彼の哲学説、あるいはプラトンと区別される哲学的特徴に向けている点で筆者と関心の方向が違う。また『クリトン』についてほとんど実質のある考察をしていないし、その第二部について何も触れていないので、彼の『クリトン』理解の内実は分からない。この章はソクラテスの魂を気遣う哲学的生にとってこの第二部が『弁明』の続編にふさわしいものであることを明らかにしようとする試みである。Charles H. Kahn, *Plato and the Socratic Dialogue*, 1996, 88-97.

一　魂・徳の気遣いと正義の行動、イディオーテウエイン

（1）『クリトン』は、アリストテレス的にいえば普遍を求め定義を下そうとする、またプラトン的に見れば「何々とは何か」の問いをソクラテス的問答のなかで探究するプラトンの初期対話篇の特徴をもっていない。むしろそれは、ソクラテスが生涯をかけて哲学してきたなかで確信となっていったよく生きるための行動の原則（ロゴス）を挙示し、その中核にある問題が現実の行動に直結する正義の問題であることを、クリトンの同意（ホ

モロギア）をえて、あらためて確認し（第一部）、その非常に特異な正義の観点からおのれの自己存在の存立とアテナイという彼にとって現実であるポリスの国家・国法の存立のあいだの内的な関係をあらためて反省する（第二部）という、きわめてソクラテス的な色合いの濃い、しかしプラトン自身にとって大きな関心事である、哲学者と国家・国法の問題にかかわるプラトンの作品であるといってもいいように思われる。それでは、プラトンは『弁明』のソクラテスのどの発言に着目し、『クリトン』のなかでどのようにそのソクラテスの真意を究明しようとしたのか。（ｉ）それは『弁明』のつぎの言葉であると思われる。

「しかし私は、全生涯を通じて、公の場で（dēmosia）もし何かをしたとしても、このような人間（toioutos）であるであろうことが明らかになるだろう（phanoumai）。また私人として（idia）」も、この同じ人間（ho autos houtos）であることが明らかになるだろう。つまり、私が正義（to dikaion）に反して何ごとも何人に対しても譲歩したことがない人間であり、私を中傷する者たちが私の弟子だといっている者たちのなかの、何人に対しても譲歩したことがない人間であることが明らかになるだろう。」（*Apol.* 33a1-5）

この言葉（以下表明ΣⒶと記す）が語られるのは魂（徳）の気遣いの勧告の箇所（29d2-30c1）のあとであり、ソクラテスがなおも別に語らねばならない事柄として話をするところである（30c2-33b8）。この話が主たる弁明の最終部分になる。それは表明ΣⒶにインテグレイトされるソクラテス的正義の表明という文脈をかたちづくるものであり、これをもってソクラテスがおのれの魂を気遣う哲学的生のすべてを語りつくすことになる弁明の最後の山場であるということができる。

この箇所でソクラテスはアテナイの社会のなかでこれまで自分がどのように行動してきたか、またどのような仕方で社会に献身してきたかということを語る。その行動の内容は私的活動と公的活動（政治行動）の両方に分けられて具体的に説明されるが、いずれも彼にとっては「私がどういう人間であるかが明らかになる」、直訳すれば「私は現れる・姿を表わす（phanoumai）」となる「世のなかに現われる」ことである。興味深いことは、ここでソクラテスがアテナイの歴史的・政治的現実を生きることが彼の生にとっての真の現実というよりも、仮の姿で世に姿を表わすかのように現象的な事柄として了解されていることである。ここだけでソクラテス的生の実体が理解されるわけではないということである。もし彼の生の実体をいうなら、それは自分自身をできるだけよいものにする魂の気遣いであるといわなければならないであろうが、魂の気遣いの固有な姿がこの行動面から切り離されるわけではない。(*)そのすべては行動に直結しそのかぎりで世に露わになる。魂の気遣いは本質的に行動的であり、他の人にも露わなのである。

（*）『弁明』の最後のところでソクラテスは「しかしとにかく、もう立ち去るべきときが来た。私はこれから死ぬために、諸君はこれから生きるために。われわれの行く手に待っているものはどちらがよいのか、誰にも分からないのだ。神でなければ。」（42a2-5）と言い、人々の前からいなくなる。これ以後、ソクラテスは独りとなって牢獄のなかに入る。それゆえ、もはや「世のなかに現われる」存在ではなくなる。そして今度は彼が気遣ってきた彼の魂の存在がそのあるがままに浮かび上がってくることになる。このソクラテスの魂の存在にだけなった姿をプラトンは『クリトン』を経て『パイドン』で描いたのである。

ところで、彼の世に姿をあらわす行動とは、一方では、私的活動として「終日いたるところで私交というかたちで一人一人のところへ出かけていき魂（徳）を気遣うことを説得してきた」（31b4-5）ことであり――これはソクラテスの哲学活動の一面であるということができる――、他方では、公的活動として二つの政治上の行動、アルギヌサイ島沖海戦後の裁判とサラミスのレオン事件におけるみずからが死の危険にさらされた政治的行動のことである。後者のことをソクラテスは「言葉ではなく事実なされたこと」(32a5)であり、人々が尊重する事柄であるとも言う。ソクラテスはこの二つの事件の話でおのれの政治上の行動が政治判断によるのではなく、正義に従った当然の行動であるとさらりと語る。

(ii) ここでもう一つ注目すべきことは、ソクラテスが私的活動の説明を終えるにあたって語るつぎのような言葉である。

「そして私が真実のことを言うのに憤慨しないでいただきたい。というのは、諸君に対してであれ、他の大多数の人に対してであれ、国家(ポリス)のなかで多くの不正や違法が生じるのをまともに反対し、妨げようとする者で命を永らえる者は人間のなかで誰もいないであろう。むしろ、本当に正しいことのために戦おうとする者は、少しのあいだでも生き永らえようとするならば、私人としてある(idiōteuein)べきであり、公の仕事につく(dēmosieuein)べきではないからだ。」(31e2-32a3)

ここで注目すべきは、「公の仕事につく(デーモシエウエイン)」と対比的に用いられている「私人としてある(イディオーテウエイン)」という言葉である。[*] 一見したところ、両者は二つの選択肢のように見えるけれど、ソクラテスの真意ではそうではないというべきである。というのは、「少しのあいだでも生き永らえようとするならば」という条件文が両者の対比をつくりだしているわけであるが、この条件文は「国家（ポリス）のなかで多くの不正や違法が生じる」政治的現実を踏まえて「公の仕事につくべきではない」理由としていわれているだけで、「私人としてある」在り方を理由づける決定的要因になってはいないからである。ここでは、ソクラテスは「本当に正しいことのために戦おうとする者は私人としてあるべきである」（言明ΣⒷ）ということだけを主張していると見るべきである。というのは、さきに引用した表明ΣⒶで言われているように、ソクラテスは正義の戦いにおいて公私いずれにおいても変わることなく「この同じ人間」としてあったし、またあるであろうと表明しているからである。この点に関して、関連するより広い文脈で両者（言明ΣⒷと表明ΣⒶ）が内的につながっていることを捉えておく必要がある。

（＊） この箇所のデーモシエウエインという言葉は字義通りに理解すべきで、デーモスからなる国家（ポリス）の仕事を行なう政治家・市民として、すでにそこで行なわれている現実のアテナイの民主政治に自らすすんで参加することを意味するものであろう（cf. 36b6-9）。ソクラテスはそうした政治参加をしなかったし、そもそもそうした政治的現実の現実性に根本的な疑問符をつけたのである。もし政治がソクラテス的な本当に公の仕事を行なうことを意味するとすれば、「僕の考えでは、アテナイのなかで、真の意味で政治の技術（politikē technē）に手を付けているのは、僕一人だけとはいわないが、僕はその少数のなかの一人であり、しかもいまの人たちのなかでは僕だけが政治の仕事（ta politika）を行なっているのだと思っているのだ」（Gorg. 521d6-8）ということにならねばならないであろう。Cf. John Burnet, *Plato's Euthyphro, Apology of Socrates and Crito*, 129. しかし、それが実際にどのような政治的現実を生み出すことになるのか、その点は『弁明』の社会的混乱を招いたソクラテスを離れては容易には想像しがたいことである。ソクラテスが立法者になったらどうなるのかをプラトンが想像して、彼の口から言わせているのだろうか。

(2) いま検討中の30c2-33b8に先行する文脈において、ソクラテスは魂の気遣いの勧告を行なっている。そこではどのような話がなされたのか。注意深く見れば、それはなによりもまず、ソクラテスが彼の哲学的生（28e5）の真の意義を説明しようとするところであることに気づく（29d4-6）。一言でいえば「真実の気遣い」ということである。そこで気遣うべきものとして、魂（プシューケー）、真実（アレーテイア）、思慮・知（プロネーシス）の三者が挙げられるが、真実がこれら三つの項目の中心におかれていることが重要である。というのは、そのことは彼の哲学的生が真実の気遣いを根幹としていることを意味するからである。まずはこの点を銘記すべきである。なお付言すれば、この真実の気遣いの実質となる行為が思慮・知の気遣いであり、ここにソクラテスの哲学の実体と普遍的意義があるということができるだろう。

　そのうえでつぎに、ソクラテスが切れ目なしに話題を魂の気遣いに移していることに注目すべきである。その場合、「魂」のかわりに「徳（アレテー）」という言葉（30b3）が使われている点も見逃してはならない。ここで徳は「魂ができるだけよいものになるように気遣う」（30b2）といわれる場合の魂のよさのことであり、気遣うべきものの第四の項目などではない。「徳」という言葉が使われるのは勧告内容の重点が真実の気遣い（哲学的生の問題）から「徳の気遣い」（31b5）、魂のよさ（よき生き方）の問題へ移されたからである。それでは、この徳の気遣いとその勧告とはどのようなことなのか。一見すると、ソクラテスはそれについて何も語っていないように見えるが、しかしそうではない。というのは、それこそがわれわれが目下問題にしている30c2-33b8のソクラテス的正義の問題の文脈で説明される事柄であるように思われるからである。

　30c2-33b8の箇所の導入部でソクラテスは「私はこれからなお別のあることを話すつもりだ」というが、それはむしろ徳の気遣いの話の延長線上にある話題であって、ただそれが現実の行動の場（世のなかにおける活動）に移されていると理解すべきである。というのは、ここではじめて「徳の気遣い」（31b5）という言葉が使われるからである。すなわち、ソクラテスは「終日いたるところで私交のかたちで（idia）一人一人のところへ出かけていき徳を気遣うように説得してきた」といっているからである（cf. 31b4-5）。これは明らかに公の場での人々（デーモス）を相手にする政治行動ではなくて、ひたすら個人を相手にする私的活動（イディオーテウエイン）というべきものである。それがソクラテスの「日常の行ない（epitēdeuma）」の実体をなすものであり、人々の前に「私（ソクラテス）が現われる（phanoumai）」その彼の基本的な現われ方であるといってよい。徳の気遣いとその勧告とは本来「私人としてある（イディオーテウエイン）」ことを不可欠とするのである。

　しかしここで、徳の気遣いの内実がまだ明らかになっていないのではないか、ソクラテスはどのようなことを人々に説得したのだ、と問う人がいるかもしれない。おそらくそういう人は「私人としてある（イディオーテウエイン）」という言葉から連想されることとして、徳の気遣いの内実が精神修養であるとか、道徳的実践や倫理的行為ではないかと想像しているのである。そうであれば、それは国家社会や国法から切り離されたきわめて個人的な色彩の強いものになり、クセノポンのソクラテス像とか、その像のもとにあるソクラテスの一方の弟子であるキュニコス派の生き方と同種であるといわざるをえなくなるかもしれない。もちろん、こうしたことは現象面ではそうであったのかもしれないが、いずれにしてもプラトンのテキストによるかぎり根拠はない。テキスト上いえることは、この箇所で、ソクラテスがイディオーテウエインとともに正義と法と国家社会に関わることを話題にしていることである。そして、大事なことはこの両者が言明ΣⒷ「本当に正しいことのために戦おうとする者はイディオーテウエインすべきである」という主張となって結実していることである。この言明ΣⒷはソクラテスの日常の行ないばかりではなくて国家社会のなかでなされる政治上の行動をも制約する。それゆえにこそ、ソクラテスは余儀なく巻き込まれた政治事件においてもデーモシエウエインではなくて普段彼が行なっているイディオーテウエインを貫く(＊)。そしてその結果、表明ΣⒶでソクラテスは正しさへの関わりにおいて自分が全生涯を通じて「この同じ人間」であったし、これからもあるであろうと言いえたのである。

（＊）　いまやこの文脈ではイディオーテウエインはソクラテスの世のなかにおける日常の行ないに特徴的であった「私人としてある」というよりも「一人の人間（市民）としてある」という意味合いで理解すべきであろう。この意味合いのイディオーテウエインがはっきりと問題になるのはソクラテスが現実のアテナイという国家社会の外に排除される死刑の票決以後の、市民とみなされなくなり、ただ独りになって牢獄にあるところである。つまり、『クリトン』のソクラテスの在り方である。

(3)　この話の展開は、ソクラテスにとって、徳の気遣いが、現実の状況のなかで行動しなければならない場合には、かならず正しいか否かということに照らして行動すること、つまり正しい行為をすること以外ではなく、それを回避しては徳の気遣いはありえなかったということを意味する。かくして、以上のことから浮かび上がるソクラテスの30c2-33b8の話の基本ラインは、それぞれの話題の内的なつながりにおいて、真実の気遣い（思慮・知の気遣い）――魂（徳）の気遣い(＊)――イディオーテウエイン――正義にかかわる現実の行為――この同じ人間であること――国家と法と正義の問題、といったものになるであろう。その際、一見したところ意味があるように見えた、イディオーテウエインとデーモシエウエインの対比はこの基本ラインにおいてほとんど何の役割も果たしていないばかりか、最後の「この同じ人間である」ところではデーモシエウエインは脱落し、両者の対比は解消されているといってよい。これはソクラテスを政治的なパースペクティブでみることが彼の理解に何の役にも立たないということを意味する。人が政治的状況のなかで生きざるをえないからといって、その人が政治的に行動せざるをえないわけではないのである〔補説〕。

（＊）　国家と法と正義の問題というこの最後の論点は『弁明』では明示的には取り上げられていない。ただし、ソクラテスがおのれの国家への功績を顧みて「国立迎賓館（プリュタネイオン）における饗応」（36d6-7）を要求するところがある。これは、示唆的ではあるが、彼がイディオーテウエインとして真実の気遣いと徳の気遣いを人々に説得してきたという日常の行ないがたんに個々のアテナイ市民ではなくて、国家への最大の貢献であったというソクラテスの認識を示唆していると思われる。

われわれが『弁明』のテキストに即してその29d2-33b8の箇所から描き出すことのできるソクラテスの哲学的生、とりわけ魂の気遣いにかかわる問題の帰趨はだいたい以上のようなことである。しかしおそらく、これを聞いて物足りないと感じる人が出てくるであろう。というのは、これらの問題はもっと深く掘り下げることができるように思われるからである。しかしじつに、このような感想が生じる地点において、当事者としてその魂の気遣いのために哲学的生を生きたソクラテスとそのソクラテスの生き方の本質を哲学的に深く解明しようとしたプラトンの哲学の質の違いというものが見られるのではないか。それはつぎのような意味である。『弁明』はソクラテスが弁明に必要なかぎりで自らの哲学的生、魂の気遣い、さらには神への信を語りだしたものであり、彼の事象的な哲学探究の記録ではない。それゆえ、哲学問題を深く掘り下げるような話は見られない。プラトンはそれをできるかぎり忠実に記した。しかし、自余のソクラテス的対話編はプラトンがソクラテスの哲学の本質を哲学的に解明し深く掘り下げようとしたものであり、かぎりなくソクラテス的である『クリトン』も例外ではない。以下で、『弁明』と『クリトン』とのつながりのなかで『クリトン』の意義を明らかにしてみたい。

二　『クリトン』第二部の問題、国家公共体と国法によるソクラテスの説得

(1)　ソクラテスとプラトンの関係を理解するための観点の提示

プラトンが『パイドン』の掉尾を飾るソクラテスに対する賛辞として、「ソクラテスはもっとも思慮のある人であり、もっとも正しい人である（phronimōtatos kai dikaiotatos）」と言いえたのは、『弁明』のソクラテスの表明ΣⒶ――「私は全生涯を通じてこの同じ人間として姿を表わすであろう、私が正義に反して行動することはない」ということの、「この同じ」人間といわれたその「同じ」はどのような意味で同じなのか、を彼がおのれの哲学の問題の中核に据えることができたからである。そしてこの点にはつぎのことも補足しておくべきであろう。プラトンがそのように言うことができたのは、表明ΣⒶを『弁明』のソクラテスの話がそのように展開されるかの基本ラインの全体、すなわち、真実の気遣い（思慮・知の気遣い）とそれと表裏をなすソクラテス自身の生き方にかかわる魂（徳）の気遣いから言明ΣⒷ・実際の行動においては政治的局面においても正義に適うかどうかという観点から私人（一人の人間・市民）として行動すること（イディオーテウエイン）という問題を含む表明ΣⒶへいたるソクラテスの話の全体の文脈のなかで理解し、その全体をおのれの哲学の課題にすることができるようになったからである、と。しかし、この観点から全体を展望すると、『弁明』だけでなく『クリトン』と『パイドン』も視野に入れなければならない。以下の考察では、そうしたソクラテスの魂を気遣う哲学的生の全容を書き記すプラトンの思索を『クリトン』に的を絞ってあらためて見ていきたい。

(2)　ソクラテスは、アテナイの政治的現実のなかで死の危険に直面するソクラテス裁判でも変わることなく、自分が何を本当に気遣っているのかを表明する。その表明はそのような生を生きる者として行動による責任をともなう。かくして死刑の票決に続くソクラテスの問題は、彼の生の中核をなす・真実（思慮・知）と魂（徳）の気遣いが政治的状況を含む世のなかの人々との交わりを絶たれて、したがって自他の吟味としての哲学的問答の場を離れて、なおも現実に彼がどのように行動するかという問題になる。それはソクラテスにとって否応なしにイディオーテウエインになる（ただ独りとなって一人の人間としてある）ことであり、それと深い結びつきのなかで、アテナイの国からは正当な市民という身分を外されるが、彼自身としてはおのれの市民としての究極の在り方が本当に問題になってくる、その一人の人間・一市民という在り方であるところで、自分は正義に対してどのように行動したらよいかということになる。『弁明』ではソクラテスが一人の人（市民）として現実に行動する局面は、死刑の票決の前では実際の政治上の行動の話としてしか話されなかったことであるが（32a4-e1）、いまや文字通りただ独りとなったところで行動はいかにあるべきか、という問題になる。そして、プラトンがこの問題を主題的に考えようとしたのが死刑になる三日前の獄中のソクラテスを描いた『クリトン』ということになる。

(3)　『クリトン』は二つの部分に分けられる。その第一部のソクラテスとクリトンの獄中問答は『弁明』の魂の気遣いの補足説明であり、とりわけ言明Σ(B)：イディオーテウエイン（一人の人としてあること）において人は正義に対してどのようにあるべきかという問題の個人的な検討である（ここでは一人の市民としての在り方はまだ問題にされていない）。それはこれまで何度も議論されるなかで固まってきたよく生きるための行動の原則（プロネーシスの結実）とその原則に従う現実の行動のとり方の確認である。三つの行動の原則がクリトンの同意をえて確認される。ⓐ「正不正については多数者ではなくて、一人の人（専門家）、また真実そのものに従わなければならない」（cf. *Crito*, 48a6-10）。ⓑ「不正をなすことは、正不正がかかわるわれわれに属するなにかもっとも大事なものを損なうことになる」（cf. 47eb-48a1）。ⓒ「人はけっして不正をしてはならない、たとえ不正をなされた人であっても仕返しに不正をしてはならない」（cf. 49a4-c11）。これらは『弁明』29d2-33b8の箇所で語りえなかった一人の人間としてのソクラテス個人の行動の原則の説明といっていい。これによって彼個人の脱獄の正当化の道は塞がれるが、なぜ脱獄してはならないのかというより普遍的な意義を帯びる理由は覆われたままである。それを解明するのが『クリトン』第二部であると思われる。

『クリトン』第二部は第一部とまったく趣をことにする。そこにはソクラテスが仮想する「国法（hoi nomoi）と国家公共体（to koinon tēs poleōs）」が「君（ソクラテス）に関わるかぎりで（to son meros）」登場してくる（50a6-54d1）。それらはソクラテスにとってリアリティーのある「人（Person）」の姿で現われたアテナイという祖国であるが、同時に彼にもっとも親密な内なる他者であるようでもある。(*) そしてここで、ソクラテスにとっての正義と正義に対する彼自身の在り方の認識の、『弁明』では窺い知ることのできなかった、もう一つの局面がいよいよもって彼の脱獄の正当化を許さないような仕方で示される。その局面とはソクラテスにとって意義深い相貌で現われる国家・国法と一市民の関係の問題である。さらにいえば、それはそこでソクラテスが生を享け、養育と教育を受け、成人し、市民となり、やがて哲学を日々の行ないとして、可能なかぎり政治参加（デーモシエウエイン）を避けて生きてきた彼のイディオーテウエインと、それにもかかわらず彼がそうした人（一市民）として自由に生きることを許したアテナイという現実の祖国、およびその国法との内的な関わり合いという問題である。第二部では『弁明』のソクラテスの正義に関わる発言の根底にあると思われる彼の国家・国法観が語られているといっていい。そして、プラトンが『クリトン』を書いたのは、『弁明』30c2-33b8ではできなかったこうした国家・国法と一市民としてのソクラテスの関わり合い、すなわちこれから見るような、彼の国法の遵守と国家（祖国）への服属の心情を明らかにするためであると思われる。(**)

（*）この「内なる他者」という言い表わし方をしたのは、国家（祖国）・国法が父母よりも尊いといわれていることにとどまらず、父母以上に自分の内側にいるほどに近い存在としてソクラテスに理解されているからである。それは『クリトン』の最後の箇所のソクラテスの言葉からも思い描かれるであろう。「親愛なる仲間のクリトンよ、どうかつぎのことを分かってほしい。そうしたことども［国家・国法のこれまでの説得の言葉］が、私が聞いていると思うことであり、それはコリュバンテスの祭儀のエクスタシーに陥った者たちが笛の音を聞いているように思うこととまったく同じなのだ。これらの言葉のそのこだまがわたしのなかでぼんぼん鳴り響き、それ以外の言葉をわたしに聞こえないようにするのだ。」(54d2-5) コリュバンテスの祭儀のとき鳴り響いた笛の音が、それは心理学的に見れば幻聴であろうが、そのコリュバンテスの者たちにエクスタシーが終ったいまも彼らの鎮まった心のなかで鳴り響いているように、国家・国法の言葉はソクラテスのなかで鳴り響く内なる他者の声のようであるということができるだろう。いずれも虚といえば虚、実といえば実であるが、存在の始まりとはこのような謎に満ちた仕方で生じる内的現実の生成としてしかないのではないか。

（**）吉田雅章は『クリトン』の第一部と第二部とが有機的な連関をなしていると考える。第一部は「多くの人々の思いなし・評判を気づかう」クリトンの脱獄の説得によって「一端失われてしまった」、脱獄という行ないの可否が本来的に問われる場を「回復するための転回軸」であり、『クリトン』の議論の基本的な位相が定められてゆく」箇所である。すなわち、ソクラテスはクリトンの説得を受けておのれの脱獄という行ないの可否を「正しさに定位」するように問題を立て直そうとして、そのための問答と同意の場を開き、そして「ロゴスにのみ聞き従う」ことをクリトンに説く。第二部はそのような第一部を受けて「脱獄という行ないが「正しさ」に於いて問われる、本来的な場の展開」を行なう本論である。すなわち、第二部における「法の問題」はそうした「正しさ」の「本来的な場の展開」である（吉田（一）、二一―三頁参照。吉田の解釈は「場」という言葉をキーワードにして第二部を中心にした『クリトン』の全体を「大方の予想を裏切って、極めて緊密な構成を持つ、豊かな対話篇である」（吉田（二）、四八頁）と捉えたものであり今読んでも教えられることは多い。ただし筆者自身は第一部と第二部が驚くほど不整合であり様相を異にしているように見えるという点を解釈の手がかりにした。したがってそれが何を意味するのかという観点から以下の考察を始めた。吉田雅章「正義と聴従――プラトン『クリトン』研究（一）」、長崎大学教養部紀要（人文科学篇）第二二巻、第二号、一九八二年、同じくその続編（二）、同紀要、第二三巻、第一号、一九八二年

ところで、この第二部は第一部とほとんど整合的ではないように見えるかもしれない。というのは、第二部は第一部の行動の原則で確認されたことを踏まえたソクラテス自身の議論（ロゴス）のさらなる展開ではなくて、ソクラテスの祖国にして内なる他者のようでもある国家・国法の側からの彼に対する説得という形をとっているからである。それは第一部に根本のところで呼応するはずであるが、さしあたりその延長線上にある話ではなくて、独自の意義をもつとみなすべきであろう。『クリトン』のソクラテスは第一部の彼自身の行動の原則の確認だけではなくて、第二部の国家・国法の説得の受容も併せてこれら両面から脱獄しないと決断するのである。なぜソクラテスはそうするのか。それはソクラテスの哲学の根本的な特徴でもある自他の吟味にも、神の命令として行った魂の気遣いの勧告にも関わることであるが、イディオーテウエインであるところで、いまやこの獄中で世の中のつながりから切り離されてただ独りとなって死刑執行を待つところで、おのれが現実の他者（クリトン）との長い間の親密な交わりや現実に生きてきた祖国とその国法との深い関わり、つまりそれぞれの他者とのあいだの「深い間柄（ともにあること）」にあることがはっきりと分かるからである。『クリトン』のなかで絶えず強調されるお互いの「同意（ホモロギアー）」(*)が非常に重要な意味を帯びてくるのはこの場面である。後者についていえば、「国家公共体」は国法ともどもソクラテスの同意を得ようと彼を一生懸命説得するところでその生彩を帯びた姿を現わしているのである。

（＊）『クリトン』におけるこの「同意（ホモロギアー）」の問題の重要性についてはL・ヌーサン－レットリーに教示された。Luis Noussan-Lettry, *Spekulatives Denken in Platons Frühschriften, Apologie und Kriton*, Freiburg/Munich: Alber-Broschur Philosophie, 1974, 147-9, 186-204.

(4) それでは第二部の内容にもう少し立ち入ってみよう。以下の(a)から(c)までは国家・国法と一人の人（一市民）のあるべき正しい関係の観点からの一般的な考察であり、(d)・(e)は現実の行為に直結するソクラテス固有の正義観、つまりなぜ自分は脱獄をしてはならないのか、また脱獄しないのかということの彼の真意を明らかにする試みである。

(a) 国家・国法の存立の基盤はそのなかで生きる一人一人の人（市民）がその国法を守るところにある。一人の人間（市民）がそれを破れば、国家・国法はその分だけ破壊されることになる。国家・国法はソクラテスにとって観念的存在ではない。それはいわば「法－人（a legal-person）」であり、そこで現実に生きる人々（市民）が法的に共同して担うものである。(＊) 国家が国法を犯した者に有罪の判決を下すことができるのは、法によって裁く裁判員の職務を市民が担うからである。ソクラテスはアテナイ市民としてこのような市民の参加によって現実に機能するアテナイの国家・国法によって死刑の票決を受けた以上、その国家・国法を「個人（idiōtēs）の都合で」無効にし、破棄することはできない。なぜなら、そうすれば「いったん下された票決は有効でなければならないという法が破壊される」（50b7-8）ことになるからである。ここで、ソクラテスが不当な票決を下したアテナイ市民を問題にしていないことはこの箇所の問題の所在を示してくれる。ソクラテスは国家・国法と彼自身の関係だけを、しかも一方は、国家・国法が現実に機能し、その職務を担う市民裁判員が死刑の票決を下していること、他方は、彼がそれをイディオーテウエイン（一人の市民としてあること）において受け入れていること、そのかぎりでその両者の不可分な関わり合いを問題にしている。ここでは、ソクラテスにとって市民でないようなイディオーテウエイン（私人としてあること）は考慮されていないのである。

（＊）　第二部の最初で国家・国法が人格的な存在として登場してきたのは、対話的状況設定のためのたんなるレトリックではなくて、それが「法－人」であるからではなかろうか。法治国家の存立を現実的－具体的に見た場合、それは、『クリトン』でもいわれているように、その国の人々が法を各々の生きる核とするという長い時間をかけて試行錯誤をしながら営々とつくりあげてきた法の伝統であり、またその伝統と化した法と不可分にそこにはみずから進んで法を担い法に従う市民がいるという事態である。この事態は国家・国法が人（市民）を造る事態であり、それは父母が子を一人前の人として育てるのに類似して、人が人（市民）として造られる事態である。そのかぎりで、この伝統的な法を「法－人」と言い表わすことができるだろう。このように考えれば、『クリトン』で国・国法が人（われわれ）として登場してきたことは驚くことではない。人工的に定義された「法人」といった抽象体もこの法に従う市民がいる法治国家であるという現実の法治の慣習がないところでは存立しえないであろう。

「法－人」の点は、間接的ではあるが、別の観点からも補強される。それは、ソクラテスにとってロゴス（議論）を作る場合にはつねに誰かある具体的な人が問答相手に必要であり、問答のなかでは自他の在り方も含めて必ず人の在り方が話題になるということである。この点で、『弁明』のソクラテスがメレトス論駁の箇所で「青少年がよい人になるように導くのは誰か」という問いを立て、メレトスが「法律だ」と答えたのに対して、さらに問いを重ねて、ソクラテスがその法律を知る「人間を聞いているのだ」と聞いていたときのやりとりを思い出す。『クリトン』でもこの具体的な人同士の問答でなければ、ソクラテスはものが考えられないように見える。もちろん、『クリトン』ではソクラテス自身の在り方が問われているのであるが。さきに見た、『クリトン』の最後のコリュバンテスの話もこのような文脈でみれば奇異には見えないであろう。

(b)　国家・国法とそのなかで生きる人（市民）の関係は相依相属的（zusammengehörig）であるが、いまとくに問題にすべきは、国家・国法は一人一人の人（市民）が法を守り、法の執行を担うところにしか存立することができないということの方である。国家・国法は一人一人の市民の国法に従う行動と慣習から離れて実体的に存立するわけではない。そしていまの場合、国家・国法と市民が不可分であることは、その構成員である市民であることから排除されてもなお「ソクラテスが牢獄に座っている」という現実があるということである。ソクラテスが死刑の票決に従って、しかも自ら進んでその法の裁きに服し（同意し）、牢獄に座って死刑にされるときを待っている、そして死刑にされ、その市民として国家から排除されて、ただ彼独りとなって死んでゆく在り方、すなわち、イディオーテウエインの極限の在り方において、そういう法に従う人がいるという現実があるということである。問題はこのような事態が何を意味するかということである。(d)―2へ。

(c)　しかし、(a)のなかにはソクラテスにとって避けて通れない論点が含まれている。それは「国家が不正を行ない、正しく判決を下さなかった」（*Crito*, 50c1-2）場合でも、票決に従わなければならないのかという点である。なぜなら、そのような場合であっても「国家が下す票決には、それに服するという同意が国家・国法とソクラテスのあいだでなされていた」（cf. 50c5-6）わけではないように見えるからである。しかるに、国家・国法はこのような同意がすでになされていたと主張する。この主張は国家・国法の側の一方的な言い分であるように見える。それゆえ、それはこれから国家・国法がそのわけを明らかにし、ソクラテスを納得させなければならないことである。この国家・国法の説得の中身が第二部のなかでいちばんソクラテス的な固有の正義観が窺われる箇所になる（cf. 50c9-51c5）。

(d)　彼らの主張の第一は、よい法をもち、その法に従うよい慣習が定着してきたこのよい国で生まれ、育てられ、教育を受けた以上、ソクラテスはすでにこの国家・国法の子供であり、僕である。それに対して、国家・国法はすでに彼の父であり、主人であるということになる。すでにそのような間柄にあるという点で両者は対等ではない、両者のあいだで「正しさが平等である」(50e5)とはいえないのである。したがって、「国家・国法がそうすることを正しいと考えて、ソクラテスを破壊しようと企てたとしても、それに対して彼の方が国法と祖国を破壊しようと企て、そうした行為をなしながら正しいことをなしているのだと自己正当化することは許されない」(51a2-6)。ここで、国家は具体的な祖国の姿をとって現われ、その国法とともに、ソクラテスを「本当に徳のことを気遣っている者」(51a6-7)と呼び、彼が本来あるところに立ち戻らせ、第一部で確認されたところの、その仕返し(自己正当化)の不当さを思い出させつつ、彼を説得するために彼らの主張の核心部分を話す。祖国(国家・国法)の主張は以下のことである。

「祖国は父母やその他のすべての祖先よりも、より尊いもの、より厳かなもの、より聖なるものであり、神々のもとにおいても、心ある人々のもとにおいても、なによりも大きな比重を占めているのだ。また、人は祖国を畏敬しなければならず、祖国が不機嫌なときには、それに譲歩して、機嫌をとらなければならない。それは父がそうであるときより、より以上にそうしなければならないのだ。そして、祖国に対してはそれを説得するか、あるいは祖国が命じることは何であれそれをしなければならないのであり、もし祖国が何かを受けることを命じるなら、静かに導かれるままにそれを受けなければならないのだ。それが打たれることであれ、縛られることであれ、戦場に連れて行かれて、傷ついたり、死んだりすることになっても、それを受けなければならないのだ。正しさ（to dikaion）とはそういうことなのだ。――［S］そして、その部処（taxis）を譲ったり、そこから退いたり、そこを放棄したりしてはならないのだ。そうではなくて、戦場でも、裁判所でも、またどんなところでも、国家にして祖国が命じることは、それをなさねばならないのだ。さもなければ、正しさが本来それを許すような仕方で国家・祖国を説得しなければならないのだ。――［P］しかるに、暴力を加えるようなことは、母に対しても、父に対してもそうであるが、まして国家に対してはなお一層のこと不敬虔なことなのだ。」（51a8-c3）

(d)――1　この祖国（国家）の主張は、アテナイの政治のデーモシエウエインから遠ざかり哲学と徳の気遣いのイディオーテウエインに徹して生きてきたソクラテスの真意であり、それに託して彼は祖国アテナイという国家を念頭において彼の国家観を率直に表明したものである。ここで、とくに注目すべきは文［S］と文［P］である。文［S］は国家・祖国との関係で一人の人（市民）における正しい行動とはどのようなことであるかを述べたものである。正しい行動とは、たとえ理不尽に見えても、公に行動（政治参加）しなければならない、あるいはせざるをえない場合は国家・祖国の命令に従い、国法を遵守することであり、そうすることが人（市民）としての国家の「部処（taxis）」を守るということである。国家の部処を守ることから離れて正義の行動は考えられないのである。かくして、ソクラテスにおけるイディオーテウエインは公の行動においては「人は国に命じられた部処を放棄してはならない」という意味をもつことになる。そして、それはおそらく『弁明』の「私（ソクラテス）は神に命じられた部処（哲学）を放棄してはならない」と正確に重なり合う言い方であろう。彼にとって国家・祖国の存在がそれだけ重い意味をもっているわけである。

文［P］は直訳すれば「そのような仕方で正しさが本来生じている、その仕方で（hē to dikaion pepuke）国家・祖国を説得する」となる。hē はやり方を示す与格であり、tautē tē hodō の意味をもつ。これは一人の人（市民）の側からの説得が可能であることを意味するが、その説得がどのようなものならいいのか、それは解釈なしには理解が困難である。「正しさが本来生じている」ところとは国家なのか。正しさが許すのは国家の正しさについて国家を説得することであって、おのれの正しさについてではないと解されるならば、この人は国家と対峙しておのれの正当化を図ることはできないことになる。できることは国家の内部にとどまって、国家に正しさが本来生じている、その在り方を国家のために説得することだけだということになる。これは『弁明』の正義（法）に反して行動しなかったかの二つの政治行動を思い出させる内容である。であれば、ソクラテスがこの箇所で突然文脈にそぐわない仕方で或る訳者（H. Tredennick）が訳すように「普遍的な正義に従って（in accordance with universal justice）」国家・祖国を説得することは想像しがたい。そうした可能性は国制や立法の問題を視野に入れるのでなければできないであろう。彼の言う説得はあくまで国家・祖国の法の内にとどまるなかでのことであり、それだけ彼の国家・祖国への服属の念は強いといえよう。

（d）―2　さて、このソクラテスの国家観は、たしかにそれだけ切り離してみれば、過激ではあるが、普通の人間（保守的な市民）のとくに意義深いとは思われないただの信念の表明のように見える。しかも『クリトン』第一部のソクラテスの物事を徹底的に合理的に考え、行動しようとする態度とは相容れないように見える（＊）。しかしこの際、見方を変えて逆に考えて見るべきではないだろうか。もしこの国家・祖国の理不尽な命令のもとでも国家から託された部処を守らねばならないのだ、というソクラテスの非合理に見える発言がなければどうであろうか。その場合、彼のひたすら合理的であろうとする哲学的生からは深みが消えるのではないか。すなわち、たとえ彼の哲学がアテナイという国家の政治的現実のなかでその現実を批判し、国家・国法の本来あるべき状態にまで、つまり国家の正義や政体や法の基本問題にまで突き進む可能性を宿していたとしても、それだけでは哲学的国制論にしかならないのではないか（プラトンの『国家』のロゴスにおける理想国の建設の問題）。むしろこの発言には哲学的事柄とは異なる別次元のなにか哲学の根っこにある人間の生の深み（人の生と死の根源に関わる真剣さ）に触れる問題が含まれているのではないか。ここで筆者が考えることはつぎのようなことである。

（＊）ここに指摘した哲学者であり、かつよい市民であるというソクラテスの二面性の問題は、よく指摘されるような（ポピュラーなところでW・K・C・ガスリーやA・D・ウーズリーやT・G・ウエスト&G・S・ウエスト、古くはベンジャミンジョエット）、アテナイの法と衝突することをも辞さない『弁明』のソクラテスと不当な死刑票決であっても遵法に徹する『クリトン』のソクラテスのあいだに見られる相反性という問題ではない。それは表面的な問題であるように思われる。筆者が考えたい彼の二面性の問題とは、『弁明』で言われた正義に対して公私いずれにおいても変わることなく「この同じ人間」として行動したソクラテスを『クリトン』においてはどのように理解したらいいかということである。そして、これまで考察してきたように、この問題を解く鍵はソクラテスのイディオーテウエインにあり、『クリトン』のソクラテスはそのイディオーテウエインがただ独りとなったところで純化され、彼の存在の現実になっていると考えるのである。以下の考察は『クリトン』のソクラテスにおけるイディオーテウエインの哲学的な意味に関わるテキスト解釈の試みである。補説参照。

それは、『クリトン』のソクラテスの国家観においては、国家は彼の哲学の対象ではなくて、むしろ彼の生存そのものの基盤であったのではないかということである。われわれはここで第二部の最初に返る必要がある。というのは、国家（ポリス）が第二部の最初に登場したとき、それは「国家公共体」、直訳すれば「国家における公共的なもの（to koinon tēs poleōs）（50a8）――to koinon はむしろ端的に「公《おおやけ》」といったほうがいいかもしれない――と名づけられ、そしてその国家の to koinon の方が国法を伴ってソクラテスを説得するという驚くべき事態が語られるのであるが、この説得の方向の逆転によってなにかその国家の to koinon の方が本当に大事な知恵と洞察をもつものであり、ソクラテスの方はそのものから説得される者、その知恵と洞察を教えられる者の側に立つことになったからである。（＊）

（＊）これまでは人々に魂の気遣いを勧告し、すぐ前まではクリトンを説得しているソクラテスがここでは誰かに説得される、などという事態は思いがけないことであり、ほとんど想像しがたいことを思い起こすべきである。それはいかにこの場面設定が異常な事態であるかということでもある。すなわち、『クリトン』ではソクラテスは国家・祖国から死刑を言い渡された者としていかに行動すべきかが問われている。このとき死刑を言い渡した国家の核心部分をソクラテスは「国家公共体」と呼び、その存立を当然のように前提として、その説得を受ける側に立つのである。この場面設定が何を意味するのかがまさに『クリトン』第二部の根本問題であり、筆者は引き続き以下で論じるような理解を試みたわけである。なお、この国家の to koinon といわれているものを社会共同体であれ、民族共同体であれ、自然に、あるいは人為的につくられる何らかの共同体の共同性のようにみなすことは誤りであろう。なぜなら、それはそれ自身のうちに自覚された原理（ロゴス、principle）をもっているからであり、その原理にもとづいて公として存立し、国法を携えてソクラテスの前に出現することになるからである。

それでは、そのような表現で言い表わされるもの、国家の to koinon の登場で何が問題とされることになったのか。それはソクラテス個人の存在（イディオーテウエイン）に先立って、しかもその彼のイディオーテウエインを貫通するものとして国家の to koinon が存立しているということである。というのは、ソクラテスにそのような確信がなければ、国家の to koinon の方が彼を説得するとか、ソクラテスがその to koinon の説得を聞きいれるといったことは考えられない、つまり、おのれがその国家の理不尽に見える死刑判決をよしとして受け入れて死ぬということは考えられないからである。

ところで、この国家の to koinon は『弁明』のソクラテスの神への信と結びつく人間存在の基盤、すなわち神の方から人々が「人間たちよ」と呼びかけられる、人々が本当にともにそこにある共同存在として示されたもの、(*) そして最後には真実そのものの有ることにどこかでつながっているにちがいない。とはいえこのようなつながりについてはほとんど何も示唆がないのは、察するに、ソクラテスの存在のすべてを明るみに出すことはプラトンにとっても至難の業であったのではないか。

(*) この言い方は『弁明』でいわれる「(神の言う) 人間たちよ、お前たちの知恵はもうまるで価値のない無きに等しいものだ」や「自分は神の命令によって自他の吟味をしているのだ」というソクラテスの思慮・知につながる思いの言葉 (ナラティブ) を下敷きにすればいえることではないだろうか。 問題は人々の共同が国家における to koinon (公共的なもの・公) をつくるのではなくて、to koinon があるからこそ、それが始動因になって人々の公共的な共同がつくられると考えるべきだということである。そして、この問題の焦点はこの to koinon のプライオリティーとそのもとにあるソクラテスのイディオーテウエインが彼自身にとって何を意味していたかということになるであろう。

この点につぎのことを付言していいかもしれない。それはこの公共的な共同の場でこそ言葉 (ロゴス) が通じるということである。たとえば、ソクラテスは「正しい」という言葉を使って人々に話しかけることができるのである。これはヴィトゲンシュタインの「言語における一致」ということに相当することであろう。国家の to koinon において法とロゴスが存立し、人々はそれを足場にして生きられるということ、これがなによりも大事なことではなかろうか。事柄の本質的な順序からいえば、ドクサの問題はその後に発生する問題であろう。

(d)―3 さて、ソクラテスの発言をこのように理解した場合、そこにはどのような意義が含まれていると考えられるのか。それは国家を絶対的な権威をもつものとみなし、それを無条件に受容し、承認すべきだ、というソクラテスの洞察が含まれているということではないか。もう少し説明を加えれば、そこには国家を統治するための国制とか立法とかが問題になる以前の、そもそもなんらかの国法によって人々の共同しうるその基の部分 to koinon（公・公共体）が存立することへの、そしてその国家の to koinon と、それによって一人一人の人が人（市民）として存在（行動）すること（イディオーテウエイン）のあいだの、国家の to koinon の方に絶対的なプライオリティーのある、根源的な関係への洞察が含まれているのではないかということである。

プラトンはソクラテスのうちに当時のギリシャの思想世界からは突出した何らか絶対性を帯びた国家の存立の根拠（to koinon）への驚くべき感受性があるのを鋭く嗅ぎ取ってこの箇所を書いたのではないか。そして、それはロゴスで何事かを明らかにする以前の深い感覚なので、この箇所のような書き方しかできなかったのではないか。このように考えないと、『クリトン』第二部の「国法と国家公共体」という異様なものの突然の登場の仕方の意味も解き明かせないし、この箇所のソクラテスのなにか昂然とした語り方も不可解になる。それにまた、まったく対照的な第一部（理性的ソクラテス）と第二部（高揚した感情に包まれたソクラテス）の彼の発言もそれぞれの意義において拮抗し、かつ調和しうるものにならないであろう。つまり、第一部の個人として理性的にロゴスに従うことと行動のあるべき原則の確認だけでは、ソクラテスが国家の不当な死刑の票決に対して脱獄せずにその票決を受け入れる理由としては薄弱であるし、他方、この箇所を彼のありきたりの祖国愛とか祖国への恩といったことで説明するにはあまりにも素朴すぎるのではないか。またこの箇所を他の部分と同様にクリトンを説得するためだけの話の一部とするには手が込みすぎているし、内容も過激すぎる。そしてその結果第一部との落差があまりにも大きくなりすぎるであろう。

『クリトン』においてもまた『弁明』と同様に、プラトンほどの人でもその手に納まりきれないようなソクラテスの突出した存在が現前しているというべきではないか。プラトンはそのようなソクラテス像を『弁明』の姉妹篇として『クリトン』を書くことで今度はみずからの手でソクラテスの存在のもう一つの面を確かめたのではないか。プラトンがこの後『弁明』と『クリトン』のソクラテスの哲学と哲学的生をみずからの哲学的思索のなかでどのようにロゴス化していったのか、また彼自身の政治的関心（立法とその実現）をどのように実行していったか、それらはプラトン哲学の問題ということになるであろう（*）。

（*）プラトンの最晩年の著作『法律』が『クリトン』第二部のソクラテスのロゴス化ということになるのかもしれない。しかし、それはソクラテスの不在が示しているように、祖国アテナイの死刑票決を受け入れて死んだソクラテスの真意を描く『クリトン』とはおよそ似ても似つかないプラトンの神学というかたちをとって、やはり立法の問題が関心事なのである。

(e) 最後に、祖国たる国家とその国法とソクラテスのあいだの「同意（ホモロギアー）」という問題の帰趨について見ておきたい。ソクラテスは絶対性を帯びた国家の to koinon を中核にもつ国法を携えた国家（祖国）への思いを語ったあと、そのような国家の国法の主張として自分がその国法に従う、すなわち「約束と同意（sunthēkas...homologias）」によって「市民として生きること（politeuesthai）」をすでに事実によって約束していたことに言及する（52d2-6, cf. 51c-53a, 51e3-4）。それはソクラテスがアテナイのなかでこれまで市民として七十年も生きてきた事実の指摘である（cf. 52d8-e5）（*）。しかもそれはソクラテスが、さきの瞥見が正しいならば、アテナイという法治国家を to koinon の認められる、それゆえ絶対的な権威をもつ国家とみなし、それを無条件に受け入れたということである。これは彼がおのれのアテナイ市民としての被投性をおのれの事実存在として受け入れたということである。そして少しずらしていえば、これはソクラテスが他の仕方でありえたにもかかわらず自らすすんでアテナイ市民として生きてきたことを自認したということである。すなわち、ソクラテスがおのれのイディオーテウエイン（一人の人としてあること）をアテナイという現実の国家の市民として生きることとして事実的に選んだということである。彼にとって一つの国家の無条件的受容はたんに与えられた現実の国家のなかで受動的に生きるのではなくて、そのような市民としてのおのれの被投的な生を自らがよしとしたことを含む。なぜならその国家はおのれの生の基盤であるからである。以上のことが『弁明』のソクラテスの言う彼自身の国家への気遣いであると思われる（36cd）。

（＊）ヌーサン＝レットリはこの「約束と同意」というように似た言葉を重ねた言い方とそれらが現在完了形で言い表わされている点に着目して、それが「社会参加（Engagements）が漸進的に行なわれたこと」を示すものであると考え、ソクラテスと国家の公共体（to koinon）――彼の訳では Gemeinwesen（Noussan-Lettry, 170）――とのあいだの同意が「繰り返しなされた合意（Vereinbarungen）をとおして真として確証されていったソクラテスにとって基盤をなす同意（Sokrates' grundlegende Homologie）」であると捉える（Noussan-Lettry, 201）。しかしそれにとどまらず、彼はこの箇所の同意（「政治的同意」と呼ばれる）と第一部のソクラテスとクリトンとのあいだになされた「哲学的同意」が同一であるとみなす。これら二つの局面の同意はいずれもソクラテスが繰り返し「対話（Gespräch）」を行なうことによってなされた合意であるという点で同じであるからである。彼は繰り返し行なわれる対話による同意こそが「ソクラテスの同意の根本動向」（Noussan-Lettry, 202）であり、したがって『クリトン』というテキスト全体がそのソクラテスの「対話的運動」（Noussan-Lettry, 192）であることを強調する。

　ヌーサン＝レットリの解釈はこの箇所のソクラテスの国家と国法に対する態度もまた対話というソクラテスの自由な哲学的精神なしには考えられないとみなす点で意義深いものがある。たしかに、このソクラテスの驚くべき覚醒した精神の発動がなければ、人がよく生きるためにある国家の存立の深い基盤や国法の絶対的権威というものの意味は明らかにされなかったであろう。しかしそれでも、彼の解釈には筆者にとって納得しがたいところが残る。それはここ第二部では、国家・国法がソクラテスを説得する側に立つのであり、ソクラテスの方はそれに聞き従うという側に立つというその異例の関係が考慮されておらず、それゆえクリトンの場合のように分かりやすいものではないという点と、『クリトン』の全体が本当にソクラテスの対話的運動によって成り立つテキストであるのかどうかという点である。むしろ『クリトン』は、ソクラテスとクリトンの場合であれ、国家・国法とソクラテスの場合であれ、両者の関係はどちらかといえば対話的というよりも説得的ではないのか。そして後者の場合、その説得の背後には脱獄せずにそのものの命じた死さえも自覚的に受け入れるということのなかには覚醒したソクラテスの絶対的な権威をもつ国家の to koinon の承認（感覚）という問題があるのではないか。そして、それはソクラテスの覚醒のなかでしか「有る」とはいえないがゆえにコリュバンテスの笛の音のようにソクラテスだけに聞こえてくる「声」としてあるのである。このようなソクラテスの国家への態度は神を信じることに匹敵する思いであるともいえよう。

このソクラテスの現実の命をかけた同意によってアテナイは絶対的権威を備えた法治国家の本来の面目を取り戻し、またそのようなソクラテスを生み出したよい国家として光り輝くことになる。この意味でのアテナイの国家に対してはつぎのようなことを言い足せば分かりやすくなるかもしれない。クリトンもそうであるが、アテナイの国も現実には不完全で、欠点も多く、相手として不足かもしれないが、彼らはソクラテスにとって同意可能な現実の他者、つまりともに生きることができる存在なのである。彼はその彼らとともに生きてきたのである。

補説　ソクラテスと政治の問題

1　ここで、ソクラテスと政治の関係について触れておきたい。そのためにイシドア・F・ストーンの『ソクラテス裁判』（I. F. Stone, *The Trial of Socrates*, Boston, 1988、永田康昭訳、法政大学出版局、一九九四年）のソクラテス像について見ることから始めたい。というのは、ストーンは紀元前五世紀末のアテナイの政治的現実という観点から同時代の社会に背を向けた反政治的な観念論者としてソクラテスを描いているが、このソクラテス像が政治的－歴史的現実に現われる彼の存在を理解するのに役立つだけでなく、本当に彼は政治的でなかったのかという問題を提起させるからである。ストーンは彼のソクラテス像を通してソクラテスを徹底的に批判している。彼の批判は政治哲学（ポリスの政治思想）的な部分と政治状況的な部分の両面があるが、前者に関してはアリストテレスの考え方に親近感を示す。しかしそもそもは彼自身がユダヤ系アメリカ人の政治ジャーナリスト（専門の哲学者ではない！）として自立した市民の共同を人間の在り方としてもっとも高く評価し、民主主義の自由と平等の理念を守り抜くために言論活動をとおして戦う人だからである。ソクラテスに対する彼の政治哲学的な批判は、ソクラテスが「一つの共通の人間性を分かち合う」（二四頁）市民からなるポリスの「自己統治という政治形態の基盤そのものを否定」しようとした（一七頁）ところに向けられる。

市民からなるポリスの自己統治とは、ストーンが評価するアリストテレスの『政治学』の考え方に見られる、人間は「コイノーニア（共同の交わり）」を作って生活する「政治的動物」であり、「市民が交代で統治されたり、統治したりする」仕方で「ポリスは自らが自らを統治する」ということである。その内実は、市民のなかから主要な役職は選挙で、それ以外の大多数の役職は籤で決められ、市民全員に法律の制定と政策の決定を行なう民会の一員となる資格と、法律を適用する裁判において裁判員を務める資格が与えられており、それらの仕事の負担と行使において彼らが自主的に自分たちのコイノーニアを営むということであった（一八―一九頁）。しかしこの政治形態は大きな問題を内包していた。それは支配と被支配をめぐる市民権の有資格者の範囲、つまり政体をどうするかということを市民たちが自分たちで決めなければならないという問題であった。その政体は当時、少数者・富者支配の寡頭政と多数者・貧者も支配に参加できる民主政に分かれていた。その階層のあいだにはたえざる確執、内外の情勢によっては内乱が生じることになった。しかし、ストーンの力説するところでは、それでも市民であるかぎり何らかの政治参加は当然のこととされたのであった。ソロンは内乱のときに「いずれの側にも属さず中立を保っている市民がいた場合、その市民の市民権を剥奪することを命じる法律を制定した」と言われ、ペリクレスは「国政にまったく関与しない者のことを、単に政治に関与しない人物とは見ず、無益無用の人物とみなす」と言ったといわれる（一四五―一四六頁）。

それでは、ストーンの言うソクラテスによるこのようなポリスの原理的な否定とはどういうことであるか。それはソクラテスの思い描いたことが「一人の支配の仕方を知っている者」による支配、「当時の人々の目には、王政、それも極めて専制的なそれ」（二〇頁）であり、およそ民主政体における市民たちの共同からなるポリスではなかったということである。彼はソクラテスに従う人たち、アンティステネスもプラトンもクセノポンも市民の共同からなるポリスを否定したと言う（二四―二五頁）。彼はソクラテスに不利に見える彼らの言葉を引用し、ソクラテスには支配の固定化に対する無関心、多数者の愚民視、民主政に対する侮蔑、支配者の悪化の可能性や悪化した支配者を排除する市民の権利への配慮が欠けていることを指摘する（二四―三二頁、九五―九七頁）。

ストーンの批判の矛先は「徳は知識である」というソクラテスの哲学説にも向けられる。ソクラテスによれば、この知識こそが政治の根本を決めるものであるから、それを知っている少数者、あるいは一人の者が支配者になるべきだということになる。ちなみに、アリストテレスは「共同体生活に必要な基本的な徳」、「政治的な徳」を理性とともに備えていれば市民として十分であると考えていた（六一―六二頁）。プロタゴラスも「政治の技術」は国民が分かちもっているべきであり、それによって人は平和な共同生活を営むことができると言った（六九―七六頁）。ストーンの共感が後者にあるのは言うまでもない。

彼は哲学の議論の中身には関心を示さない。彼の目線は普通のアテナイ市民のそれと同じである。政治的現実こそが人間の生きる現実であり、そこでソクラテスの「徳は知識である」という主張もその政治的意味によって評価する。もし徳が知識であるなら誰もが徳を学び、徳をもつことができ、国の統治に参加する資格があるはずであるが、ソクラテスは徳について自分でさえ真の知識は得ることができないと言い、それゆえ自分は哲学するのであるが、そうしない一般民衆は徳も知識も欠いているから国の統治に与る資格はないと考えている（六〇―六一頁）。彼にとってこのような政治的帰結をもたらすソクラテスの主張は不当である。

哲学的に見れば、彼のソクラテスの哲学説批判は検討するほどのものではない。彼もそこに批判の重心を置いていない。彼の批判はソクラテスが政治に参加せずに、民主政を批判し、民主的な市民共同体のポリスを認めず、「私人（イディオーテース）」であったことに対するものである。すなわち、ソクラテスが自分たちのポリスの現実の困難を打開するための市民たちの討論と政治的決断が行なわれている現場に出て、その公の場で正論を発言しようとしなかったことへの批判である。「観念論哲学者たちが打ち建てた王国にいったん足を踏み入れてしまうと、人が現実の複雑な問題と格闘しその中から秩序と正義を求めて探り出す現実的合理的な程々の解決法は、同様に不完全な世界に住まう彼らの完全に対するそれこそ絶え間のない追及のお陰で、途端に身動きが取れなくなってしまう。」（一三〇頁）という彼の認識は現実政治の側にいる者から哲学する者への当然の評価であろう。イディオーテースとして振る舞い公の場に出てしかるべき発言をしないソクラテスは、いかに「傑出した頭脳」と「知者の声望」をもとうとも、ペリクレスの言う「無益無用の人」でしかなく、それどころかもっとも非難されるべき存在なのである（一四六―一四九頁）。

2　ストーンはソクラテスが裁判にかけられねばならなかった理由をペロポネソス戦争の末期のアテナイの緊迫した政治情勢によって説明している（二〇五―二一四頁、二二二―二二八頁、二五五―二六四頁）。アテナイでは敗色濃い戦争の末期（紀元前四一一年）と敗戦後（四〇四年、四〇一年）に政変が起こる。それらの政変は四一三年のシケリア遠征の失敗、スパルタのデケレイア侵入と常駐、デロス同盟諸都市の離反によって劣勢になったアテナイの内部で起こったクーデターによる四百人寡頭政権の樹立と失敗（四一一年）であり、敗戦後スパルタの支援のもとで三十人僭主政権が樹立される（四〇四年）が、内戦の結果再び民主派が政権を奪還し、大赦の条項を含む和解協定（四〇三年）が結ばれることになる。しかしその後にも寡頭派の抵抗が続きエレウシスで最後の戦い（四〇一年）があり、民主派が勝利を収めることによってようやく終結するという事態である。その間ソクラテスはどうしていたのか。彼は一切自ら進んで政治に参加しなかった。これをストーンは「ソクラテスはアテナイが存亡の危機にあるときにイディオーテースであった」と非難するのである。実際、たしかに『弁明』のなかでソクラテスは「多くの人たちとは異なり、自分は金を儲けるとか、家事を見るとか、軍隊を指揮するとか、公の場で演説するとか、その他にも役職につくとか、ともに誓いを立て徒党を組む（シュノーモシアー）とか、内乱（スタシス）を起こす、といった今のポリスで生じていることに関心をもたなかった」（36b6-9）と言っている。しかし彼がいかなる党派にも加わらず、内乱にも加担せず、それどころか普通に人がやる金儲けとか家事を見ることさえしなかっただけでなく、これらの行動を切れ目のないひとまとまりのものとみなしうる地点に立っている点が重要である。イディオーテースと言っても彼は普通の人間的理解の範囲を越える存在としてあったわけである。

ところで、ソクラテスがここで言うシュノーモシアーとスタシス(*)はポリスに分裂と不和、暴力と裏切り、不信と猜疑、恐怖と不安、残酷と陰惨をもたらしコイノーニアを壊すものであるが、そのうちシュノーモシアーについてストーンはその実体をつぎのように記述する。寡頭派のリーダーは秘密結社をつくり、陰謀を謀り、若者たちを使い、テロを含む暴力によって民主派を切り崩していた（二〇七頁以下）、と。他方、民主派・民主政権の寛大で融和的な和解策に賛辞を惜しまない（二一三頁、二二四―二二六頁）。この対比は民主政の方が偏狭な寡頭政よりも過ちがあるにしても「安全や公正の点において優っている」のに、民主政をソクラテスが二度の政変の際にも支持しなかったことを指摘するためである。ストーンは内乱が終結したときにも「断じて過去の違法行為を取り沙汰しないという誓約を誓いあって、民主派は今日もなお共に国家を運営し、民衆も」報復行為を行なわないという、「誓約を守り続けている」というクセノポンの言葉を引用（二二八頁）して、民主派の報復を自重した政治的判断を高く評価しつつ、ソクラテスに対して「もし彼自身が民主主義との和解を表明していたならば、もし彼もまた和平協定で示された多数派の度量にいささかなりとも賛辞を表明していたならば、裁判は絶対に開かれなかったであろう。」（二二八頁）と言う。しかしソクラテスはそうしなかった。相変わらず、反民主主義、反政治的（反ポリス的）言動をし続けたとストーンは言う。ともあれ、この後ソクラテスは「助かることができるのに自分を見捨てる」（*Crito*, 45c）かのように、告訴され、裁判が始まると、死刑に至る道を歩む。クセノポンの言う彼の弁明の「メガレーゴリアー（大言壮語）」でアテナイ市民の寛容の限度を越えたせいか、アテナイの刑罰の決定の仕方の不合理のせいか、坂道を転がり落ちるように死刑の票決が下されたのである（二六五頁以下）。ストーンはソクラテスが無罪の票決を得るのはむつかしくはなかったはずだと言う（二九〇頁以下）。そうであればこそ、なおさらソクラテスの弁明には謎が残るわけである。(＊＊)

（＊） 田中美知太郎は「ペロポンネソス戦争とは、また内乱の歴史である」と言う。この内乱がアテナイにおいても起こったのである。田中美知太郎『ツキュディデスの場合』筑摩書房、一九七〇年、一三〇頁、一三〇―一六五頁参照。田中はこの著作で戦争・内乱という政治の一局面を立体的に把握していきつつ、哲学的諸問題も生じてくるいくつもの重要な考察を行なっている。「寡頭制（オリガルキアー）」と「民主制（デーモクラティアー）」の関係の問題についても単純に両派の対立というふうな説明は成り立たないことを明らかにしている（一三三―一三八頁）。また、政治家としての「徳（人間的な強さ）」と「智（なすべきことを見抜く力）」の問題や国家的利益と正義の問題についての考察も、もともと倫理の問題が政治的決断と「これを言葉に出して説明する」政治的言論において重要な意味をもっていたことを明らかにしている（三五一―三五三頁）。田中の考察は政治における倫理（徳と知）の問題とソクラテスの哲学の関係を考える一つの手がかりを与えてくれるであろう。これに対して、ストーンのソクラテス像は、彼に対する政治不参加の批判が増せば増すほど、ぎゃくにソクラテスが政治の世界が現実であるようなアテナイのポリスのなかで突兀《とっこつ》と聳える異様な岩山のように見える事態をはからずも鮮やかに描き出していると評価できるかもしれない。プラトンはまさにそのようなソクラテスのイディオーテースの実体を『弁明』から『クリトン』へかけて明らかにしたということができるだろう。

神崎繁は政治哲学的関心から四〇三年和解協定のこの条項がクセノポンの『ヘレニカ』、伝アリストテレスの『アテナイ人の国制』などでは、「大赦（アムネスティア）」ではなくて直訳すれば「悪の記憶の禁止（mē mnēsikakein）」となっていることを指摘する。神崎が内乱後の和解をこのように理解するのは、悪の記憶の禁止が悪の忘却による和解を意味するにとどまるのに対して、アムネスティーの方は記憶の停止、すなわち記憶を保った上での和解まで提起できるからである。強引に単純化した構図を描けば、前者の方は民主派が内乱の終息後考えたように悪の忘却を土台にした社会契約説的な法による秩序の強化を図っている——そしてこれが繰り返される実際の歴史の和解の実情に近いのであるが、その場合は忘却されたはずの悪の記憶が何かあるとよみがえってくることもよく起こることである——のに対して、後者は悪の記憶を別のアスペクト（「記憶の倫理」）に包み入れるその記憶の奥にある善なるもの、生まれの善さや同属の友愛の記憶を呼び覚ますことを意図している——これが民主派の考え方と一線を画す「内なる正義」論を基軸に据えたプラトンの問題であろう——ということになるだろう。神崎は「ポリスの内乱は個々の人間の魂の葛藤に根差し、この内乱を収めるためには、個々人のうちに「内なる国制」を打ち立てるしかない」（一六七頁）というプラトンの『国家』の考え方に言及し、欲望という内なる怪物と戦い、魂そのものの在り方の改善を勧告したソクラテスを「内乱扇動者、謀反人・ソクラテス」に見立てている。神崎の論文はいくつもの論点を考慮した示唆に富んだ曲折した長編論文ではあるが、どういうわけか『クリトン』のソクラテスの存在に何ら関心を払っていないようである。「不正を受けても仕返しに不正をしてはならない」というソクラテスの主張はともかく、『クリトン』第二部の国家(祖国)・国法の説得を受け入れるソクラテスの態度はこの論文のなかで考慮の必要がないのであろうか。それは『国家』の「哲人王」という観念を核にもつ考え方に吸収されるようには筆者には思われないのだが。神崎繁「内乱の政治哲学――プラトンとホッブスにおける〈アムネスティー〉」、『RATIO06』講談社、二〇〇九年、一二六―二〇一頁。

(＊＊) 当時の現実政治と社会情勢の観点からソクラテスの裁判を見るとき、彼に関わる個々人まで視野に入れて考察する試みは、『弁明』ではほとんど背景に置かれて立ち入った言及はわずかにしかなされないが、研究者の当然な関心事になるであろう。弟子と言われるアルキビアデスやクリティアス、また告発者のメレトスやアニュトスやリュコンといった人たちに触れないわけにはいかないであろう。ストーンや納富はソクラテスとクリティアスの関係を親しいのではなかったかと疑っている。ブリックハウスとスミスはそうではなかったと主張している。メレトスやアニュトスについてもストーンは擁護しているが、ブリックハウスとスミスは批判的である。田島孝もこの問題を論じて、ただし『弁明』でプラトンが「ソクラテスの真実を伝えるために」描き出したかぎりでの、メレトスとアニュトスの立場と人物像を明らかにしている。田島孝「ソクラテスの告発理由と二人の告発者――プラトン『ソクラテスの弁明』におけるアニュトスとメレトスをめぐる問題――」、東京都立大学哲学会編『哲学誌』五一号所収、二〇〇九年、一―二三頁。筆者は『弁明』や『クリトン』のソクラテスをこういう政治のなかで捉えようとしても、ソクラテスはそこから完全にはみだしてしまうと考えている。そして、ソクラテス自身は、以下でも明らかにするように、普通理解されるような意味ではまったく政治的ではなかったと思う。

3　さてしかし、ストーンの言うように、ソクラテスは本当にイディオーテースとして政治の外に立ち、ポリスを原理的に否定し、民主主義を認めず、当時内乱の危機にあったアテナイの市民に背を向けたのか。以下この問題を考えていこう。まず問題とすべきことは政治参加の意味であろう。政治参加を民会など公の場で演説すること(デーモシエウエイン)にかぎれば、ソクラテスはそれを可能なかぎり避けた。(アテナイの民主政はそういう人間でも受け入れる柔軟性と包容力があった。)とはいえソクラテスは、アテナイ市民の一人一人が徳と思慮あるものになる（魂を気遣う）ように説いて回り、また自他（生）の吟味をして、個々人の市民の質の向上に従事していたのであるから、彼は彼なりに政治参加していたのである。ソクラテスの自覚としては、戦場ではポリスの指揮官の命令で兵士として部処についたが、日常では神の命令によってこの個々の市民の徳と思慮に関わる仕事をポリスにおける部処としていたわけで、彼ほどつねにポリスのためにつくした人間はいないことになる。問題はこの彼の日常の政治参加の仕方（部処につくこと）が何を意味するかということである。それは目の前にある政治的現実のなかで多くの人々を説得してポリスの政治を動かすが、しかし個々の市民の質を問わない政治家とははっきり次元の違う、市民の一人一人がポリスのよい担い手になるように魂の気遣いを勧める哲学者としての政治参加であると言うことができる。またソクラテスの政治参加の究極の姿は彼が自分に対して死刑の票決となって現われるにもかかわらず、その国法を守る部処につくところに見られるであろう。両者の違いは両者で語られる言葉の質の違いと政治に関わる行動のベクトルの違いである。言葉の質という点では、哲学者の言葉は真実を基準にした自他の吟味であり、一人一人が本音で言葉を交わすところにしか生まれないであろう。行動のベクトルという点では、哲学者はポリスの存立基盤を担う一市民としての行動を貫くであろう。

つぎに、ソクラテスが民主派のアムネスティーに賛辞を表わさなかったというストーンの批判は政治の表面しか見ず、彼の「不正を受けても仕返しに不正をしてはならない」という重大な主張と実行を無視したことになるのではないか。ソクラテスのこの主張こそ現実政治におけるアムネスティーの内的原理になりうるのではないか。それは「借りたものを返す」という人間の自然に根差した正義観に対して、魂の気遣いを自覚した新しい正義の原則、すなわち魂が不正を受けて生じた苦痛や憎しみや怨みの蟠りを復讐によって晴らそうとする魂の不幸な情態を魂の基底にある善なる魂のアスペクトに包み込み、傷つけられた魂をみずから変成させることができる正義の原則となるであろう。しかもソクラテスはデーモシエウエインではなくて、それを一人の人間（イディオーテース）としてあるところでおのれの身をもってこの魂の気遣い（変成）にかかわる正義の原則を現実化したわけである。ストーンは『クリトン』のソクラテスの独りになったときの態度を見過ごして、ポリス・国法とイディオーテースとしてのソクラテスとの内的な関わり、さらにはアテナイという祖国と彼の深い結びつきを見ようとしない。ソクラテスが生涯アテナイにとどまり、そこで日々を過ごし、その法の裁きに従って刑死したという事実が彼のポリス的生き方についていちばん大事なことを物語っているのではないのか。

　さらに、ソクラテスのスパルタやクレタ贔屓についてストーンは強調し、彼の厳しいアテナイの民主政の批判と対比させている（一八一頁以下）。しかしその際ストーンの言及する当の『クリトン』では、ソクラテスがそれらのポリスの「法や秩序」が常々よいとしてきたのに、そこに移り住もうと考えた形跡すらないのは、彼がアテナイというポリスとその国法が気に入っていたからだと言われている（*Crito*, 52e-53a）にもかかわらず、この問題をストーンは驚くべきことに素通りしている。(*) また、ソクラテスがアテナイの民主主義を認めなかったといわれればそうかもしれないが、それは民主政の法秩序が（政治家のせいで）市民権をもつ民衆（デーモス）をその法秩序をみずから担う市民に変えていくように働かされず、ぎゃくに彼らの欲望を解き放つように使われる結果、彼らが利益や情念で（政治家の迎合をとおして）政治を動かすようになり、公の場の法秩序（正義）を保つことが困難になることをソクラテスが見抜いていたからであって、法秩序と自由で平等な市民のコイノーニアの実現可能性を含む民主制の否認までも含むものではない。この点について、現象面にかぎって言えば、ソクラテス自身が人を分け隔てなく平等に見ていたことは、『弁明』の誰とでも話をしてきたという彼の発言からも見て取れるし、評判の高さ（低さ）にかかわらず各人の生を吟味し評価する基準はぶれることがない（*Apol.*, 22a）し、彼の活動の場所が市場（アゴラ）の両替屋の店先やその他彼も自由に出入りできる場所であり、特別に認められた人間の集まり（特定階層の結社とか知的エリートの集まる学校など）ではないことからも窺われる。ソクラテスはクセノポンやラケスやニキアスなどの上の階層の人たち（国制について支配する者と支配される者を分ける「哲人王」の思想や「国家の三部分説」を考えるプラトンの立場をどう見たらよいであろうか？）と違っており、いかなる階層からも超然としていたのではないだろうか。ストーンはソクラテスについて彼らの発言どおりにソクラテス自身も彼らと同類であるとみなしているが、それは彼らのエリート意識の投影と見たほうがよいように思われる。ソクラテスの哲学は誰に対しても開かれたものであり、彼自身目覚めた人間として誰に対しても心を開いて接していたのではないか。(＊＊)

（＊）　この問題についてヴラストスの説明は聞くに価するように思われる。ヴラストスはつぎのように言う。「ポリスAの法はポリスBの法よりもよい、と私が信じている場合に、ポリスBは、ポリスAがそのAの法を守るよりも、そのBの法をもっと忠実に守っていると私が言ったとしても、私は不整合を招いたことにはならない。私がはっきりさせたいことは、Aの法には何も悪いものはない、誤りはAの法を濫用するAの人々にあるということである。これがソクラテスに有罪の判決を下した裁判員によって彼になされた悪についてソクラテスが取った見方である。『クリトン』のなかの国法たちの論議の結論において、国法たちはソクラテスにつぎのように言う。「おまえはわれわれ国法によってではなくて、人々によって悪を加えられて、去っていくだろう。」（*Crito*, 54B-C）。彼に下された有罪の判決の誤りに対してソクラテスはアテナイの法ではなくて、アテナイの人々を非難する。これは法が完全であると彼が考えているからではなくて、その法の下でフェアーな精神をもった裁判員たちが彼に無罪の判決を下すことができ、また下すべきである、理に適った法である、と彼が考えているからである。」（G. Vlastos, 'The historical Socrates and Athenian democracy', in *Socratic Studies*, 95.）ソクラテスは、民主主義的なアテナイの法はそれを守る、または適用する、一人一人のフェアーな精神をもつ市民の自覚にかかっている法であり、その市民に支えられ、またそのようにして市民に浸透する法であるがゆえに、その法を気に入っていると言っているのである。このゆえに、ソクラテスは「政治家の手腕の基準は、それがアテナイの人々の魂を、それどころか奴隷の魂でさえ改善するかどうかである」(102)と考え、それこそが「政治の術」にして「高貴な術」であると呼び(102)、ひたすら「道徳的な知識」の必要性を一人一人の市民に対して説いて回ったのである。ヴラストスはこの点について「クセノポンのソクラテス」との対比で「プラトンのソクラテス」がどうしてアテナイの国制(民主制)を好んだのかということの意義をきちんと捉えていると言うことができるだろう。というのは、ヴラストスはソクラテスにとってアテナイの法はアテナイ市民にとどまらず、すべての人に開かれた普遍的な意義、すなわちそのポリスにおいて各人の魂の改善が最大事になる可能性をもっていることを明らかにしてくれているからである(100ff.)。

(＊＊) 前の註の続きになるが、ヴラストスは「プラトンのソクラテス」が魂を道徳的によいものにする「その知恵はポリスの上流階層の構成員によって独占されえない」、「というのは道徳的な徳はあらゆる人に属さなければならないからである」と言っている点で、ソクラテスは「街の哲学者(a street philosopher)」であると言う(103)。そして、興味深いコメントを加える。「ソクラテス以前には誰も街の哲学者であった哲学者はいないし、ソクラテス以後もそうである哲学者はいないであろう。たぶんキュニコス派の人たちを除けば。彼らのみがソクラテスの精神的な孫としてである。すなわち、ソクラテスはアンティステネスを生み、アンティステネスは犬のディオゲネスを生んだ。」(103) しかしこの個人の魂の改善のみに関心を集中する方向へ進むとき、「街の哲学者」ソクラテスの孫たちはポリスの存立基盤を担う部処を離れて文字通り街の哲学者になるだろう。それは『クリトン』第二部の問題の核心にある国家・国法と一人の市民(「プラトンのソクラテス」の場合)の内的な関係の問題に踏み込むことからますます遠ざかることである。ヴラストスの考察もそこまで及んでいない。この問題を追究したのが本書のこの第四章であったということができる。なお、加藤信朗は『ラケス』では多くの人々に対する自分たちの優越意識という点でニキアス、ラケスの両者は「魂の佇まい」という点でソクラテスとまったく違うことを明らかにした。そして、この対話篇がソクラテスの哲学の魂に触れる力をプラトンがはっきり捉える力をもっていることを指摘した。加藤、前掲書、一六六—一七〇頁。

以上、ソクラテスと政治の問題を見てきたが、ストーンの批判にもかかわらずソクラテスはアテナイというポリスを愛したウルトラ民主主義者とでも言うべき存在であり、またポリスの存立そのものにおのれの生命をも捧げて責任をもつ真の政治家であったということができよう。

あとがき

私がはじめてプラトンの『ソクラテスの弁明』を読んだのは一九歳のころであった。それは山本光夫訳の角川文庫であった。その時『弁明』のソクラテスから受けた感銘は死を恐れることなく自分の生き方を自覚的に貫いている途轍もない全うな人間がいるということであった。それはそれまで私がいかに人生を茫洋とした気持ちで日々過ごしてきたかを思い知らされるものでもあった。もちろん、当時はこの種の感銘がどこから生じたのか、それが自分にどのような意味をもつのか、それに対してどうすればいいのか、といったことは雲をつかむような話であった。それから四十数年たって、今こうして『弁明』のソクラテスについて私が長い間考えてきたことを自分に見えてきたソクラテスの全体像のもとで一冊の書物として出版できるようになったことは幸運であったとしか言いようがない。

私はつくづく自分が学んで知ることが身につかず、思って得るところでしか考えられない独学の人間であると思う。そのせいか学問としての哲学研究の世界には心から馴染めないままであったが、それでも不思議と学問と人格と識見において卓越した学者の方々との出会いに恵まれた。そのような人たちとの出会いがなければこのような『弁明』研究さえできなかったであろう。なかでも松永雄二先生は私にとって「若い時にさういふ、自分自身よりも自分に近いやうな人に出会い得るということは、人生に於ける最も大きな恵みであり幸福である」というその言葉通りの人であった（西谷啓治が西田幾多郎について語った一九五一年「わが師を語る」より引用）。それは私にとっては魂の親近さというようなことであり、他にそういう感じを抱いた人は今日までいなかったので、いまもって不思議としか言いようがない。加藤信朗先生との出会いも大きな意味があった。加藤先生は豊かな学識と深い洞察力を備えているだけでなく、共同の哲学探究の場を組織し主宰する力量のあるエネルギーの満ちた学者であると思う。その姿はちょうど騎馬軍団の先頭に立って戦う武将のように見えた。私は傍らにいただけだが、加藤先生から私が学んだものも大きい。新約聖書学の伊吹雄先生とは、大きな年齢差があるにもかかわらず、まったく友人のように親しく御交誼を結ばせていただくことができた。聖書についてじつに多くの大事なことを教えていただいた。これまた幸運であったとしか言いようがない。そして、伊吹先生を通して先生の師である新約聖書学のハインリッヒ・シュリーア教授の存在を知り、その神学的著作からシュリーア教授のキリスト教的「生と知がともにそこにある」ことを示す霊的なエネルギーをもつ神学の言葉に触れることができたことも非常に大事な経験であった。ここに特筆しておきたい。私がこれらの方々に出会わず哲学の世界だけにいたら自分で納得できるような、とくに神の問題にかかわる『弁明』のソクラテス研究はできなかったであろう。

私にとって『弁明』については欧米の研究者の研究に心が動かされることはあまりなかった。『弁明』のソクラテスが学んで知る対象とは思われなかったからである。これに対して、松永先生と加藤先生の論文は思って得るところがあった。御二人はそれぞれ独自の仕方で哲学の根幹、つまり生の根源層にかかわることとして『弁明』と真正面から取り組んでおられたからである。これは江戸時代の儒学者たちにも見られる学問の道とでも言うべき日本的（東洋的）な学び方かもしれないが、私にはソクラテスに対してはそれが正しい接近の仕方であるように思われた。とはいえ、御二人の思索の後に従い、その上でなおも自分独自の解釈の道を開くことは至難の業であるように思われた。御二人が私の行く手に立ち塞がる厚い壁のように思われたのである。しかしいま考えるのに、そういう感じ方は私が未熟であったからだと思う。なぜなら、人は誰であれ自分自身の魂の体質にしたがってしか物を考えることができないからである。御二人の先行研究に対して批判的に書いた箇所があるが、それはむしろ私のいちばん苦闘したところであり、自分でとことん納得するまで考えなければならないと思われたところである。私自身は『弁明』にかかわる御二人の解釈を私なりに理解し継承したと信じているが、御二人とは何らか異なったソクラテス像を描いてしまったようである。このことはプラトンのテキストを厳密に読むことにおいて卓越した力をもつプラトン学者の御二人の立場から見れば、『弁明』に特化してソクラテスを見る私の解釈はプラトンの真に思索する言葉の襞を引き剥がしそこなっているかもしれないことである。しかし、御二人の思索が私の解釈に血肉化した証拠は歴然としてある。それは本書で使用したいくつかの重要な言葉が御二人の用語であるということである。松永先生からは、「不知の知」、「魂の気遣い」、「善美の事柄」、「善による決定」、「プロネーシス（知）」、「私の生のあること」、「emoi dokei（私には思われる）」など、加藤先生からは、「部処」、「魂の佇まい」、「より知恵のある」、「コイノーニア（公共の場、共同の集まり）」などである。とくに、emoi dokeiについては私が三十歳の頃松永先生から宿題に出されていた言葉である。こういう宿題は全体が分からなければ答えようがない類のものだということに気づくことさえ長い歳月を要した。また、魂の気遣いの勧告がキアスムで表された構造をもつことも教えていただいたが、その構造の全体の理解こそが私の『弁明』解釈の最大の課題になったのである。ついでに言えば、カタカナやローマ字表記のギリシャ語が混在した本書の癖のある言葉遣いはそういう問題を考えているうちに沈殿した私の『弁明』研究のスタイルになってしまい、いまさら直しようもないのである。

さて、私の『弁明』研究が書物にまとめられる前の未熟な試論（論文）を読んで御教示や批評や励ましをいただいた稲垣良典先生、武宮諦先生、福居純先生、クラウス・リーゼンフーバー先生、菅豊彦先生、荒井洋一氏、長友敬一氏に対しても心から感謝の意を表したい。これらの方々の感想と評価によって自分では暗中模索状態から抜け出し、やっと分かったと思っても、まだまだその程度では不十分なことをそのつど思い知らされたからである。ギリシャ文学の佐野好則氏にはソクラテスをアリストテレスやプラトンの哲学から切り離して独自の存在として見るという私の最初の突飛なアイデアに賛同を示してくれたことに心から御礼を申し上げたい。政治哲学の近藤和貴氏からは拙稿の校正刷りを読んで有益なコメントと校正ミスの指摘をしていただいた。私も彼が現在Boston Collegeに提出する博士論文として執筆中の同じソクラテスをテーマとした、ただし「ソクラテス派」も視野に入れた「ソクラテス論」の草稿を読ませていただいた。とくに彼のクセノポンの『ソクラテスの弁明』の綿密な解釈から教えられ、クセノポンも見所があると思い、拙稿のクセノポンに触れたところを少し手直しすることができた。近藤氏にも心からお礼を申し上げたい。そしてまた、本書の校正刷りを読む時間と労力を費やして、表現の仕方や文献の表記の仕方や索引などについてコメントやアドバイスや整理修正をしてくれた首都大学東京の哲学研究室の大学院生の清水暁子さん、上田圭委子さん、平賀直哉君にも心から感謝したい。

宮内久光先生と実川敏夫氏と野村玲子氏と吉良ゆかり氏にも心から感謝したい。これらの方々からは今回のことのみならず日頃から哲学その他の話題の話し相手としてつねに変わらぬ友情で接していただいたからである。また、妻の公子からは研究書を書くのは学者の義務だと言われたが、そのような叱咤、あるいは励ましがなければ、今度の研究が本書のような形で実ることはなかったかもしれない。最後になったが、本書の出版に際しては、知泉書館の小山光夫氏から多大のご配慮をいただいた。小山氏の学術出版に対する目を見張るような情熱と見識に与らなければ、このような独学的研究ともいうべき書物は容易に日の目を見なかったであろう。ここに記して心からの感謝の気持ちを申し上げたい。

二〇一〇年九月

甲斐 博見

索　引

あ　行

か　行

さ　行

た　行

な　行

は　行

ま　行

や　行

ら　行

わ　行

出典索引

ここでは，プラトンの『ソクラテスの弁明』と『クリトン』と『パイドン』から引用した文について本書が解釈の対象とした箇所を挙げた。したがって，語句として言及した箇所や指示しただけの箇所は挙げられていない。また，その他のプラトンの著作の言及箇所についても挙げていない。丸括弧（　）は完全な引用文ではない。

甲斐 博見（かい・ひろみ）

1948年大分県に生まれる。1970年大分大学教育学部卒業。1975年九州大学大学院文学研究科博士課程終了。同年九州大学文学部助手。1977年福岡大学人文学部専任講師，1981年助教授。1986年東京都立大学人文学部助教授，1995年同教授を経て，現在首都大学東京大学院人文科学研究科教授。西洋哲学専攻。

〔主要論文〕「真実を語るということ」（九大『哲学論文集』第16輯，1980年），「ソクラテスにおける哲学の誕生」（『プラトン的探究』所収，1993年），「ヴィトゲンシュタインと原始宗教の問題」（都立大学人文学部『人文学報』第286号，1998年），「パウロとシュリーア」（「福音と世界」（2000－1年），「ゲッセマネのイエス・キリスト」（同『人文学報』第345号，2004年）。

〔ソクラテスの哲学〕　ISBN978-4-86285-101-7

2011年 2月 5日　第1刷印刷
2011年 2月10日　第1刷発行

著　者　甲　斐　博　見
発行者　小　山　光　夫
印刷者　藤　原　愛　子

発行所　〒113-0033 東京都文京区本郷1-13-2
電話03（3814）6161 振替00120-6-117170
http://www.chisen.co.jp
株式会社 知泉書館

Printed in Japan　印刷・製本／藤原印刷